UNE VIE PARFAITE

DU MÊME AUTEUR
CHEZ LE MÊME ÉDITEUR

Album de famille
La Fin de l'été
Il était une fois l'amour
Au nom du cœur
Secrets
Une autre vie
La Maison des jours heureux
La Ronde des souvenirs
Traversées
Les Promesses de la passion
La Vagabonde
Loving
La Belle Vie
Un parfait inconnu
Kaléidoscope
Star
Cher Daddy
Souvenirs du Vietnam
Coups de cœur
Un si grand amour
Joyaux
Naissances
Le Cadeau
Accident
Plein Ciel
L'Anneau de Cassandra
Cinq Jours à Paris
Palomino
La Foudre
Malveillance
Souvenirs d'amour
Honneur et Courage
Le Ranch
Renaissance
Le Fantôme
Un rayon de lumière
Un monde de rêve
Le Klone et moi
Un si long chemin
Une saison de passion
Double Reflet
Douce-Amère
Maintenant et pour toujours
Forces irrésistibles
Le Mariage
Mamie Dan

Voyage
Le Baiser
Rue de l'Espoir
L'Aigle solitaire
Le Cottage
Courage
Vœux secrets
Coucher de soleil à Saint-Tropez
Rendez-vous
À bon port
L'Ange gardien
Rançon
Les Échos du passé
Seconde Chance
Impossible
Éternels Célibataires
La Clé du bonheur
Miracle
Princesse
Sœurs et amies
Le Bal
Villa numéro 2
Une grâce infinie
Paris retrouvé
Irrésistible
Une femme libre
Au jour le jour
Offrir l'espoir
Affaire de cœur
Les Lueurs du Sud
Une grande fille
Liens familiaux
Colocataires
En héritage
Disparu
Joyeux Anniversaire
Hôtel Vendôme
Trahie
Zoya
Des amis si proches
Le Pardon
Jusqu'à la fin des temps
Un pur bonheur
Victoires
Coup de foudre
Ambitions

Danielle Steel

UNE VIE PARFAITE

Roman

Traduit de l'anglais (États-Unis)
par Nelly Ganancia

PRESSES
DE LA CITÉ

Titre original : *A Perfect Life*
Published in the United States by Delacorte Press, an imprint of Random House, a division of Random House LLC, a Penguin Random House Company, New York.

© Danielle Steel, 2014.
© Presses de la Cité, 2016 pour la traduction française
ISBN 978-2-258-10807-3

Presses
de | un département **place des éditeurs**
la Cité

place
des
éditeurs

À mes enfants bien-aimés,
Beatie, Trevor, Todd, Sam, Victoria, Vanessa,
Maxx et Zara :

Puissent vos vies être aussi proches de la perfection
que vous le souhaitez, et puisse la réalité dépasser
vos rêves, en une multitude de miracles petits et grands.

Et à mon Nick chéri : J'espère que tu demeures
désormais dans un monde serein et parfait.

Je vous aime tous très, très, très fort.
Maman/d.s.

Love has no age.
« L'amour n'a pas d'âge. »

« Le véritable amour
est comme une langue rare :
Il y a ceux qui la parlent
et ceux qui ne la parlent pas. »

Laleh SHAHIDEH

1

Une heure avant l'ouverture des portes, en cette belle matinée d'octobre, les étudiants se pressaient en masse devant le grand auditorium de UCLA, l'université de Californie à Los Angeles, où le membre du Congrès Patrick Olden devait prendre la parole. Il avait été invité par un professeur dans le cadre d'un séminaire sur la citoyenneté et l'engagement au service de l'État, destiné aux élèves de troisième et quatrième année.

Après que M. Olden eut confirmé sa présence, le professeur, l'un des plus dynamiques de la faculté, avait transmis l'information à tous les étudiants en sciences politiques, et l'on s'attendait à ce que l'événement fasse salle comble. L'amphithéâtre offrait deux cents places, mais, au vu de la foule qui se pressait déjà, avant le début de la conférence, de nombreux auditeurs devraient rester debout ou s'asseoir sur les marches. Patrick Olden était un élu apprécié de ses administrés, le défenseur des déshérités, des minorités et des femmes. Sa popularité était grande, car il était tout aussi attentif aux préoccupations des jeunes qu'à celles des personnes âgées. Quant à sa vie privée, elle semblait exemplaire : son épouse et lui se connaissaient depuis l'école primaire, ils avaient eu quatre enfants ensemble.

Lorsqu'on ouvrit les portes, à dix heures, la foule s'installa dans le plus grand calme. L'allocution commencerait à onze heures et se prolongerait par une séance de questions-réponses. M. Olden déjeunerait ensuite avec le président de l'université, puis il prendrait l'avion pour rentrer à Washington dans l'après-midi. Le professeur et le président de UCLA avaient réalisé un coup d'éclat avec la visite du député : M. Olden ne venait pas prononcer un discours de fin d'études, ni même remettre leur diplôme aux élèves de la faculté de droit ; il venait simplement donner un cours. S'il avait accepté de faire le déplacement, c'est que son agenda prévoyait la veille une entrevue avec le gouverneur de Californie, ainsi qu'une soirée de gala au cours de laquelle on lui avait remis une distinction prestigieuse. De plus, Patrick Olden entretenait un lien personnel avec UCLA : son fils aîné y était inscrit. Il avait d'ailleurs pris son petit déjeuner avec lui ce matin-là.

Le temps que le public finisse de prendre place, le parlementaire monta sur l'estrade avec à peine dix minutes de retard. Il se posta derrière le pupitre, balayant la salle du regard, un sourire chaleureux aux lèvres. On aurait entendu une mouche voler. Les étudiants retenaient leur souffle pour écouter ce qu'il avait à dire sur l'exercice du pouvoir et sur les responsabilités qui les attendaient s'ils choisissaient de se lancer dans une carrière politique. Pour commencer, Patrick Olden leur exposa de façon détaillée les actions qu'il avait menées au sein des différents comités universitaires où il avait été actif alors qu'il avait encore leur âge. Depuis le début de son premier mandat, trois ans auparavant, il avait soumis plusieurs projets de lois au service de l'intérêt général. Son action ne poursuivait nulle fin électoraliste : c'était un homme établi, qu'on ne pouvait soupçonner de démagogie. Il était un modèle à suivre pour tous les jeunes gens présents dans la salle. Lorsqu'il eut terminé, il fut salué par un tonnerre d'applaudissements. Le professeur ouvrit alors la séance d'échanges avec le public et une vingtaine de mains se levèrent. Les questions des étudiants étaient précises, intelligentes, en rapport direct avec les propos de M. Olden. Au bout de vingt minutes, un garçon du troisième rang demanda la parole. De son sourire bienveillant, le parlementaire la lui accorda et le jeune homme se leva, la mine résolue.

— Quelle est votre opinion sur le contrôle des armes à feu ? demanda-t-il.

Personne n'ignorait la position, mesurée mais ferme, de Patrick Olden en faveur d'une régulation du port d'armes. Cependant, s'il n'avait pas abordé cette question sensible ce jour-là, c'est qu'il n'en avait pas l'intention. Sa conférence avait pour seul objet de conseiller ses jeunes auditeurs sur leur future carrière politique. Le garçon qui l'interpellait ainsi était blond, bien peigné et rasé de près. Il portait une chemise bleue et une veste des surplus de l'armée. Malgré cet air policé, il ne répondit pas au sourire aimable de Pat Olden. Par la suite, quelqu'un témoignerait qu'il était d'une pâleur surprenante, comme s'il n'avait pas vu la lumière du jour depuis longtemps.

Le député arbora un air grave.

— Vous connaissez probablement tous mon opinion à ce sujet, déclara-t-il. En dépit du deuxième amendement de notre Constitution qui autorise le port d'armes, je pense que nous ne pouvons plus nous permettre de faire abstraction de la menace terroriste qui pèse sur le monde actuel. Les armes à feu tombent trop facilement entre de mauvaises mains. Il me semble…

Mais avant que le député puisse finir sa phrase, le jeune homme sortit un pistolet de sa poche intérieure, visa et lui tira une balle en pleine poitrine, puis une seconde dans le cou. Pat Olden s'effondra sur le pupitre et glissa sur l'estrade, saignant à gros bouillons. Plusieurs étudiants se mirent à hurler. Alors que certains se précipitaient vers la sortie et que d'autres se jetaient à terre, le jeune homme abattit sa voisine d'une balle dans la tête, et tira dans la foule au hasard. Il tua deux des agents de sécurité qui tentaient de l'approcher, puis s'engagea dans une allée pour viser d'autres étudiants qui s'enfuyaient. Il atteignit deux garçons dans le dos, une fille fut touchée à la tête. Les corps inertes jonchaient la salle. Des cris de terreur s'élevaient de toutes parts. Entre-temps, des personnes s'étaient élancées sur l'estrade pour s'occuper du parlementaire. Il y avait du sang partout.

D'un geste parfaitement réfléchi, le tireur retourna soudain son arme contre lui. Il n'hésita qu'une fraction de seconde avant de se tirer une balle dans la tête, mettant fin au carnage. En tout, la scène avait duré sept minutes. Onze étudiants et deux agents de sécurité étaient morts, huit autres personnes étaient blessées. Des brancardiers surgirent dans l'amphithéâtre et évacuèrent le député inconscient. Une douzaine de véhicules d'urgence attendaient à l'extérieur, bientôt rejoints par d'autres. Des policiers arrivèrent en renfort, s'évertuant à grand-peine à canaliser la foule des étudiants paniqués.

Des agents de sécurité encerclèrent le corps inanimé

du tireur et l'un d'entre eux fouilla ses poches, à la recherche d'une pièce d'identité. Quelques instants plus tard, les ambulanciers l'évacuèrent. Sa cervelle avait éclaboussé les sièges sur plusieurs mètres à la ronde.

Il fallut des heures pour rétablir le calme sur le campus. Deux des étudiants moururent lors de leur transfert vers l'hôpital, ce qui porta à treize le nombre de victimes parmi les jeunes. Hélas, cette scène de tuerie et de désolation ne constituait pas une première dans le contexte actuel de violence en milieu scolaire. Elle avait un air tragique de déjà-vu. Toutes les chaînes de radio et de télévision avaient interrompu leur programmation habituelle pour diffuser des flashs spéciaux et des reportages en direct. Quant au député Olden, il était dans les mains des chirurgiens, suspendu entre la vie et la mort.

L'identité du tueur fut diffusée sur les ondes une heure à peine après les faits. Il s'agissait d'un étudiant qui avait interrompu sa propédeutique en droit l'année précédente. Dès le début de la terminale, il avait montré des signes d'instabilité mentale et avait même effectué un séjour en hôpital psychiatrique. Après son admission à UCLA, il avait refusé tout traitement, bien que son dossier précisât qu'il avait menacé une ex-petite amie avec un revolver en apprenant qu'elle sortait avec un autre. Il était âgé de dix-neuf ans, vivait seul et travaillait dans une boutique d'armurerie, où il n'avait eu aucune difficulté à acheter l'arme du crime. On recueillit la réaction de sa mère plus tard dans l'après-midi. Ivre de douleur, elle tenait des propos incohérents. Quant à son père, il était parti pêcher pendant quelques jours. Les voisins du jeune homme témoignèrent que c'était un gentil garçon, très poli, quoique un peu étrange. Il était obsédé par l'informatique et les ordinateurs, ne sortait guère si ce n'est pour aller travailler, et semblait n'avoir aucun ami. Il avait toujours été solitaire.

Au final, le portrait brossé par ceux qui l'avaient connu – les enseignants, les collègues de l'armurerie, les voisins – confirma l'image classique d'un garçon perturbé, qui avait échappé aux tentatives de prise en charge et fini par commettre l'irréparable. La fusillade avait coûté la vie à seize personnes, lui y compris, et en avait blessé sept autres, parmi lesquelles le membre du Congrès. Autant de victimes mortes pour rien, même si, pour la police, il s'agissait probablement d'une tentative d'assassinat préméditée contre Pat Olden, liée à sa position en faveur du contrôle des armes. Le tireur n'avait-il pas sciemment pris place au troisième rang, à quelques mètres de l'estrade ?

L'accès à l'université fut fermé et les cours s'interrompirent à mesure que la nouvelle faisait le tour du campus. Partout, des étudiants se rassemblaient en petits groupes et tombaient dans les bras les uns des autres pour pleurer leurs amis perdus.

L'épouse du député, en route pour Washington, se trouvait à bord d'un vol charter avec un changement à Denver quand on l'informa du drame : Pat Olden était au bloc opératoire, mais les médecins n'avaient guère d'espoir. Dès que l'avion se posa, elle appela ses quatre enfants et fit demi-tour en direction de Los Angeles. Leur fils aîné, qui était en cours au moment des faits, avait été prévenu par un ami et faisait maintenant les cent pas dans la salle d'attente de l'hôpital.

Le pays était sous le choc. À la fin de l'après-midi, un autre agent de sécurité de l'université succomba à ses blessures. Comparée aux fusillades qui avaient secoué les États-Unis ces dernières années, celle-ci avait été particulièrement meurtrière. Or c'était précisément à cause de ce genre d'accidents que Pat Olden s'opposait aux armes à feu. En vente libre, accessibles à tout un chacun, elles tombaient trop facilement entre de mauvaises mains. Le jeune homme à la chemise bleue lui avait hélas donné raison une fois de plus.

Assise dans son bureau au siège new-yorkais de News TV, Blaise McCarthy visionnait en boucle les images tremblées, floues et chaotiques qu'un témoin avait enregistrées sur son smartphone en se cachant derrière un siège. On ne distinguait que des étudiants en larmes, hystériques, courant dans tous les sens, et on entendait des cris abominables, entrecoupés de coups de feu.

Le visage fermé, Blaise avait les yeux rivés sur son écran lorsque son assistant entra dans la pièce pour lui apporter une pile d'articles sur les sujets qu'elle aborderait le lendemain. Des années durant, Blaise avait présenté le journal du matin, mais elle animait désormais sa propre séquence quotidienne, dans laquelle elle analysait les principaux titres de l'actualité. Ses éditos étaient de haute volée, de même que ses interviews. Elle avait parcouru bien du chemin depuis qu'à vingt-deux ans, fraîchement émoulue de l'université, elle avait été embauchée pour présenter la météo sur l'antenne locale de News TV à Seattle. Vingt-cinq ans plus tard, elle était devenue la journaliste télé la plus célèbre de tous les temps, une star incontournable des médias. Son assistant, Mark Spencer, travaillait pour elle depuis dix ans. Son amour du travail bien fait confinait au perfectionnisme et il nourrissait pour sa patronne un profond respect mêlé d'affection. Il l'admirait autant pour ses valeurs que pour son talent.

— Tu vas y aller, n'est-ce pas ? demanda-t-il.

À la surprise de Mark, elle secoua sa crinière rousse en signe de dénégation. Blaise avait les traits fins, d'immenses yeux verts et un menton à fossette désormais célèbre, autant de signes distinctifs qui faisaient la joie des caricaturistes. À quarante-sept ans, elle en paraissait dix de moins et avait conservé une silhouette impeccable. Elle était belle, avec un physique intéressant, mais surtout extrêmement intelligente.

— Il n'y a pas encore assez d'infos, dit-elle d'un air sombre.

À l'instar de Pat Olden, elle était en faveur du contrôle des armes à feu, même si elle savait qu'une telle loi ne serait jamais votée. Le lobby anti-régulation était en effet l'un des plus puissants du pays, et l'existence de tragédies telles que celle de UCLA n'y faisait rien. Blaise connaissait personnellement Pat Olden, ainsi que sa femme, et les appréciait beaucoup. Cette triste nouvelle la bouleversait d'autant plus que leurs enfants étaient encore jeunes.

— Les correspondants locaux ont pris les choses en main. Ils se débrouillent comme des chefs. Le reportage que je veux faire n'aura d'intérêt que quand l'effervescence sera un peu retombée. Et puis, je te rappelle que je dois être à Londres demain soir.

Mark le savait bien, puisque c'était lui qui avait organisé le voyage, avec son professionnalisme habituel.

D'ici deux jours, Blaise interviewerait le nouveau Premier ministre britannique avant de s'envoler pour Dubaï, où elle rencontrerait un magnat du pétrole. Elle voyageait en permanence. Elle s'était entretenue avec tous les politiciens, chefs d'État et têtes couronnées de la planète, avec les plus grandes stars de cinéma, des repris de justice notoires, et les personnalités importantes de ce monde. Elle proposait des reportages singuliers et édifiants, et ses analyses se révélaient d'une acuité tranchante. Elle avait du cran et du caractère, elle s'était rendue dans des zones de guerre et dans des palais prestigieux, avait assisté à des couronnements et à des funérailles nationales. Blaise McCarthy était tout simplement exceptionnelle et Mark savait que son reportage sur la fusillade de UCLA ne se limiterait pas à l'énoncé du bilan des victimes. Ce serait une déclaration importante sur l'état du monde actuel. Son intervention sur le 11 Septembre, en direct de Ground Zero, avait tiré des larmes à tous les téléspectateurs. Elle n'éludait aucun sujet grave et avait accumulé une multitude de prix et de récompenses au fil des ans. Ainsi que le prouvait l'audimat, le public l'adorait. Blaise était la référence absolue dans son domaine, et elle était jusqu'ici indéboulonnable : bien que les patrons de la chaîne aient parfois profité de ses rares congés pour lancer de nouveaux journalistes, ces derniers ne lui arrivaient jamais à la cheville.

Néanmoins, elle restait vigilante, consciente que la direction pouvait la remplacer sans préavis. Elle ne se faisait en effet aucune illusion sur le monde impitoyable du journalisme télévisé. Quel que soit son niveau d'excellence, elle devrait partir un jour et, même si sa position semblait assurée pour le moment, elle se battait quotidiennement pour demeurer la meilleure. Elle ne reculait pas devant la tâche : au contraire, son effort acharné la nourrissait, et c'est en travaillant plus que les autres qu'elle conservait sa position. Blaise était tombée amoureuse de son métier dès ses débuts – du moins, si l'on excluait sa première expérience en tant que miss météo, qui lui avait semblé frivole et embarrassante. Mais par la suite, chaque étape de son ascension avait été palpitante et elle ne s'était pas ennuyée un seul instant : depuis sa première promotion qui lui avait permis d'accéder au statut de reporter à Seattle, en passant par sa mutation à la filiale de San Francisco, puis de New York, où elle avait réalisé sa première percée remarquée sur une antenne nationale. Elle avait alors vingt-huit ans. Pour en arriver là, et pour y rester, elle n'avait reculé devant aucun sacrifice.

Blaise jeta un œil à l'écran de télé. Un flash spécial annonçait que deux autres victimes du tireur venaient de rendre leur dernier souffle. Quant au député Olden, il restait toujours entre la vie et la mort au bloc opératoire de l'hôpital Cedars-Sinai. Ses quatre enfants étaient là, ainsi que leur mère, Rosemary Olden. Ils attendaient maintenant dans une salle de l'hôpital privatisée à leur intention.

Le présentateur expliqua que la première balle, tirée en pleine poitrine, lui avait coûté un poumon ; par miracle, elle n'avait pas atteint le cœur. La seconde avait fracturé plusieurs vertèbres avant de ressortir. On craignait que M. Olden ne reste paralysé à vie... si jamais il en réchappait.

L'air lugubre, Blaise fourra un dossier sur le Premier ministre britannique dans son porte-documents.

— Salima a appelé, annonça Mark tandis qu'elle se levait pour attraper son manteau.

Salima était la fille de Blaise. Elle était pensionnaire depuis l'âge de huit ans. Blaise culpabilisait souvent, mais cela ne les empêchait pas d'avoir de bonnes relations. À dix-neuf ans, Salima était maintenant une jeune fille douce et aimable, qui admirait sa mère et respectait sa détermination dans l'exercice de son métier. De toute façon, Blaise n'aurait pas su s'y prendre autrement. Elle chérissait sa fille unique, mais elle n'aurait pas pu être présente pour elle au quotidien : son instinct maternel n'était tout simplement pas aussi développé que son éthique du travail. Blaise l'assumait, elle détestait les faux-semblants et l'hypocrisie.

— Comment va-t-elle ? s'enquit Blaise, visiblement inquiète.

— Elle est très choquée par la fusillade à UCLA.

La jeune fille partageait les préoccupations de sa mère concernant la violence scolaire et les armes à feu.

— Je m'en doute...

Blaise se félicita soudain que Salima étudie dans une petite université du Massachusetts. À l'écart des grandes villes, elle paraissait moins exposée à un drame tel que celui qui venait de se produire.

— J'essaierai de l'appeler ce soir, déclara-t-elle.

Mark savait toutefois qu'elle se préoccuperait d'abord de terminer ses recherches pour l'émission du lendemain.

Blaise quitta le bureau et se dirigea vers sa voiture. La chaîne mettait à sa disposition un véhicule de fonction et un chauffeur. Ce dernier, un homme d'origine jamaïcaine, avait un cœur d'or et un sourire chaleureux. Chaque jour, il la conduisait au bureau et la ramenait chez elle.

— Bonsoir, Tully, dit-elle sans cérémonie, alors qu'il se retournait pour la saluer.

Tully avait plaisir à travailler pour elle : Blaise était polie et d'humeur égale, ses exigences étaient tout à fait raisonnables et elle ne faisait jamais de caprice malgré son statut de star confirmée. Elle était respectueuse, modeste et travailleuse. De plus, elle suivait les actualités sportives avec passion, de sorte qu'ils pouvaient commenter ensemble les résultats : le football américain à la belle saison, le basket et le hockey en hiver. Tous deux étaient de fervents supporters des Rangers.

— Bonsoir, madame McCarthy. Le planning annonce que vous allez à Londres demain. Un rendez-vous avec la reine ? dit-il pour la taquiner.

— Seulement le Premier ministre, répondit-elle en lui adressant un sourire dans le rétroviseur.

— Ah, je n'étais pas bien loin ! répliqua Tully.

Ils parlèrent ensuite du massacre à UCLA. Tully était un homme intelligent, Blaise aimait entendre son point de vue. Et comme tous les Américains, il avait beaucoup à dire sur la violence qui empoisonnait le pays. Lui-même avait deux enfants à l'université.

Vingt minutes plus tard, il la déposait à son domicile de la Cinquième Avenue. Alors qu'elle entrait dans l'immeuble, le portier la salua en effleurant sa casquette. Elle prit l'ascenseur jusqu'au dernier étage, entra dans son penthouse et se dirigea directement vers le réfrigérateur. Sa femme de ménage lui avait préparé une salade et des tranches de blanc de poulet. En privé, Blaise menait une vie tranquille. Elle n'avait pas beaucoup d'amis et, à l'exception de soirées politiques, de galas de charité ou d'événements organisés par News TV, elle sortait peu. Entretenir une amitié demandait du temps. Or, dans les rares moments où elle n'était pas en déplacement, elle travaillait. Qui aurait pu le comprendre ? La plupart de ses amis avaient été semés en route. Il lui en restait bien quelques-uns, ceux du bon vieux temps, mais elle ne les voyait jamais. Et depuis quatre ans, il n'y avait plus d'homme dans sa vie.

Son premier et seul grand amour remontait à sa jeunesse, alors qu'elle vivait encore à Seattle, la ville où elle avait grandi. Elle était l'enfant unique d'une mère institutrice et d'un père boucher. Tous trois avaient mené une vie simple, ayant tout juste assez d'argent pour que ce ne soit pas un sujet de préoccupation. Blaise avait fréquenté l'université publique de la ville. À l'époque, elle ne rêvait pas de gloire ou de richesse. Elle ne demandait qu'à suivre le conseil de son père : faire de sa passion son métier. C'est ainsi qu'elle avait trouvé sa voie à l'âge de vingt-trois ans, au moment où elle était passée de la météo à l'actualité locale.

Bill était cameraman. C'était l'homme le plus bienveillant qu'elle eût jamais rencontré. Ils tombèrent fous amoureux l'un de l'autre et se marièrent peu de temps après. Bill, cependant, était fréquemment envoyé dans les pires zones de conflit de la planète : il mourut six mois plus tard, abattu par un tireur embusqué. Le cœur de Blaise resta meurtri. Dès lors, seul le travail compta pour elle. Elle s'y réfugia, y trouva un ancrage et une raison d'exister. Par la suite, elle n'aima jamais aucun homme avec la même intensité. Aujourd'hui, toutefois, elle considérait que, même si Bill avait vécu, leur mariage n'aurait sans doute pas résisté à l'épreuve du temps. Au cours des vingt-trois dernières années, sa fulgurante ascension professionnelle avait éclipsé tout le reste.

Deux ans après le décès de Bill, à l'époque où elle travaillait à San Francisco, elle rencontra Harry Stern à l'occasion d'une interview. Il venait de racheter l'équipe de base-ball locale, était son aîné de vingt-deux ans, avait déjà été marié quatre fois et était l'un des investisseurs en capital-risque les plus influents de la Silicon Valley. Fasciné par l'indépendance absolue de Blaise, il avait tout tenté pour la séduire, mais elle avait argué qu'elle travaillait trop pour avoir le temps de fréquenter qui que ce soit. Surtout, son cœur appartenait encore à Bill. Mais Harry s'en fichait. L'intelligence et la beauté de Blaise l'avaient conquis. Et il était persévérant : il lui fallut plus d'un an, à l'inviter à dîner, à lui faire déguster de bons vins et à la couvrir de cadeaux, pour parvenir à lui passer la bague au doigt. Harry était le plus charmant des hommes.

Six mois après leur mariage, Blaise se vit offrir le poste de ses rêves à New York. Elle n'hésita pas une seconde. Depuis le début, elle avait prévenu Harry que sa carrière passait en premier. Elle l'aimait, mais elle ne sacrifierait une telle occasion pour aucun homme. Leur relation à distance fonctionna pendant quelque temps. Les week-ends où elle pouvait s'échapper, elle rentrait dans la somptueuse demeure de son mari à Hillsborough, luxueux quartier sur les hauteurs de San Francisco. Et il arrivait que Harry fasse le déplacement jusqu'à New York. Blaise tomba enceinte de Salima trois mois après avoir déménagé, mais elle ne leva pas le pied un seul instant. Elle était à son bureau lorsqu'elle ressentit les premières contractions et elle reparut à l'antenne trois semaines plus tard. Harry avait pris l'avion et était arrivé juste à temps pour l'accouchement. Néanmoins, avec déjà cinq enfants de ses unions précédentes, il n'avait jamais prétendu être un père attentionné. Il se contentait de voir Salima une ou deux fois par an.

Harry avait aujourd'hui soixante-neuf ans. Il portait

beau et s'était encore remarié deux fois depuis que Blaise et lui s'étaient quittés, en bons termes. Il avait eu deux autres enfants, ce qui portait le total à huit : d'une certaine façon, il les considérait comme le prix à payer pour épouser de très jeunes femmes. Toutes, en effet, voulaient connaître les joies de la maternité. Il leur accordait cette faveur de bonne grâce et les entretenait avec magnanimité. Mais, en tant que père à proprement parler, il brillait par son absence. Salima en avait souffert quand elle était plus jeune, malgré les efforts de sa mère pour lui expliquer que rien ne changerait Harry. Et si Blaise elle-même adorait sa fille, elle se laissait constamment happer par une dizaine de projets à la fois. Salima comprenait ; elle n'avait jamais rien connu d'autre et vouait à sa mère une admiration inconditionnelle.

Le mariage de Blaise et Harry avait duré cinq ans et demi. Malgré la forte complicité qui les unissait, la distance entre eux avait fini par avoir raison de leur amour. Leur relation s'était étiolée sans disputes ni hostilité. Pendant ces cinq années, Harry avait soutenu que son alliance le protégeait des désagréments de la vie. Puis il avait rencontré un jeune top model... Blaise avait assisté à leur mariage en toute amitié. À l'heure actuelle, elle n'attendait plus rien de lui, si ce n'est la pension alimentaire de leur fille, qu'il payait d'ailleurs rubis sur l'ongle.

Blaise n'avait ensuite connu que des relations superficielles. Une brève aventure avec une star du base-ball – ce qui était stupide, car ils n'avaient rien en commun –, une romance avec un politicien – qui avait suscité beaucoup d'intérêt dans la presse –, un homme d'affaires, un acteur célèbre. Aucun d'entre eux n'avait vraiment compté pour elle. Les aventures s'étaient succédé les unes aux autres sans mener nulle part, et cela lui était bien égal. Au mieux, ces hommes la distrayaient.

Sa dernière relation en date, alors qu'elle avait quarante et un ans, avait changé la donne. Andrew Weyland venait d'être promu présentateur du journal télévisé. Il était beau comme une star de cinéma et toutes les femmes se troublaient quand elles le croisaient dans les couloirs de News TV. Il était marié. Blaise fut la première à apprendre qu'il s'apprêtait à divorcer. Il lui demanda de garder le secret, de peur que cette nouvelle ne fasse les choux gras des tabloïds. Quelques jours plus tard, il lui proposa un rendez-vous. Elle ne prit qu'une minute de réflexion. Certes, elle n'était pas insensible à son physique, mais c'est surtout son intelligence qui la charmait. Andrew était brillant, drôle, plein d'esprit. Il abordait la vie avec légèreté… sauf pour les choses de l'amour. Leur relation devint rapidement intense et passionnée. C'était l'homme le plus attirant, le plus séduisant, le plus époustouflant qu'elle ait jamais connu. Elle tomba raide amoureuse de lui. Même Salima l'adorait. Son charisme était irrésistible. Et puisque tous deux travaillaient dans la même branche et s'investissaient avec la même ardeur dans leur carrière, on pouvait penser qu'ils étaient faits l'un pour l'autre. Andrew était très compréhensif : alors que la plupart des hommes se seraient plaints de l'engagement au travail de Blaise, lui, au contraire, l'admirait pour cela.

Un an après le début de leur histoire, il lui fit sa demande en mariage. Elle était si heureuse… Toutefois, elle savait qu'il partageait encore une maison à Greenwich Village avec sa femme. Il s'y rendait souvent le week-end pour voir ses enfants. Le plus rationnellement du monde, il lui avait expliqué que son épouse et lui vivaient des vies séparées sous un même toit, en attendant la vente de la maison. Il avait loué un appartement à Manhattan et passait la plupart de son temps avec Blaise. Elle qui voyageait beaucoup ne trouva rien à redire à cette organisation. Elle comprenait.

Une fois seulement, alors qu'elle l'interrogeait sur l'avancée de la procédure de divorce, elle vit une ombre passer dans son regard. Ce fut le premier indice que quelque chose clochait, le premier d'une longue série. Dès lors, il lui dévoila la vérité par bribes, entre un mensonge ici et un autre là, comme autant de pochettes-surprises offertes à un enfant...

Au bureau, tout le monde ou presque avait compris qu'Andrew n'avait pas engagé de procédure de divorce. Il était en fait très sérieusement marié avec sa femme... Comme Blaise, celle-ci ignorait tout de ce double jeu. Quand Blaise s'aperçut qu'il n'avait pas rempli le moindre document et n'avait même pas contacté un avocat, il balaya d'un revers de main ces « détails administratifs sans conséquence », dont il n'avait pas encore eu le temps de s'occuper. En réalité, il trompait sa femme, c'est tout. Il n'avait jamais eu l'intention de divorcer. Et tandis que Blaise était restée discrète sur leur relation pendant plus d'un an, de façon à ne pas influer négativement sur le prétendu « arbitrage » du juge, Andrew racontait à son épouse qu'il restait au centre-ville pour travailler. Il avait ainsi le beurre et l'argent du beurre. Grâce aux services d'un détective, Blaise apprit tout ce qu'elle avait besoin de savoir : avec sa femme, Andrew passait de paisibles week-ends à Greenwich, où leurs voisins les considéraient comme un couple heureux et uni.

Pour Mary-Beth Weyland, Blaise McCarthy n'était qu'une collègue d'Andrew.

« Et tu avais l'intention de faire quoi, la veille de notre mariage ? Tu pensais que tu pouvais tenter la bigamie ? que personne ne s'apercevrait de rien ? » lui demanda Blaise quand il finit par tout lui avouer.

Elle avait le cœur en miettes. L'affaire s'ébruita, s'étala dans les tabloïds avec des photos de la femme et des enfants d'Andrew à l'appui. Blaise fut pointée du doigt : elle était la briseuse de ménage. Les paparazzis assiégèrent son appartement pendant trois mois, la pourchassant jusqu'à son bureau dès qu'elle mettait le pied dehors. Elle ne vit plus en Andrew qu'un traître et un menteur. L'homme auquel elle avait fait confiance, qu'elle avait aimé, n'avait jamais existé. Il l'avait trompée au dernier degré et elle avait avalé toutes ses couleuvres. Pourquoi se serait-elle méfiée ? Pour sa part, il ne lui serait jamais venu à l'idée d'agir de la sorte. Lorsque Harry, son ex-mari, l'apprit par les journaux, il l'appela pour lui témoigner toute sa sympathie. Il connaissait ses valeurs et savait qu'elle n'était pas du genre à séduire un homme marié.

Son histoire avec Andrew n'avait duré que seize mois, mais Blaise en sortit si profondément blessée qu'elle n'avait fréquenté personne depuis. À présent, elle affirmait être célibataire par choix. Plus question de jouer son cœur à la roulette. Le pire de tout, c'était qu'Andrew continuait de l'appeler régulièrement. Il lui envoyait des mails et des SMS... pour lui dire qu'il l'aimait et qu'elle lui manquait. Jamais pour s'excuser. Pendant deux ans, il tenta de l'attirer dans son lit, s'imaginant probablement que, s'il parvenait à la faire craquer, les braises de la passion se raviveraient comme au premier jour. Il prétendit même qu'il divorcerait pour de bon, mais cette fois Blaise ne fut pas dupe. Andrew eut d'autres maîtresses après elle. Apparemment, Mary-Beth était prête à lui pardonner n'importe quoi.

Un soir pourtant, Blaise faillit succomber à la tentation. Un moment d'égarement, alors que tous deux s'étaient retrouvés dans le même hôtel à l'occasion d'une mission à Londres. Elle avait accepté de prendre un verre avec lui. De fil en aiguille, l'alcool lui était monté à la tête, et le charme irrésistible d'Andrew avait fait son effet. Elle s'était enfuie à la dernière minute, dans un sursaut de lucidité. Elle ne le lui aurait jamais avoué, mais elle regrettait souvent les bons moments passés ensemble. Elle continuait à croire qu'une partie au moins de leur histoire d'amour avait été sincère. C'est avec un profond soulagement qu'elle avait appris qu'il allait changer de chaîne et déménager à Los Angeles... avec femme et enfants. Il eut alors le culot de retourner la situation à son avantage, affirmant qu'il n'avait plus le cœur à divorcer, maintenant que Blaise avait mis un terme à leur relation.

Aujourd'hui encore, il lui arrivait parfois de répondre à ses appels. Elle se sentait si seule. Au moins, sa voix lui était familière, et leur vie professionnelle leur fournissait toujours un sujet de conversation. Aussi absurde que cela puisse paraître, Andrew remplissait le vide abyssal de sa vie privée. Après chacun de ses coups de fil, toutefois, elle sombrait dans un épisode de dépression. Comme toujours, c'est dans le travail qu'elle trouvait ensuite la force de rebondir.

Sur le seuil de sa chambre à coucher, Blaise alluma la lumière. Elle entra dans son bureau, posa son porte-documents, retourna chercher la salade à la cuisine et mangea en se plongeant dans son dossier pour l'émission du lendemain. Quand elle en émergea pour regarder sa montre, il était déjà vingt-deux heures. Trop tard pour appeler Salima, qui se couchait tôt. Blaise alla placer son couvert dans l'évier. Elle se sentait coupable. Elle savait qu'elle aurait dû appeler et se promit de le faire sans faute le lendemain, avant son départ pour Londres.

Tout en pensant à sa fille, elle contempla Central Park qui s'étendait sous sa fenêtre. Elle aimait cet appartement, acheté neuf ans plus tôt. Elle y avait alors emménagé avec sa petite Salima, après avoir quitté la vieille maison en pierre de taille qu'elles partageaient jusque-là avec Harry. Ce penthouse, situé sur la Cinquième Avenue, répondait parfaitement à ses besoins actuels : outre un spacieux salon doté d'une vue splendide, Blaise disposait d'une suite privée, composée de sa chambre à coucher, toute tendue de soie rose pâle, d'un bureau où elle passait le plus clair de son temps quand elle était chez elle, et enfin d'une immense salle de bains carrelée de marbre blanc, pourvue d'une énorme baignoire et d'un dressing attenant. À l'autre bout du couloir se trouvait la chambre que Salima occupait à chaque période de vacances. La cuisine de grand standing, en granit noir, s'ouvrait sur une salle à manger assez vaste pour recevoir de nombreux amis à dîner... ce que Blaise ne faisait jamais. Derrière la cuisine, deux chambres de bonnes restaient inoccupées depuis son emménagement. Blaise n'aurait pas aimé avoir une employée à demeure ; il lui suffisait que la femme de ménage vienne tous les jours. Elle était habituée à la solitude et tenait à son intimité. Comment avait-elle pu imaginer y renoncer pour épouser Andrew ? Tout cela semblait à des années-lumière.

Lorsqu'elle l'avait rénové, l'appartement avait été

photographié par tous les grands magazines de décoration. Neuf ans plus tard, il était toujours aussi parfait et immaculé. Ce qui n'était guère surprenant, vu le peu de temps qu'elle y passait. Blaise vivait dans un monde apparemment parfait, dans le confort et le luxe, bien loin de la vie modeste et simple de son enfance à Seattle. Elle était célèbre, adulée, avait réussi dans un milieu où régnait une compétition féroce et où bien des carrières tournaient court. Grâce à son cran, son talent et sa persévérance, elle avait atteint le sommet, elle y culminait sans faillir depuis des années. Bien des gens auraient rêvé d'être dans sa peau.

Pourtant, ces gens-là ne voyaient pas sa solitude. Ils ne savaient pas quelles trahisons elle avait subies, de la part d'un homme tel qu'Andrew, de faux amis qui l'avaient lâchée en route, ou encore de ceux qui avaient tenté de profiter de sa réputation pour l'utiliser d'une façon ou d'une autre.

Elle sourit en trouvant dans son porte-documents un magazine que Mark y avait glissé après en avoir marqué une page. Il s'agissait d'un article sur elle, bref mais dithyrambique. Au-dessus de sa photo, que le journaliste avait obtenue auprès de la chaîne, le titre s'étalait en gros caractères : « Une vie parfaite ».

Ce n'était qu'une illusion, bien sûr. En réalité, la vie de Blaise n'était pas plus parfaite que celle de n'importe qui. À bien des égards, elle était même plus dure. Elle était seule au sommet de la montagne et, chaque jour, elle se battait pour conserver ce qu'elle avait gagné de haute lutte. Mais quel que soit le prix à payer, Blaise n'aurait échangé sa place pour rien au monde.

2

Comme chaque matin, le réveil sonna à quatre heures. Blaise étendit le bras pour l'éteindre et resta encore couchée quelques minutes, les yeux clos, avant de sortir du lit. Il faisait nuit, mais on entendait déjà le flot des voitures et des camions sur la Cinquième Avenue. Blaise aimait cette rumeur réconfortante : New York ne dormait jamais complètement. Elle entra dans la salle de bains et attacha ses cheveux d'un roux flamboyant pour éviter de les mouiller. Comme toujours, elle les avait lavés la veille. La coiffeuse lui ferait un brushing sur place, puis la maquilleuse la mettrait en beauté avant qu'elle ne jette un dernier coup d'œil à ses dossiers.

Elle se glissa dans l'énorme baignoire avec vue sur le parc et se détendit dans l'eau chaude. C'était son dernier moment de calme avant la mise en route de la machine pour la journée. Le soir même, elle prendrait place à bord d'un avion pour Londres.

À 4 h 45, elle passa à la cuisine et mit à chauffer l'eau de son thé matinal. Elle ouvrit la porte d'entrée et récupéra les journaux que le gardien avait laissés sur le paillasson. Avant de partir travailler, elle épluchait le *New York Times* et le *Wall Street Journal* et consultait aussi Internet. Si un événement extraordinaire s'était produit pendant la nuit, elle se devait d'être au courant.

La fusillade de UCLA figurait à la une. Aux dernières nouvelles, Pat Olden n'avait pas succombé à ses blessures. Il était cependant sous respiration artificielle et sa vie ne tenait qu'à un fil. Blaise se demanda quelles seraient les séquelles si jamais il survivait. Où étaient sa femme et ses enfants à cette heure-ci ? La tragédie serait le sujet principal de son émission, suivi d'une analyse financière sur la récente reprise des marchés et ses possibles conséquences.

Pour accompagner son thé, Blaise se sustenta d'une seule tranche de pain complet grillé. Il était trop tôt pour avaler quoi que ce soit d'autre. News TV mettait à la disposition des présentateurs et de leurs invités des corbeilles de fruits et un buffet de petit déjeuner varié. Toutefois, Blaise, qui surveillait de près son alimentation, n'y touchait jamais.

Elle portait ce matin un blazer bleu foncé, un chemisier en soie blanche, un pantalon gris et une paire de talons hauts : le matin, elle favorisait en général un look sobre mais décontracté ; elle réservait ses tenues plus strictes aux reportages et aux grandes interviews. En vue de son entretien avec le Premier ministre britannique à Londres le lendemain, elle avait déjà choisi un beau tailleur noir. Ses bagages étaient bouclés : depuis la veille, deux petits sacs attendaient dans le vestibule. Elle n'aurait plus qu'à les récupérer quand elle passerait se changer après sa journée de travail : pour le voyage de nuit, sa routine bien rodée prévoyait un pantalon large et un haut confortable.

Le temps qu'elle finisse de lire les deux épais journaux, il était 5 h 40. Elle alla se brosser les cheveux et vérifia une dernière fois sa tenue. Puis elle attrapa son sac à main et son porte-documents, enfila un manteau. À 5 h 55, elle descendit dans le hall. Tully l'accueillit avec un large sourire alors qu'elle prenait place à bord de la voiture.

— Bonjour, madame McCarthy. Avez-vous bien dormi ?

— Très bien, merci, et vous-même ?

— Pas trop mal. J'ai veillé tard pour regarder un vieux film à la télé. *Casablanca.* Vous connaissez ?

Oui, Blaise connaissait bien sûr, et tous deux s'accordèrent à dire que ce grand classique du cinéma hollywoodien ne se démodait pas. Puis la conversation dévia sur le base-ball, leur sujet de prédilection. Blaise et Tully étaient de fervents supporters des New York Yankees. À la grande joie de Tully, Blaise lui offrait des places pour assister aux matchs chaque fois qu'elle le pouvait. Elle lui avait même obtenu des tickets pour les Séries mondiales.

Il la déposa à la porte de News TV cinq minutes plus tard. À cette heure-là, il n'y avait pratiquement pas de circulation et on pouvait traverser Manhattan rapidement. À 6 h 20, elle pénétra dans son bureau. Mark l'y attendait avec les titres de la matinale. Le thème principal serait la violence sur les campus universitaires, ainsi que le défaut de prise en charge des troubles mentaux aux États-Unis. Si Pat Olden venait à mourir, malheureusement, Blaise avait prévu un éloge funèbre du politicien. Elle apporta quelques modifications de dernière minute à son texte, avant de se diriger vers la loge de coiffure et de maquillage et de se remettre entre les mains des deux femmes qui la préparaient à l'œil impitoyable des caméras. Comme souvent, la coiffeuse et la maquilleuse lui demandèrent des nouvelles de Salima. Blaise n'aimait pas s'étendre sur sa vie privée et leur répondit que sa fille allait bien, puis s'enquit à son tour de leurs enfants.

Quarante minutes plus tard, elle était resplendissante. À 7 h 15, elle était fin prête. À 7 h 20, elle apparut à son poste sur le plateau, incarnant le professionnalisme et la maîtrise de soi. Au signal, elle sourit et salua les téléspectateurs.

— D'un bout à l'autre du continent, les États-Unis sont sous le choc suite à la tragédie survenue hier à Los Angeles, commença-t-elle. Je voudrais témoigner tout notre chagrin et adresser nos condoléances les plus sincères aux familles des victimes de la fusillade. Cette situation est d'autant plus désespérante qu'elle n'est pas inédite. Un jeune homme perturbé, présentant des symptômes de maladie mentale, passe à travers les mailles du filet et se soustrait à toute forme de traitement. Et puis un jour, le drame survient. J'aimerais demander à chacune de nos universités ce qu'elles comptent mettre en place afin d'éviter que de tels événements se reproduisent. Comment pouvons-nous protéger les étudiants des individus souffrant de troubles mentaux ? Et comment nous assurer que ces derniers soient pris en charge, pour leur propre bien autant que pour celui de leurs camarades ? Comment améliorer la sécurité sur les campus ? Pourquoi n'y avait-il pas de détecteurs de métaux à la porte de l'auditorium de UCLA ? Et s'il y en avait, pourquoi n'ont-ils pas fonctionné correctement ? Car le tireur est bel et bien entré dans la salle avec un pistolet dans sa poche.

« Tout ceci, bien entendu, m'amène à exprimer le point de vue que je partage avec beaucoup d'entre vous sur le contrôle des armes à feu. Je crois sincèrement que ceux qui s'y opposent invoquent notre Constitution de façon abusive, afin d'étayer leur opinion personnelle.

La question n'est plus de défendre une quelconque liberté civile, la question aujourd'hui est de garantir la sécurité de nos concitoyens. La liberté d'expression n'a jamais tué personne. On ne peut pas en dire autant du droit de porter des armes. Nous devons faire preuve de discernement et ne pas avoir peur de limiter certains droits, qui ont eu leur raison d'être autrefois, mais qui ne sont plus d'actualité. Pour s'en convaincre, il suffit de voir ce qui s'est passé hier matin. Regardez ce qui est arrivé à Pat Olden. Mettez-vous à la place de sa femme, de ses enfants. Hier, la vie de dizaines de personnes a changé pour toujours. Celle des victimes, fauchées pour la plupart dans la fleur de l'âge, mais aussi celle de tous leurs proches. Nous devons empêcher qu'une telle tragédie se reproduise. Et nous devons trouver un moyen de traiter les élèves souffrant de troubles mentaux dès qu'ils sont diagnostiqués, plutôt que de les laisser disparaître dans la nature en attendant la catastrophe. Nous sommes responsables envers les personnes sur lesquelles ces jeunes risquent de jeter leur dévolu. La tragédie survenue hier prouve une fois de plus l'inefficacité des mesures actuelles. Notre devoir le plus urgent est de resserrer le maillage de la prévention.

Blaise ménagea une pause pour laisser aux téléspectateurs le temps d'intégrer son message, puis elle passa au sujet suivant : la remontée des cours de la Bourse, qui inquiétait un certain nombre de personnes bien informées à Wall Street. Cette reprise intervenait-elle trop vite après la récente baisse ? Quelle était sa signification ? Blaise exposa les théories de différents experts. Elle abordait toujours plusieurs thèmes pendant les vingt minutes dont elle disposait. Enfin, tandis que le cameraman la filmait en plan rapproché, elle sourit et souhaita une bonne journée à tous. Quand ses immenses yeux verts captaient la caméra de leur regard intense, vous aviez l'impression qu'elle ne s'adressait qu'à vous, de l'autre côté de votre petit écran. La régie coupa l'antenne pour lancer une page de publicité. Blaise dégrafa son micro, se leva et quitta le plateau. Elle avait exposé son point de vue concernant les sujets les plus brûlants de l'actualité sur un ton pragmatique, dépourvu de tout sensationnalisme. Son objectif n'était pas de semer la panique, elle voulait juste informer et suggérer des pistes de réflexion. Elle délivrait ses brillantes analyses sans la moindre pédanterie, car elle respectait ses téléspectateurs et partait du principe qu'ils étaient en mesure d'utiliser leurs neurones. Ses reportages et ses éditos captivaient indifféremment les hommes et les femmes.

C'est toutefois dans l'art de l'interview que Blaise se démarquait le plus. Elle ne se contentait pas d'interroger les personnalités les plus en vue du moment ; elle leur posait les bonnes questions, sur des sujets qui trouvaient une résonance dans toutes les catégories de public. Elle établissait une telle proximité avec son interlocuteur que vous aviez l'impression de vous retrouver dans la même pièce qu'eux, en leur compagnie. Elle avait le chic pour mettre les célébrités à leur aise et les amener à se dévoiler. Elle n'hésitait pas à les faire rire et parvenait ainsi à leur soutirer bien plus de révélations que par une confrontation directe. Et dès que la célébrité baissait les armes, Blaise abordait des thèmes sensibles. Tout en douceur, sans avoir l'air d'y toucher, elle posait les questions les plus brûlantes. Personne mieux qu'elle ne savait recueillir les confidences que tout le monde attendait.

— Bon travail, Blaise, lui dit Charlie Owens, le producteur exécutif, qui traversait le couloir en coup de vent.

Blaise regagna son bureau pour consulter sa boîte mail et relire une dernière fois son topo sur le Premier ministre britannique. Puis elle passa le reste de la journée à préparer son interview de Dubaï, sans cesser de demander des compléments d'information à Mark. Extrêmement méticuleuse, elle ne souffrait aucune imprécision.

— Est-ce que tu as tout ce que tu veux ? lui demanda son assistant en glissant le dernier dossier dans son porte-documents.

Il était dix-huit heures ; une longue journée de douze heures s'achevait, mais ce n'était que la routine pour Blaise. Mark lui non plus ne comptait pas son temps. Il prêtait la même attention qu'elle aux petits détails.

— C'est tout bon, merci. À dans trois jours, alors ! lui dit-elle en souriant. Je t'appelle s'il y a du nouveau.

Pour l'interview du Premier ministre, ils avaient prévu une équipe de tournage britannique, qui partirait ensuite avec elle pour Dubaï.

— Essaie de dormir dans l'avion, répondit Mark.

Il s'inquiétait pour elle : il n'avait jamais vu personne abattre autant de travail. Pourtant, elle ne montrait aucun signe de fatigue. Au contraire, plus elle travaillait, mieux elle se portait. Blaise savait que c'était l'une des clés de son succès. Quand les gens ironisaient sur son manque de sommeil, elle leur clouait le bec en leur rappelant que Margaret Thatcher ne dormait que trois heures par nuit. Elle adorait veiller tard pour travailler autant qu'elle le voulait. C'est en partie pour cette raison qu'elle aimait vivre seule et se disait « célibataire par choix ». Elle avait fini par s'en convaincre. À l'occasion, il lui arrivait de regretter de n'avoir personne avec qui partager, en rentrant le soir, telle déception ou tel succès survenus au cours de sa journée de travail. Le reste du temps, elle était très heureuse ainsi.

— Je dors toujours en avion, tu le sais bien.

Entre New York et Londres, le vol durait sept heures et il fallait qu'elle soit fraîche et dispose à l'arrivée. Son rendez-vous avec le Premier ministre était prévu trois heures après l'atterrissage, ce qui lui laissait tout juste le temps de passer à l'hôtel pour prendre un bain et s'habiller avant de se rendre au 10, Downing Street.

— Et n'oublie pas de manger ! l'admonesta Mark.

Pour toute réponse, elle lui adressa un signe de la main et se dirigea vers l'ascenseur.

Tandis que Tully slalomait avec dextérité entre les files de circulation, particulièrement dense à cette heure-là, Blaise s'adossa confortablement à son siège et ferma les yeux.

— Merci, Tully, lui dit-elle lorsqu'il la déposa au pied de son immeuble, quarante-cinq minutes plus tard. On se retrouve à vingt heures trente.

— Je serai là, promit le chauffeur.

Dans son appartement silencieux, Blaise alluma les lumières et se posta devant la fenêtre pour admirer le parc. Il était presque dix-neuf heures. Salima devait être en train de dîner et Blaise décida de ne l'appeler qu'après avoir pris son bain. La jeune fille répondit à la première sonnerie. Un système d'identification électronique annonçait à voix haute l'identité de son correspondant. En entendant le nom de sa mère, Salima avait franchi la pièce d'un bond pour décrocher.

— Salut, maman !

Au grand étonnement de Blaise, il n'y avait jamais l'ombre d'un reproche dans la voix de sa fille, en dépit du fait qu'elle n'était pas une mère très présente.

— Bonsoir, ma chérie. Quoi de neuf ?

— Oh, rien d'extraordinaire : l'école, toujours l'école...

Elle avait presque la même voix que sa mère et on les confondait souvent quand Salima répondait au téléphone de l'appartement pendant les vacances.

— Et toi ? Tu pars pour Los Angeles, tu vas à UCLA ? demanda la jeune fille avec espoir.

Elle aurait aimé que sa mère commente davantage les événements de la veille, mais Blaise, dont le sens du timing était infaillible, estimait qu'il était encore trop tôt pour réaliser un édito en direct depuis le lieu du drame.

— Non, je m'envole pour Londres ce soir, j'ai un entretien avec le nouveau Premier ministre.

— Oh, c'est cool..., dit Salima, un peu déçue.

— Et de là-bas, je m'envole ensuite pour Dubaï, où je rencontrerai un prince saoudien à la tête d'une grosse compagnie pétrolière. Il paraît que c'est un type passionnant. Il se pourrait d'ailleurs que son frère soit un terroriste, bien que personne n'en ait la preuve.

— Tu vas lui poser la question ? lâcha Salima, amusée.

— Probablement. Je verrai comment ça se passe. Et je rentre tout de suite après. Je ne pars que trois jours.

— Ne t'en fais pas pour moi, maman.

— Je viendrai te voir à mon retour. Comment sont tes cours ?

— Ennuyeux... J'essaie de valider toutes les matières obligatoires pour en finir au plus vite. Aucune ne m'intéresse ! Je n'ai qu'un seul séminaire optionnel ce semestre.

— Sur quoi ?

— « Histoire de la musique italienne à la Renaissance », annonça Salima, enchantée.

— Voilà qui me paraît horrible ! gémit Blaise. J'aimerais encore mieux les cours de maths.

— Moi, j'adore. La musique est sublime. Quand je rentre à maison, je n'arrête pas de fredonner les airs que le prof nous a fait écouter.

— Je te reconnais bien là, dit Blaise en souriant.

Salima adorait chanter. Elle avait une voix remarquable et, depuis l'enfance, elle mémorisait tout ce qu'elle entendait avec une facilité déconcertante.

Pendant une demi-heure, elles discutèrent : de la fusillade, à nouveau, mais aussi des autres cours de Salima et même d'une rumeur qui courait à l'école, à propos d'une liaison supposée entre deux enseignants. La jeune fille ne savait pas de qui il s'agissait, son informateur était resté évasif, mais ces histoires piquaient sa curiosité. Blaise voyait bien que Salima aimait parler avec elle. Encore une fois, elle culpabilisa de ne pas l'appeler plus souvent. Mais Salima affichait une bonne humeur indéfectible... Et puis elle vivait sa vie. Elle était très indépendante et ne se morfondait pas dans l'attente des coups de fil de sa mère.

— Je t'appelle quand je rentre, promit Blaise. Et je passerai te voir ce week-end.

— Ne t'en fais pas, maman. Ne monte pas jusqu'ici si tu es trop fatiguée par ton voyage.

— On verra. Et puis, je ne veux pas rater les couleurs de l'automne.

En Nouvelle-Angleterre, celles-ci étaient magnifiques.

— Bon voyage, maman, dit Salima avant de raccrocher.

Blaise resta pensive une minute, puis se leva pour s'habiller. Elle avait tout juste le temps d'avaler quelque chose.

Tully l'attendait en bas de l'immeuble. Il paraissait beaucoup plus fatigué que Blaise, alors que la journée avait été tout aussi longue pour elle – et plus intense. Elle resta silencieuse sur le chemin de l'aéroport, songeant à Salima. Elle était déterminée à lui rendre visite le week-end suivant. Il était grand temps : elle ne l'avait pas vue depuis Labor Day, le jour de la fête du Travail, juste avant la rentrée, il y avait quatre semaines de cela. Blaise essayait d'aller voir sa fille une fois par mois, ou au moins toutes les six à huit semaines dans les périodes où elle voyageait beaucoup et ne pouvait faire autrement. Ce n'était pas un problème pour Salima, qui l'avait dit et répété à sa mère. À dix-neuf ans, elle n'était plus un bébé. Même quand elle était petite, elle s'était montrée très courageuse au tout début de son séjour en pension : jamais elle n'avait supplié sa mère de venir la voir ou de la ramener à la maison. Quant à son père, elle ne le voyait que très rarement. Ils n'avaient jamais eu de véritable relation père-fille.

À l'aéroport, deux officiels de la British Airways accueillirent Blaise et l'escortèrent jusqu'à une salle d'attente VIP. Elle embarqua la dernière, conformément à sa demande. Son arrivée suscita une agitation discrète parmi les voyageurs de la première classe. Blaise McCarthy était célèbre dans le monde entier et on la reconnaissait au premier coup d'œil, avec sa chevelure rousse et son physique si particulier.

Le chef de cabine vint la saluer et lui proposa divers journaux et magazines, ainsi que du champagne. Blaise déclina le tout poliment. Elle refusa aussi le plateau-repas, se contenta d'une tasse de thé. Elle se demandait toujours comment les passagers des vols de nuit pouvaient avaler un second dîner... Ils estimaient sans doute qu'ils l'avaient payé et en voulaient pour leur argent. Pour sa part, Blaise choisissait le sommeil plutôt que l'indigestion. Lorsqu'elle eut terminé sa lecture, elle éteignit la veilleuse, pria le steward de transformer son siège en couchette (c'est pour bénéficier de ce confort qu'elle voyageait en première), enfila un masque de nuit et s'endormit en cinq minutes, pelotonnée dans la couverture en cachemire qu'elle avait apportée.

Trente minutes avant l'atterrissage, elle fut réveillée par le steward comme elle l'avait demandé. Elle souhaitait avoir le temps de se brosser les dents, de se démêler les cheveux et de boire une tasse de thé avant que l'appareil n'amorce sa descente. Elle eut même le loisir d'admirer la campagne anglaise par le hublot.

À l'aéroport, elle fut accueillie par une escorte VIP de la compagnie aérienne et un agent de sécurité l'aida à accomplir rapidement les formalités de la douane. Un chauffeur du Claridge's l'attendait à la sortie : quarante-cinq minutes plus tard, il la déposa à l'hôtel, et on la conduisit à sa suite habituelle. Avec ses murs jaune pâle et son mobilier tendu de chintz à fleurs, on eût dit une chambre d'amis dans un cottage anglais.

Il était déjà midi à Londres, mais Blaise se contenta d'un petit déjeuner léger. Elle disposait d'une heure pour se laver, s'habiller, envoyer des mails et prendre quelques notes avant de se rendre à la résidence du Premier ministre. Elle arriva au 10, Downing Street, fraîche comme une rose. La camionnette de tournage stationnait devant la porte. Le cameraman et son équipe l'attendaient à l'intérieur.

Trois secrétaires les aidèrent à s'installer dans un adorable petit salon. Quand, à l'heure dite, le Premier ministre les rejoignit, ils étaient fin prêts. Blaise se glissa dans l'interview comme dans un gant. L'échange débuta telle une partie de ping-pong verbal, opposant deux adversaires de même calibre. Blaise trouva l'homme d'État intelligent, charmant et plein d'esprit. Il répondit à ses questions avec finesse, une lueur de malice au coin de l'œil, s'attardant sur les sujets qui lui tenaient à cœur. Il semblait d'une totale sincérité. Et pour Blaise, c'était un franc succès : elle avait obtenu ce qu'elle était venue chercher, un aperçu du vrai visage de l'homme derrière le masque du nouveau Premier ministre. Comme d'habitude, elle avait réussi à mettre suffisamment son interlocuteur en confiance pour qu'il se laisse aller à répondre à des questions auxquelles il n'aurait probablement pas souhaité se soumettre de prime abord. Lorsque la caméra cessa de tourner, il lui demanda quels étaient ses projets pour la suite. Blaise lui parla alors de son interview à Dubaï le lendemain.

— Ma foi, voilà une émission que je ne voudrais pas manquer ! Le prince est bien plus intéressant que moi.

— Vous prêtez moins à polémique, certes. En revanche, vous n'êtes pas moins intéressant... ni moins charmant que lui.

Puis Blaise le remercia et lui souhaita bonne chance dans la mise en œuvre de ses objectifs. Et comme cela lui arrivait souvent, elle le quitta avec l'impression d'avoir lié une nouvelle amitié. Il n'était d'ailleurs pas rare que ses interlocuteurs masculins tombent un peu amoureux d'elle. Pour sa part, elle ne se sentait nulle part aussi vivante que sous le feu des projecteurs.

De retour à l'hôtel, elle revêtit des vêtements de voyage amples et souples, se reposa quelques heures, puis sortit se promener le long de New Bond Street, dans l'air sec et vivifiant de ce mois d'octobre.

Le vol pour Dubaï durait à peine quarante minutes de moins que celui de New York à Londres. Aussi Blaise eut-elle tout le temps de dormir pour être en forme à l'arrivée. Elle ne pouvait pas se permettre d'avoir l'esprit ralenti face au prince saoudien, car il avait la réputation d'esquiver habilement les questions clés.

À Dubaï, un chauffeur en livrée vint la chercher au volant d'une Rolls-Royce Phantom et la conduisit à l'hôtel Burj-al-Arab, extraordinaire édifice en forme de voile de navire érigé sur une île artificielle. Un palace aux sept étoiles autoproclamées ! Le contrat de Blaise chez News TV spécifiait qu'elle devait bénéficier d'une limousine et du meilleur hébergement disponible partout où elle se déplaçait, en particulier à l'étranger. Depuis vingt-cinq ans qu'elle exerçait son métier, elle estimait avoir mérité ces avantages.

Ce n'était pas son premier séjour à Dubaï, et, même si elle n'aurait pas choisi cette destination pour y passer des vacances, elle fut impressionnée par le nombre de tours et de bâtiments modernes qui avaient été construits depuis son dernier passage. Quant à l'hôtel, il était doté de tous les équipements imaginables, y compris un héliport. C'était un véritable palais. La suite attribuée à Blaise était l'une des plus vastes et luxueuses qu'elle ait jamais vues. Elle disposait même de son propre majordome. L'interview n'étant prévue qu'à vingt et une heures, Blaise en profita pour faire un tour de la ville en voiture, tandis que le chauffeur lui désignait les principales curiosités. Quand elle rentra à l'hôtel, tout un tas de nouvelles questions à poser au prince fourmillaient dans sa tête. En temps normal, ce dernier demeurait à Riyad, mais, en raison des interdits qui pesaient là-bas sur les femmes, il avait décidé de combiner l'interview avec un voyage d'affaires à Dubaï, la ville la plus tolérante du Golfe.

Vêtue d'une robe noire à manches longues et col montant, austère mais chic, Blaise attendait son hôte dans le salon de sa suite, où les caméras avaient été installées. Elle se composa un air soumis et respectueux, comme il se devait face à un prince. À vrai dire, il était plus jeune qu'elle et avait une réputation de play-boy sensible aux jolies femmes. Mais elle sentait que dans ce cadre, en sa compagnie, il adopterait une attitude retenue.

Blaise ne fut pas déçue par cette première rencontre avec Mohamed Bensabour. Il arriva dans un costume anglais – parfaitement coupé par son tailleur londonien –, chaussé d'une paire de John Lobb cirée de frais. Il avait la peau sombre, les cheveux noir de jais et portait la moustache. Blaise avait rarement vu un si bel homme. Âgé de trente-cinq ans, il paraissait encore plus jeune, et, si Blaise n'avait pas autant pris son métier au sérieux, elle aurait été tentée de flirter avec lui. Au lieu de quoi ils se prêtèrent avec bonheur au jeu de l'interview. Le prince était doué d'un esprit très fin et d'un excellent sens de l'humour. Il avait été scolarisé dans les meilleurs établissements anglais.

Au cours de la première heure, il esquiva la plupart de ses questions, mais Blaise avait anticipé cette attitude de sa part. C'est pourquoi elle avait réservé les sujets les plus importants pour la fin, dans l'espoir de l'avoir à l'usure. Elle osa même l'interroger sur son frère et le soupçon de terrorisme qui planait sur lui.

— Tiens donc ! s'écria le prince en riant à gorge déployée. Mon frère jouit d'une réputation des plus intéressantes. Mais je vous assure que la seule personne qu'il terrorise, c'est moi ! Quand nous étions petits, il me rossait sans la moindre pitié. Et aujourd'hui, il rafle toutes mes conquêtes féminines. Il est d'une beauté diabolique.

— Vous n'avez rien à lui envier, rétorqua Blaise en le gratifiant de son célèbre sourire.

— Vous êtes trop aimable, mademoiselle McCarthy.

De la réponse badine mais pleine de sous-entendus du prince, Blaise déduisit que son frère était probablement associé, de près ou de loin, à une entreprise terroriste. Cependant, elle savait qu'il aurait été contre-productif d'insister. Elle lui posa donc d'autres questions sur ses affaires aux États-Unis et sur le pétrole au Proche-Orient. Prudent, il ne révéla rien qu'il n'aurait voulu voir diffusé à la télévision. Il s'ouvrit juste assez pour rendre l'interview passionnante, laissant planer un séduisant parfum de mystère.

Blaise le remercia chaleureusement pour le temps qu'il lui avait accordé. C'est alors qu'à sa plus grande stupéfaction le prince s'inclina devant elle, hors caméra, et tira de sa poche une petite boîte de chez Cartier. Deux ou trois personnalités, déjà, lui avaient fait livrer des cadeaux, mais uniquement après avoir noué avec elle une véritable amitié. Blaise ouvrit l'écrin et y trouva un bracelet en or serti de brillants. Elle fut profondément flattée et touchée de cette marque d'attention, surtout de la part d'un homme aussi séduisant.

— Merci pour cette délicieuse soirée, mademoiselle McCarthy, lui dit-il. Je me demandais si vous accepteriez de dîner en ma compagnie ?

Il était près de minuit. Cette invitation était pour le moins inattendue, mais Blaise avait l'esprit aventureux et ils étaient tous deux électrisés par l'interview. Elle accepta.

À bord de sa Ferrari, il la conduisit au Reflets, le restaurant du chef français Pierre Gagnaire. Blaise se sentait parfaitement à l'aise en sa compagnie. Il avait tout du parfait gentleman, extrêmement poli et sophistiqué, charmant. Il faut dire qu'il avait été à bonne école, en Angleterre. Blaise passa avec lui un moment délicieux. Mohamed Bensabour ne cessait de piquer sa curiosité. Il ne lui montrait que ce qu'il avait envie de montrer, sa personnalité profonde restait cachée. Mais ce qu'elle voyait était on ne peut plus aimable. Elle porta le bracelet toute la soirée, puis remercia le prince pour ce somptueux cadeau ainsi que pour le dîner. En retour, il la remercia pour l'interview et elle lui promit de lui en envoyer un DVD après sa diffusion à l'antenne.

— Me permettez-vous de vous appeler lors de mon prochain séjour à New York ? demanda-t-il.

— Avec grand plaisir, répondit-elle en souriant.

Elle était certaine cependant qu'il n'en ferait rien. Elle était bien trop sage pour lui, et il y avait peu de chances pour qu'ils deviennent ne serait-ce que des amis. Mais il avait réussi à pimenter son voyage à Dubaï. De retour à sa suite, elle eut en regardant son bracelet la délicieuse impression d'avoir vécu une aventure un peu folle et elle rédigea à l'intention du prince un mot de remerciement qu'elle lui enverrait le lendemain matin avant de repartir. Il s'était montré généreux, coopératif et extrêmement aimable.

Par Internet, elle envoya les prises de vue à Charlie Owens. Il l'appela deux heures plus tard.

— Mon Dieu, Blaise ! Mais qu'as-tu fait à ce type ? Il te mangeait dans la main.

Il était évident pour le producteur que Mohamed Bensabour était tombé sous le charme de Blaise.

— N'exagérons rien, répondit-elle. Et je ne sais pas à quel point il était sincère dans ses réponses, notamment au sujet de son frère. Il n'empêche qu'il a donné une excellente interview.

— Non, c'est toi qui as mené cet entretien avec maestria ! Il n'aurait jamais vidé son sac spontanément. Tu as obtenu de lui tout ce que tu voulais, comme un magicien tire des foulards de soie de son chapeau. Ma grande, tu es géniale !

— Merci. Figure-toi qu'il m'a offert un bracelet Cartier, dit-elle avec un petit rire.

— Pardon ? Mais tu as couché avec lui ou quoi ? s'étrangla Charlie.

— Bien sûr que non, je n'ai pas couché avec lui ! C'était juste un cadeau pour me remercier après l'interview. J'avoue qu'il est plutôt sympathique... et dragueur, c'est vrai. Je l'ai laissé m'inviter à dîner. Mais je suis sagement revenue à ma chambre ensuite.

— Eh bien, verrouille ta porte ! Sur les images que j'ai vues, il te dévorait des yeux, et m'est avis qu'il n'en a pas uniquement après ton intelligence, aussi aiguisée soit-elle. Les mecs ne font pas de tels cadeaux sans raison...

— Aux États-Unis, les hommes s'attendent à ce que les femmes couchent avec eux après une simple invitation au resto. Ici, au moins, ils se fendent d'un bijou en diamant, plaisanta Blaise.

Elle était d'excellente humeur. Le prince lui avait redonné le sentiment d'être jeune et désirable. Mais Charlie s'inquiétait presque.

— Reste prudente jusqu'à ton départ, lui dit-il. Je ne voudrais pas avoir à te sortir de prison si tu contrevenais à une loi quelconque. Ni aller te chercher à Riyad s'il te kidnappait.

— Ne t'inquiète pas. Bensabour a dit devant les caméras qu'il avait déjà trois femmes. Sans compter que j'ai dix ans de plus que lui.

— Et alors ? Ni ton âge ni ses épouses n'avaient l'air de refroidir son ardeur. De toute façon, je crois qu'ils peuvent en avoir quatre ou cinq à la fois, des femmes.

— Relax, Charlie, je serai de retour demain. Tu te rends compte ? L'interview est une formidable opération de communication, pour nous comme pour lui : ça va redorer son image de marque aux États-Unis. C'est du gagnant-gagnant.

— Bon, ramène tes fesses, c'est tout ce que je te demande. Je me sentirai mieux quand tu seras rentrée.

Blaise n'eut plus de nouvelles de Mohamed Bensabour jusqu'à son départ. Avant de prendre l'avion, elle laissa son mot de remerciement à la réception, afin qu'on le porte à l'hôtel du prince. Elle avait l'impression d'être Cendrillon après le bal. À ce détail près qu'au lieu de perdre une pantoufle de vair elle avait gagné un magnifique bracelet.

Elle atteignit New York au bout de quatorze heures de vol. Le lendemain, elle visionna à son bureau les deux interviews qu'elle avait faites et fut très satisfaite de son travail. Les producteurs la félicitèrent. Quant à Charlie, il tint absolument à voir le bracelet.

— Waouh, dit-il, impressionné. Je parie que Bensabour va t'appeler quand il viendra à New York.

— J'en doute. Les Saoudiens font juste de très beaux cadeaux. Ça ne veut rien dire, crois-moi.

— Quand je pense que j'ai offert un robot culinaire à ma femme pour nos dix ans de mariage !

Blaise éclata de rire.

— Voilà pourquoi je ne suis plus mariée, lâcha-t-elle. Je préfère choisir mon robot toute seule. Voyons, Charlie, on n'offre pas des appareils électroménagers pour ce genre d'occasions !

— Elle aime cuisiner…, répliqua-t-il, vexé.

Le décalage horaire rattrapa Blaise en début de soirée. Elle se coucha à vingt heures tapantes, s'endormit en quelques minutes et ne se réveilla qu'à cinq heures le lendemain matin. Elle se mit au travail aussitôt, parcourant différents dossiers concernant ses interviews de la semaine suivante. Elle envisagea brièvement de se rendre en Californie pour parler de la fusillade à UCLA. Pat Olden était toujours dans le coma : les médecins n'avaient plus guère d'espoir de l'en tirer, du moins pas avec toutes ses facultés cérébrales. La situation était tragique, certes, mais ne requérait pas forcément un reportage sur place.

Tandis qu'elle lisait le journal en ligne, assise dans sa cuisine, elle se souvint qu'elle voulait rendre visite à Salima. Elle se sentait maintenant parfaitement réveillée et prête à affronter les trois heures de route qui séparaient New York de Springfield, Massachusetts. Elle arriverait à dix heures, passerait la journée avec sa fille et reviendrait le soir. À proximité de l'internat, il y avait une chambre d'hôtes dans laquelle elle passait parfois la nuit, mais, le plus souvent, elle préférait coucher dans son propre lit. Salima n'y trouvait rien à redire. En une journée, elles parvenaient à faire un plein de tendresse et de confidences, qui tenait jusqu'à la prochaine visite de Blaise.

Elle se doucha, s'habilla, prit ses clés de voiture sur son bureau et appela le garage pour qu'ils préparent son véhicule personnel. Elle s'en servait occasionnellement, le week-end ou en été pour aller en vacances à la plage dans les Hamptons avec Salima. Elle sortit de l'immeuble, un grand sourire aux lèvres. Un soleil radieux brillait et la douceur de l'été indien flottait dans l'air. Elle adorait cette période de l'année à New York. Elle se rendit au garage d'un pas allègre, impatiente à l'idée de voir sa fille. Et, tandis qu'elle démarrait sa voiture, son regard s'attarda une fois de plus sur le bracelet en diamant du beau Saoudien rencontré à Dubaï. Elle se souvint alors de ce qu'on disait d'elle dans la presse : elle menait une vie parfaite. Pour une fois, elle était bien forcée de le reconnaître.

3

Trois heures plus tard, Blaise, heureuse et détendue, entrait dans Springfield. Chaque fois qu'elle venait là, elle avait l'impression d'être en vacances. C'était un monde à part, loin du stress new-yorkais.

Sur la route de Caldwell School, où Salima vivait depuis onze ans, Blaise remarqua qu'une nouvelle maison avait été construite et que l'une des églises avait été restaurée. La plupart des constructions du bourg dataient d'une centaine d'années, ce qui lui conférait beaucoup de charme. Alors que Blaise engageait sa voiture dans l'allée du lycée, elle poussa soudain un profond soupir. Elle avait hâte de retrouver sa fille. Les pensionnaires vivaient dans de petits cottages, par groupes de trois ou quatre sous la responsabilité d'un éducateur, ou par groupes de deux pour les élèves de terminale. Seule Salima bénéficiait d'un logement individuel. En effet, Blaise l'avait encouragée à rester là à la fin de ses études secondaires. Elle fréquentait la petite université publique toute proche, où on la conduisait chaque matin en voiture. Elle ne rentrait à New York que pour les vacances. À l'agitation de la grande ville, Salima préférait la tranquillité de

Springfield, paisible commune rurale qui l'accueillait depuis ses huit ans. Blaise espérait qu'elle y resterait jusqu'à l'obtention de son diplôme. La jeune fille était inscrite en deuxième année et, même si les cours de cette petite université n'étaient pas tout à fait à la hauteur de ses capacités, l'environnement était bien adapté à ses besoins. À la fin du lycée, elle avait envisagé d'intégrer la prestigieuse université de Dartmouth, mais elle n'avait pas voulu finalement vivre en cité universitaire. En attendant, sa moyenne était irréprochable, ce qui ne pouvait pas nuire à son dossier dans l'éventualité où elle demanderait un transfert. Elle avait toujours été bonne élève.

Salima vivait dans une jolie maison située derrière le bâtiment principal et entourée de grands arbres, dont le feuillage virait maintenant au rouge cramoisi. En été, tout le campus était d'un vert luxuriant. Blaise avait apporté sa contribution à cet univers privilégié en finançant la construction d'une piscine olympique. Salima, excellente nageuse, avait fait partie de l'équipe de natation pendant toute sa scolarité au lycée. La jeune fille était appréciée de tous dans cette école où elle avait passé tant d'années. Les jeunes élèves la regardaient avec admiration, les enseignants avec bienveillance. Abby, l'éducatrice qui avait vécu avec Salima au cours des cinq dernières années, était devenue sa meilleure amie. Âgée de trente-six ans, à force de vivre dans le cocon que formait l'école, elle avait encore l'apparence et le comportement d'une jeune fille, coiffée de deux tresses la plupart du temps. Elle vouait à Salima une affection inconditionnelle.

Blaise gara la voiture sur le petit parking attenant

et emprunta l'allée bien entretenue qui menait au cottage. La porte était entrouverte et elle entendit la voix de Salima, qui chantait un air difficile. Abby et elle se tordaient de rire entre chaque vocalise. Blaise avança alors de trois pas dans le vestibule. Salima, qui s'était écroulée hilare sur le canapé, se tourna vers elle.

— Maman... ?

Elle aurait reconnu le pas de sa mère n'importe où. Elle traversa le salon en courant tandis que Blaise tendait vers elle ses bras grands ouverts.

— Tu m'as trop manqué, ma chérie, il fallait que je vienne aujourd'hui !

Salima se jeta à son cou, manquant de la renverser, puis la fit tournoyer sur place. D'un geste de la main, Blaise salua Abby, qui assistait à la scène, un sourire radieux aux lèvres. Salima était plus belle que jamais. C'était le portrait craché de sa mère, fossette au menton y comprise. La seule différence notable tenait à ses cheveux, d'un beau brun foncé, et très longs. Elle desserra son étreinte pour effleurer le visage de Blaise et sentit les larmes que celle-ci versait invariablement chaque fois qu'elles se retrouvaient.

— Mais tu pleures... Est-ce que j'ai enlaidi à ce point depuis la dernière fois ?

— Absolument : tu es moche à pleurer ! dit Blaise en souriant.

— Alors, je suis bien contente de ne pas voir ça, plaisanta Salima.

Enlacées par la taille, elles entrèrent dans le salon et se laissèrent tomber sur le canapé. Salima savait exactement où se trouvait chaque chose et se débrouillait très bien dans son petit cottage. Elle était aveugle.

Quand les médecins avaient diagnostiqué un diabète de type 1, alors que Salima n'avait que trois ans, la vie de Blaise en avait été bouleversée. Sa petite fille si parfaite avait une maladie grave, nécessitant des injections d'insuline à vie. Au début, Salima pleurait à chaque piqûre et à chaque prise de sang au bout des doigts pour tester sa glycémie. C'est pourquoi on lui avait installé un appareil qui stabilisait son niveau d'insuline vingt-quatre heures sur vingt-quatre, par l'intermédiaire d'un cathéter placé sous sa peau. Une petite pompe automatique était fixée à la ceinture de son jean ou de sa jupe et ce système lui convenait beaucoup mieux.

Ses yeux avaient commencé à être affectés dans sa sixième année, un âge étonnamment précoce. Les médecins avaient assuré à Harry et Blaise qu'elle était trop jeune pour perdre la vue. À sept ans, ses rétines finirent de se décoller. Elle était totalement aveugle avant la fin de sa huitième année. Dans un premier temps, ses parents avaient essayé de la garder à la maison, mais Harry vivait à Los Angeles et Blaise travaillait en permanence. Cette dernière ne faisait qu'à moitié confiance aux nurses qu'elle employait, craignant qu'elles ne prennent pas suffisamment au sérieux le contrôle de la glycémie de Salima. Si bien qu'à un moment donné elle s'était retrouvée face à un dilemme : soit elle abandonnait sa carrière pour s'occuper de sa fille à plein temps, soit elle la plaçait dans une institution spécialisée, mieux équipée pour veiller sur sa santé et sa sécurité. Caldwell disposait en effet de tout le personnel médical nécessaire. Dans un premier temps, Salima y était restée six mois à l'essai. Elle s'y était plu tout de suite, car elle n'avait plus le sentiment d'être handicapée et pouvait jouer toute la journée avec des enfants qui lui ressemblaient.

Bien entendu, Blaise avait continué de travailler. Au bout de six mois, il n'y avait aucun doute : il valait mieux que Salima termine sa scolarité à Caldwell. À tel point que, onze ans plus tard, après avoir décroché son bac, la jeune fille avait pris la décision de rester là en tant que résidente. Elle n'imaginait plus habiter ailleurs. Parfois, Blaise éprouvait un sentiment de culpabilité à l'idée que sa fille menait une vie de recluse ; elle se demandait si elle n'avait pas besoin d'élargir son horizon. Mais à New York, la vie était autrement plus compliquée. De plus, Abby n'aurait sans doute pas accepté de l'y suivre. En effet, l'éducatrice ne pouvait pas s'éloigner de sa mère, qui avait de gros problèmes de santé depuis plusieurs années. Salima était donc restée et Abby l'accompagnait à l'université tous les jours. Blaise lui avait acheté une voiture, de sorte qu'elle pouvait aller et venir à sa guise. En tant que résidente, elle n'était pas soumise au même règlement que les jeunes pensionnaires. Si la plupart des enseignants étaient devenus des amis, Abby était davantage une grande sœur... ou une seconde mère pour elle. Blaise était un peu jalouse, mais elle savait bien qu'elle n'aurait pas pu apporter à Salima l'assistance dont elle avait besoin à tout instant. À vrai dire, l'idée d'endosser seule le suivi de la maladie de Salima l'aurait terrifiée.

— Alors, quoi de neuf, ma chérie ? s'enquit Blaise en se lovant près de sa fille.

— J'essayais d'apprendre à Abby quelques gammes, dit Salima d'un ton tendrement sarcastique.

Sans être d'une beauté exceptionnelle, Abby avait un visage aimable et empreint de douceur. Elle portait un jean et un tricot à torsades blanc, que Blaise lui avait rapporté d'Irlande. Pour sa part, Salima était vêtue d'un jean de créateur et d'un pull rose. Toutes deux avaient l'air de gamines : on aurait donné quinze ans à Salima, guère plus à Abby.

— Son cas est désespéré, reprit Salima, en référence aux capacités vocales de son éducatrice. Elle ne sait pas chanter une note. Je lui ai joué quelques-unes des mélodies que nous étudions à la fac, des airs de la Renaissance, mais elle déteste ça.

— Cette musique me déprime…, s'excusa Abby avec un petit sourire.

— Moi aussi, avoua Blaise. Vous ne pourriez pas étudier quelque chose de plus joyeux ? Des chants de Noël, par exemple. Comme ça, nous pourrions chanter avec toi… ou du moins essayer. Je ne sais pas d'où vient ton don pour la musique, mais ce n'est certainement pas moi qui te l'ai transmis.

— Le semestre prochain, si ça vous tente, je suivrai un cours sur les chants grégoriens, déclara Salima.

La jeune fille était ravie de les mettre au supplice. Elle ne ratait quant à elle jamais une occasion de chanter. Pendant toutes ses années de lycée, elle avait fait partie de la chorale scolaire et de celle de l'église. Elle avait une voix exquise, la plus belle et la plus pure de l'école. Elle atteignait les notes les plus aiguës sans difficulté.

— Je te préviens, Salima : si tu te mets à psalmodier des chants grégoriens, je déménage d'ici ! menaça Abby.

— Tu n'oserais pas. Je suis la seule à savoir te tresser les cheveux. Tu ne ressemblerais plus à rien si tu me quittais !

Toutes les trois rirent de bon cœur. Il fallait reconnaître que Salima se débrouillait à merveille en terrain familier. Elle connaissait l'école et le parc comme sa poche, au point qu'elle aurait sans doute pu se déplacer d'un bâtiment à l'autre sans l'aide d'Abby. Cependant, elle n'aimait pas se servir d'une canne blanche et elle détestait les chiens. Abby répondait à tous ses besoins, surveillait ses dosages sanguins et vérifiait scrupuleusement sa pompe à insuline. Et puis, grâce à elle, elle était toujours tirée à quatre épingles. C'était à la fois un bien et un mal : Blaise savait que si Abby la quittait pour une raison ou une autre, sa fille se sentirait complètement perdue.

— Est-ce que tu voudrais sortir prendre un brunch quelque part ? suggéra Blaise sans trop d'espoir.

— Non, Abby a promis de faire ses gaufres spéciales.

— Allez, ce serait sympa de manger chez Peterson's, pour une fois...

— Je préfère manger ici, rétorqua Salima d'un air buté.

Blaise se disait souvent que changer d'air aurait fait du bien à sa fille, mais Salima semblait n'éprouver ni l'envie ni le besoin de s'aventurer dans le vaste monde, et Abby ne l'y encourageait pas. Cette dernière était heureuse de partager avec elle la bulle que Blaise leur avait aménagée.

Abby avait grandi dans les environs. Elle ne s'était jamais aventurée très loin de Springfield. Elle avait visité New York pour la première fois avec Salima et elle avait eu l'air terrifiée pendant toute la durée du séjour, au point que l'adolescente avait dû rassurer son éducatrice et non l'inverse. Il lui avait fallu plusieurs années pour s'habituer à la grande ville. Quand Salima et elle y allaient pour les vacances, elles ne quittaient presque pas l'appartement et passaient leurs journées à regarder des films sur le vidéoprojecteur : Salima pouvait les écouter grâce à l'audiodescription, tandis qu'Abby savourait les images sur le véritable écran dont Blaise s'était équipée. Et elles se nourrissaient exclusivement de plats préparés livrés à domicile.

Abby passa à la cuisine, puis elle mit la table. Quelques minutes plus tard, elle leur servait une pile de gaufres brûlantes, accompagnées de sirop d'érable pour diabétiques.

— C'est trop bon, je te pardonne de ne pas savoir chanter, annonça Salima, la bouche pleine. Tes gaufres sont sublimes !

Abby adorait gâter sa jeune protégée par mille et une petites attentions, ce qui suscitait parfois un pincement au cœur de Blaise. Abby était la mère qu'elle ne serait jamais. Blaise vivait dans un monde bien plus vaste, et, pour Salima, elle avait construit un univers plus petit, moins dangereux. Les gens savaient qu'elle avait une fille, mais elle ne parlait jamais ni de son diabète ni de sa cécité. Et elle ne laissait pas la presse l'interviewer ou la photographier.

Si Blaise avait été très affectée par la maladie de sa fille, Harry était purement et simplement incapable de l'accepter. Il avait préféré fuir : il ne la voyait presque plus et se contentait de lui envoyer une carte à son anniversaire. Même quand Salima était toute petite, il ne se donnait pas la peine de lui chercher un cadeau pour Noël, affirmant qu'il ne savait quoi choisir. Comme si la cécité de sa fille avait compliqué la tâche en quoi que ce soit... Il laissait donc à Blaise le soin de lui acheter quelque chose de sa part. Et Blaise s'y pliait, bon gré, mal gré, créditant Harry de jouets fabuleux et de poupées somptueuses. Cela n'avait pourtant rien de sorcier : Salima était une petite fille comme toutes les autres. En grandissant, ses goûts s'étaient affirmés : elle se passionnait pour la musique, adorait les vestes en cuir, et avait passé tout l'hiver précédent dans la parka en fourrure que Blaise lui avait offerte pour ses dix-huit ans. L'absence de son père restait une source de grande déception pour Salima. Elle n'en parlait jamais et semblait s'être fait une raison, mais parfois, quand le nom de Harry survenait au détour d'une conversation, Blaise voyait à quel point la jeune fille en était blessée. Malgré tous les efforts de son ex-femme pour le raisonner, il répondait que c'était plus fort que lui, qu'il avait déjà assez de mal à assumer l'éducation d'un enfant « normal »...

— Que veux-tu faire après le déjeuner ? demanda Blaise pendant qu'Abby mettait les assiettes dans le lave-vaisselle.

— Si on regardait un film ? Je viens de recevoir deux nouveaux DVD.

Elle adorait les comédies musicales et avait déjà « vu » des centaines de fois *Annie*, *Mamma Mia !*,

Mary Poppins et *La Mélodie du Bonheur*, dont elle reprenait en chœur les célèbres refrains.

— J'aimerais bien qu'on prenne l'air, suggéra plutôt Blaise. Tu peux regarder un film n'importe quand. Il fait si beau dehors !

— Parle-moi de ton voyage, d'abord.

Salima avait dit cela autant pour faire diversion que pour savoir comment les deux interviews de sa mère s'étaient passées.

Blaise lui raconta en détail tout ce qu'elle avait vu et entendu à Londres et Dubaï, puis elle tendit son poignet pour que Salima puisse toucher le bracelet de chez Cartier.

— On dirait qu'il a coûté cher... Tu as tapé dans l'œil du prince, maman !

— Allons donc, les Saoudiens sont généreux, voilà tout. Et d'abord, comment sais-tu que ce bracelet a coûté cher ?

— Il est lourd, et j'ai senti les pierres qu'il y a tout autour.

— On ne peut rien te cacher, reconnut Blaise en souriant.

— Et le prince, est-ce qu'il est bel homme ?

Salima adorait écouter Blaise au sujet de ses voyages et elle ne ratait aucune de ses interviews. C'était sans conteste sa plus grande admiratrice. Sa mère le lui rendait bien, car Salima était une jeune fille exceptionnelle.

— Très beau, oui, et extrêmement intelligent, déclara Blaise. Mais j'ai dix ou douze ans de plus que lui et il a déjà trois épouses. C'est trois de trop à mon goût !

Salima savait comment s'était terminée la relation de sa mère avec Andrew. À l'époque, elle n'avait que quatorze ans. Elle avait eu l'occasion de le rencontrer et de l'apprécier, mais à présent elle lui en voulait à mort d'avoir trompé sa mère de façon aussi éhontée. Elle se souvenait encore de la profonde tristesse qu'elle décelait dans la voix de Blaise : cela avait duré plusieurs mois, presque une année entière.

Pour sa part, Salima avait eu quelques flirts à Caldwell, mais les garçons y étaient maintenant trop jeunes pour elle. Elle n'avait rencontré personne à la fac, où elle ne se rendait jamais que sous l'escorte d'Abby et où elle ne s'attardait pas après les cours. Salima se sentait intimidée dans ce nouvel environnement : en compagnie des voyants, elle ne savait pas comment se comporter. Les seules personnes avec qui elle avait vraiment fait connaissance jusque-là étaient ses professeurs et non ses pairs. C'était là l'un des inconvénients majeurs à vivre dans cette école pour aveugles. Le monde extérieur lui faisait peur. La faire vivre maintenant à New York aurait été comme la lâcher seule dans un milieu hostile et Blaise ne voulait pas prendre la responsabilité que sa fille puisse être confrontée à un quelconque danger.

Blaise finit par la convaincre de sortir se promener. Salima s'accrocha à son bras et, tout en marchant, sa mère lui décrivit les arbres, dont le feuillage virait à l'orange et au vermillon. Abby les suivait en silence, se tenant à leur disposition. Dans le fond, Blaise appréciait qu'elle reste à proximité, car elle ne se sentait pas suffisamment compétente pour répondre aux besoins de sa fille si un incident survenait. Le mieux qu'elle pouvait faire, c'était de la divertir en lui parlant de son travail et de ses voyages. Elles s'amusaient bien ensemble, ce qui était déjà beaucoup, mais l'état de Salima exigeait plus que de la complicité.

De retour au cottage, Abby leur prépara un bon thé chaud et Blaise resta à bavarder jusqu'à ce que le jour commence à décliner. À dix-huit heures, elle déclara avec un accent de regret qu'elle devait s'en aller. La route était longue jusqu'à New York.

— Est-ce que vous aimeriez manger quelque chose avant de partir ? proposa gentiment Abby.

— Non, merci. Je ne veux pas rentrer trop tard. Je reviens bientôt, promit-elle à Salima en la serrant dans ses bras.

La jeune fille resta un moment agrippée à sa mère, savourant son contact et son odeur. Elle avait toujours adoré la fragrance de son parfum. Hormis la vue, tous les sens de Salima étaient exceptionnellement développés.

— Je t'appelle dans la semaine, ma chérie.

— Merci d'être venue, maman. Avec toi, on ne s'ennuie jamais.

— J'ai hâte que tu rentres à la maison pour Thanksgiving. Je nous achèterai des billets pour une comédie musicale de Broadway.

— Oh oui, et j'aimerais bien aller à l'opéra... ou au concert. Surtout s'il y a du Beethoven.

— Je verrai ce qu'on joue ce week-end-là.

— Super, maman. Sois prudente sur la route.

— C'est promis.

Salima lui adressa un signe de la main avant de refermer la porte. Du dehors, Blaise entendit la musique et les rires des deux jeunes femmes. Elle se sentit un peu à l'écart... Elle enviait Abby. Il lui arrivait parfois de regretter ses choix de vie, mais la voix de la raison lui rappelait alors que c'était ce qu'il y avait de mieux, pour sa fille comme pour elle. Blaise avait besoin de travailler, cela faisait intimement partie d'elle, et Salima était heureuse à Caldwell. Alors qu'elle s'engageait sur la route principale en direction du sud, Blaise essuya une larme égarée sur sa joue.

4

La semaine suivante, Blaise prépara ses émissions, rédigea plusieurs éditos et travailla à deux éditions spéciales. Bref, la vie normale à News TV... C'est alors qu'une rumeur parvint à ses oreilles. Le genre de rumeurs que l'on entendait fréquemment : la direction allait opérer des changements d'envergure, elle allait embaucher, licencier ou muter telle ou telle personne. La plupart du temps, il ne s'agissait que de commérages et, avec les années, Blaise avait appris à ne pas paniquer ni réagir trop vite.

Le premier, Charlie lui annonça qu'une nouvelle recrue était fraîchement arrivée de Miami : un ex-mannequin de vingt-neuf ans, une vraie bombe. Mark renvoya à Blaise le même son de cloche le lendemain. À titre d'essai, la jeune femme présenterait les infos du week-end pendant quelque temps... Or c'était souvent ainsi que les nouveaux talents étaient lancés. Et lorsqu'on la présenta à Blaise à l'occasion d'une réunion, elle dut admettre que Susie Quentin était aussi belle que Charlie le prétendait : grande, blonde, sculpturale, avec des faux seins extraordinaires, un tour de taille minuscule et un ravissant minois. De surcroît, elle semblait motivée et intelligente : Susie Quentin avait fréquenté Brown College et était titulaire d'un master en journalisme de l'université Columbia.

Alors qu'elles quittaient la salle de réunion, la jeune femme s'approcha de Blaise, visiblement impressionnée.

— J'avais toujours rêvé de vous rencontrer, lui dit-elle d'une voix frêle et flûtée.

Ce manque de coffre n'était pas pour la servir et Blaise eut quelque difficulté à se la représenter en train d'annoncer des catastrophes au journal télévisé. En revanche, il fallait reconnaître que son physique compensait largement ce défaut. Tandis que la jeune femme la jaugeait de son regard perçant, Blaise eut la nette impression que la nouvelle voulait sa peau. Elle le sentait ; elle était dans la maison depuis trop longtemps pour ignorer comment les choses se passaient. N'était-ce pas ainsi qu'elle-même avait gagné ses galons ? Vingt-cinq ans plus tôt, elle était arrivée de San Francisco pour remplacer une journaliste dont tout le monde, aujourd'hui, avait oublié le nom. Et puis, Blaise pouvait-elle encore surprendre ? Elle avait dépassé les plus folles espérances de la direction : il n'y avait pas un foyer où son nom ne soit connu ; elle était devenue la star de la chaîne. Tous les journalistes du pays auraient voulu être à sa place. C'était précisément l'ambition de Susie Quentin : prendre sa place, devenir la nouvelle Blaise McCarthy.

Blaise ne mit pas longtemps à comprendre qu'elle était peut-être en sursis. Certes, elle avait déjà été confrontée à cette situation. Jusque-là, les manœuvres de ce genre avaient échoué, mais elle se doutait qu'un jour ou l'autre quelqu'un parviendrait à ses fins : une fille plus douée, ou plus intelligente, plus distrayante, ou plus jolie... quoi qu'il en soit, une fille plus jeune. Alors, c'en serait fini de sa carrière.

Blaise, cependant, n'était pas prête à abandonner la partie sans se battre. Elle trouvait même que c'était un peu fort de café : elle était au sommet de son art ; ses éditions spéciales se révélaient de plus en plus percutantes, ses chroniques plus fines ; son audimat semblait inébranlable... Et voilà qu'ils introduisaient cette nouvelle venue. Tout à coup, Blaise sentit la pression des dirigeants de la chaîne peser de tout son poids sur ses épaules. Il y avait toujours quelque chose à redouter dans ce milieu.

— Vous avez été mon idole et mon modèle pendant toutes mes études, reprit Susie.

Le sang de Blaise ne fit qu'un tour : « Susie Q » (ainsi que les gens l'appelaient dans son dos, en référence à la chanson des Rolling Stones) sous-entendait-elle qu'elle était vieille, peut-être ?

— Je suis heureuse de l'entendre, répondit Blaise tout en s'efforçant de dissimuler sa contrariété. Bienvenue à New York.

Elle essaya de se convaincre qu'elle ne craignait rien. Après tout, n'était-elle pas une star des médias ?

— Je suis arrivée la semaine dernière, expliqua Susie. Tout le monde a été très sympa avec moi. J'ai même un appartement de fonction en attendant de trouver un logement.

La poisse ! Ces appartements étaient réservés aux employés en qui la chaîne plaçait ses plus grands espoirs. De toute évidence, la direction misait sur Susie Quentin. Alors qu'elle regagnait son bureau, Blaise avait le moral dans les chaussettes et l'estomac retourné.

Mark ne lui dit rien ce jour-là, mais il vendit la

71

mèche le lendemain, de peur qu'elle ne l'entende de la bouche d'un autre :

— Ils ont demandé à Susie Q de faire un reportage spécial sur les sans-abri, lui souffla-t-il sur le ton de la confidence.

C'était un sujet important, le genre de choses qu'ils auraient confié à Blaise en temps normal.

— Merci pour l'info, répondit-elle, avant de replonger dans ses dossiers sans plus de commentaires.

Elle savait ce que tout cela signifiait pour elle : il lui faudrait travailler encore plus dur, encore mieux, se montrer innovante et créative… et maintenir son audimat sur orbite. Ce n'était pas le moment de flancher.

En dépit de son calme apparent, Blaise était dans un état de panique avancée. Elle se mit à fréquenter la salle de sport après sa journée au bureau pour évacuer le stress et se ménagea des rendez-vous pendant le week-end avec un coach personnel et une masseuse. Et, bien sûr, elle ne compta pas ses heures supplémentaires. Il lui fallait trouver de nouvelles idées. Un instant, elle se demanda si la chaîne n'avait pas embauché Susie dans le seul but d'augmenter sa propre productivité, mais il lui suffisait de regarder la nouvelle pour comprendre qu'il n'en était rien. News TV entraînait Susie comme une pouliche de course ; ils nourrissaient pour elle de grandes ambitions. Or il n'y avait pas de place plus haute que celle de Blaise. Il faudrait peut-être une année entière à Susie pour y accéder, mais elle en prenait résolument le chemin, tel un missile à tête chercheuse qui a identifié sa cible. Blaise n'avait pas été aussi angoissée depuis des années.

Elle trouva malgré tout le temps d'appeler Salima pour prendre de ses nouvelles, sans toutefois lui dire un mot de ce qui se tramait à News TV.

Une semaine après l'arrivée de Susie, Andrew Weyland téléphona à Blaise. La rumeur était parvenue jusqu'à ses oreilles, à Los Angeles. Avec ce style passif-agressif dont il avait le secret, il l'assura de toute sa compassion. En réalité, il n'appelait que pour la narguer. Il lui en voulait encore de n'avoir pas voulu renouer avec lui. Sa carrière à Los Angeles avait connu des jours meilleurs, son taux d'audience avait sérieusement baissé : il se vengeait comme il pouvait.

— Tu n'as pas la moindre raison de t'inquiéter, dit-il d'un ton hypocrite. Elle serait bien incapable de faire ce que tu fais. Il n'y en a pas deux comme toi.

— On ne sait jamais, dit Blaise d'une voix aussi calme que possible. Mais raconte-moi : comment ça se passe, la vie, à L. A. ? Tu vas à la plage tous les jours ?

Andrew avait emménagé à Malibu dans une villa spectaculaire, que Blaise avait pu admirer sur la double page en papier glacé d'un magazine : son épouse et lui posaient près de la piscine, tous deux vêtus d'un jean et d'une chemise blanche coordonnés. Ils incarnaient le couple parfait. Et dire que, même après la rupture, il continuait à prétendre qu'il allait divorcer... C'était déprimant au possible. Alors pourquoi Blaise répondait-elle encore à ses appels ? Sans doute parce qu'elle n'avait personne à qui raconter sa vie. Ils se connaissaient sur le bout des doigts. Le sentiment de familiarité, c'était tout de même quelque chose, n'est-ce pas ? C'était une piètre excuse, mais Blaise n'en trouvait pas de meilleure. Or, même quand il semblait dire quelque chose de gentil, Andrew trouvait le moyen de lui faire de la peine. Et c'était presque pire les fois où il était sincère, parce qu'alors elle regrettait les bons moments qu'ils avaient partagés autrefois.

— Nous devrions dîner ensemble en souvenir du

bon vieux temps. Je viens à New York dans quelques semaines, dit-il d'une voix suave, tel le serpent dans le jardin d'Eden.

— Oui, peut-être, répondit-elle évasivement.

Elle ne l'avait pas revu depuis plus d'un an et n'en avait absolument pas l'intention. À terme, il lui faudrait arrêter complètement de lui parler, que ce soit au téléphone, par SMS ou par mail.

— Il faut que je retourne bosser, dit-elle. Merci d'avoir appelé.

De quoi le remerciait-elle, au juste ? D'essayer de la déstabiliser en lui parlant de Susie ? De lui rappeler de mauvais souvenirs ? Car la rupture avait été très difficile. Pendant près d'un an, elle avait eu l'impression d'être passée sous un rouleau compresseur. À présent, elle était comme engourdie : elle ne pourrait plus jamais faire confiance à un homme. De toute façon, son emploi du temps ne prévoyait pas de case pour une histoire d'amour, surtout si Susie lui mettait des bâtons dans les roues.

Deux semaines après l'arrivée de la jeune femme, Blaise était en train de travailler à un reportage, lorsque le téléphone sonna. Mark étant sorti déjeuner, elle répondit elle-même. Au bout du fil, elle n'entendit que des sanglots incohérents.

— Allô ? Qui est à l'appareil ? demanda-t-elle. Allô, vous êtes toujours là ?

Elle entendit alors un cri qu'elle connaissait bien. C'était le cri de Salima quand elle était petite, celui qu'elle poussait, terrorisée, à l'époque où elle avait commencé à perdre la vue.

Le cœur de Blaise s'accéléra.

— Salima... ? C'est toi ? Que se passe-t-il ?

Sa fille se mit à tenir des propos confus entrecoupés de sanglots, dans lesquels il était question d'Abby.

— Du calme, ma chérie... Moins vite... Que s'est-il passé ?

Blaise se demanda si Abby avait démissionné, ou encore si elle avait été renvoyée. Rien d'autre n'aurait pu mettre Salima dans un état pareil.

— Où es-tu, ma chérie ?

— Au cottage...

Ce furent les premiers mots que Blaise put distinguer clairement.

— Où est Abby ?

Les deux jeunes femmes s'étaient-elles disputées ? Abby était-elle blessée ?

Pour toute réponse, Salima éclata de nouveau en sanglots. Plusieurs minutes interminables s'écoulèrent avant qu'elle retrouve l'usage de la parole.

— Elle est tombée malade... Elle avait de la fièvre ce matin en se réveillant... Alors, j'ai appelé madame Garner, qui a appelé le médecin, et ils l'ont emmenée... Ils l'ont emmenée à l'hôpital... Ils ne m'ont pas laissée venir.

— Ça va aller, mon bébé, dit Blaise. Ce n'est sans doute qu'une très mauvaise grippe et ils ne veulent pas que tu l'attrapes.

— Ils ont dit que c'était une méningite. J'ai appelé l'hôpital, mais ils n'ont pas voulu que je lui parle. Ils m'ont dit qu'elle dormait. Je n'ai pas pu lui dire au revoir...

Un frisson parcourut Blaise.

— Au revoir ? Comment ça ?

— Elle est morte, lâcha Salima.

Agrippée à l'écouteur, Blaise n'en croyait pas ses oreilles. Abby était morte en quelques heures. On avait beau savoir que la méningite pouvait être fou-droyante, c'était tout simplement inimaginable. Blaise regarda sa montre.

— Je suis là dès que je peux, ma chérie. Je pars du bureau dans quelques minutes. Tiens bon. Je sais que c'est affreux. Non, il n'y a pas de mots… J'arrive dans trois heures.

Elle appela Charlie pour le prévenir qu'elle avait une urgence et devait partir. Avec une boule dans la gorge, elle lui annonça qu'elle ne pourrait pas passer à l'antenne le lendemain.

— Que se passe-t-il ? Un problème avec ta fille ?

Blaise n'avait jamais manqué un seul direct.

— La femme qui s'occupait d'elle vient de mou-rir. Salima est hystérique. C'était la personne la plus importante pour elle, plus que moi, dit Blaise sans le moindre ressentiment.

Charlie était l'une des rares personnes de News TV, avec Mark, à savoir que Salima était aveugle et diabétique.

— File, répondit-il sans hésiter. Appelle-moi ce soir pour me tenir au courant.

— Je vais peut-être devoir être absente pendant quelques jours, le prévint-elle. Salima va en prendre un coup. Et au fait… Je t'en prie : ne laisse pas mon créneau à Susie Q…

Ce n'était vraiment pas le moment de jouer les filles de l'air. Mais Blaise n'avait pas le choix. Sa fille avait besoin d'elle.

— Ne t'inquiète pas, ce n'est pas au programme. Détends-toi et pars t'occuper de ta gamine.

Le producteur appréciait Blaise. Ensemble, ils for-maient une équipe de choc.

— Merci, Charlie, dit-elle avant de raccrocher.

Elle composa ensuite le numéro de l'école et demanda à parler au directeur. Elle voulait s'assurer que quelqu'un tiendrait compagnie à Salima jusqu'à son arrivée.

— Nous n'arrivons toujours pas à le croire, lui dit-il. Abby est morte en quatre heures. Hier encore, elle se portait comme un charme. À présent, nous redoutons une épidémie.

— Que comptes-tu faire ? demanda Blaise d'une voix étranglée.

La méningite bactérienne se transmettait par la toux et les éternuements... Or Salima et Abby vivaient dans une telle proximité ! Blaise tenta de toutes ses forces de ne pas paniquer.

— Je ne sais pas encore, répondit-il. Nous en parlerons quand tu seras là. J'ai rendez-vous avec quelqu'un du ministère de la Santé dans une heure.

Il venait d'annoncer le drame à la mère d'Abby. La journée avait été cauchemardesque pour toute l'école, et particulièrement pour Salima. Le directeur le savait aussi bien que Blaise.

— J'arrive dès que je peux, lui promit-elle avant de sortir de son bureau en trombe.

Elle dépassa Mark dans le couloir et lui expliqua la situation en deux mots.

— Oh, mon Dieu, se contenta-t-il de dire, visiblement choqué. Est-ce que je peux faire quelque chose ?

Blaise secoua la tête sans ralentir le pas. En quelques secondes, elle se retrouva dans l'ascenseur, puis dans le hall. Elle trouva Tully devant la porte et lui demanda de la conduire chez elle, le temps de jeter des vêtements dans un sac. Le chauffeur l'amena ensuite à son garage et l'aida à charger ses affaires dans le coffre de sa voiture.

— Il faut que vous vous calmiez avant de prendre le volant. Dans un état pareil, vous risquez d'avoir un accident.

— Ça va aller.

Elle le remercia, démarra le moteur puis se faufila dans la circulation pour rejoindre l'East River, cap au nord.

Elle conduisit aussi vite qu'elle put et arriva à Caldwell deux heures et demie plus tard. Elle fonça tout droit au cottage, où Salima pleurait de façon incontrôlable. Une des éducatrices, que Blaise connaissait de vue, lui tenait compagnie. Blaise prit sa fille dans ses bras.

Elle ne pouvait que la bercer et la consoler par monosyllabes. Il n'y avait rien à dire, rien à faire. Personne ne pouvait ramener Abby. Finalement, elle mit Salima au lit et lui tint la main jusqu'à ce qu'elle sombre dans le sommeil. Puis elle se dirigea vers le bâtiment principal, où logeait le directeur. En onze ans, Eric avait toujours été franc, et elle le considérait comme un ami. Il était effondré.

— Nous fermons l'école, lui dit-il. Dès demain.

— Pour toujours ? s'affola Blaise.

Il secoua la tête.

— Non, bien sûr. Le ministère recommande une fermeture pendant soixante à quatre-vingt-dix jours, selon que de nouveaux cas apparaîtront ou non. Nous devons renvoyer les élèves chez eux. Nous sommes exposés en restant ici. Nous avons tous été en contact avec Abby. J'ai informé les parents il y a une heure. Plusieurs d'entre eux sont déjà venus chercher leurs enfants et j'en attends encore une dizaine ce soir. Les autres partiront demain matin.

— Et les éducateurs ?

— Nous les répartissons dans les familles. Mais j'ai un problème, Blaise, dit-il en la regardant droit dans les yeux. Aucune des éducatrices qui conviendraient à Salima n'est prête à quitter la région pour aller à New York. Elles sont toutes mariées, ont des enfants et vivent près d'ici. J'ai posé la question à chacune d'entre elles.

— Et Lara, la jeune femme qui est chez Salima en ce moment ?

— Elle ne vit pas sur place. Elle a un mari et deux gosses. Elle a déjà eu un mal fou à trouver une baby-sitter pour ce soir.

Voilà qui expliquait pourquoi Blaise la connaissait si peu : Lara ne travaillait pas à Caldwell le week-end.

— Cependant, reprit Eric, je t'ai trouvé quelqu'un de formidable. Un type très bien.

Blaise fut horrifiée.

— Je ne peux pas embaucher un homme pour s'occuper de Salima ! Comment pourrait-il l'habiller, l'aider à entrer et sortir de la baignoire ? Qu'est-ce que tu veux que je fasse de lui ?

— Il va falloir en prendre ton parti. Je ne peux pas te dire mieux. Écoute, c'est mon meilleur éducateur. Je voulais l'envoyer chez le petit Timmie Jenkins, mais ses parents vont placer Timmie dans un autre inter-nat, plus près de chez eux, à Chicago. Ils en avaient l'intention depuis plusieurs mois. Ce qui libère Simon. Je lui ai posé la question : il est d'accord pour emmé-nager à New York.

— Je ne peux pas l'embaucher, s'obstina Blaise. Il faut que tu me trouves quelqu'un d'autre. Enfin voyons, tu te doutes que ça ne peut pas fonctionner...

— Je n'ai personne d'autre, répéta Eric, sincère-ment navré. C'est lui ou rien. Mais toi, tu n'as pas une employée, une femme de ménage qui puisse t'aider ?

— J'ai une femme de ménage, mais elle ne travaille qu'en journée, elle n'habite pas chez moi. Et je suis en déplacement la moitié du temps. Je ne sais vraiment pas comment je vais faire...

— Tu sais, cela ne va être facile pour personne. Quand emmènes-tu Salima ? Vous pouvez partir ce soir, si vous voulez.

— Elle dort, nous partirons demain matin. Quand l'enterrement d'Abby aura-t-il lieu ?

Blaise osait à peine imaginer ce que la mère de la jeune femme pouvait ressentir.

— Après-demain, répondit Eric d'un air sombre.

— J'aimerais rester jusque-là. Salima voudra sûrement assister à la cérémonie. En attendant, nous devrions pouvoir séjourner à la chambre d'hôtes.

Le directeur était au comble du stress. Il avait cinquante élèves à renvoyer dans leur foyer avec leur moniteur, et une école à fermer.

— Très bien. Alors, je vais dire à Simon de se tenir prêt, dit-il.

— Je peux le rencontrer, au moins ? demanda Blaise, toujours sceptique.

— Bien sûr. Il sera dans mon bureau demain à neuf heures. Je pense qu'il sera très bien pour Salima. Mieux qu'Abby, dans un sens, même si elle était géniale à sa façon. Mais Simon a suivi une très bonne formation et il est très compétent. Il est deux fois diplômé de Harvard : un master en éducation spécialisée et un autre en psychologie. Il travaille avec nous depuis aussi longtemps qu'Abby, je lui fais une confiance absolue.

— Peut-être, mais c'est un garçon, martela Blaise.

Elle retourna ensuite au cottage, où Salima dormait toujours. Lara, déjà peu rassurée à l'idée de passer la nuit dans l'école, n'avait pas voulu utiliser la chambre d'Abby. Elle s'était allongée sur le canapé, emmitouflée dans un sac de couchage. Quant à Blaise, elle dormirait dans le grand lit avec sa fille.

Elle s'enferma dans la cuisine pour appeler Charlie.

— Comment ça se passe ? demanda-t-il.

— C'est le bazar. Le seul éducateur qu'ils m'ont trouvé est un homme. Je ne sais pas comment nous allons faire.

Blaise parlait d'une voix étouffée : il n'aurait plus manqué que Salima se réveille et se remette à pleurer toute la nuit.

— Tu peux trouver quelqu'un à New York, non ?

— Peut-être...

— Tu sais quand tu rentres ?

— L'enterrement a lieu après-demain. Il me faut encore deux jours avant de reprendre l'antenne.

— Pas de problème. Ne t'inquiète pas, tu as droit à trois jours.

« Pas avec Susie Quentin sur le pont... », songea-t-elle cependant. C'était un épouvantable concours de circonstances. Sans compter que Salima serait à la maison pendant deux ou trois mois. Blaise ne saurait plus où donner de la tête, avec pour seule aide ce type qui lui apporterait plus de tracas que de soutien.

— Tiens-moi au courant, dit Charlie. Et dis-moi si tu as besoin de quoi que ce soit.

— Merci, dit Blaise avant de raccrocher.

Sur ce, elle enfila sa chemise de nuit et se glissa sous la couette près de Salima.

La jeune fille fondit en larmes dès son réveil le lendemain matin. Blaise lui prépara un petit déjeuner – qu'elle refusa de manger –, puis se doucha et s'habilla. À neuf heures moins cinq, elle se dirigea vers le bureau d'Eric pour rencontrer l'éducateur, laissant Salima en compagnie de Lara. Blaise n'avait pas encore parlé de Simon à sa fille.

L'apparence du jeune homme ne fit rien pour apaiser ses craintes. Simon Ward avait l'air respectable sous tous rapports. Il portait un blazer, un jean et une chemise blanche, propre et parfaitement repassée. Ses cheveux étaient bien coupés. Grand, beau, bien bâti, avec des yeux et des cheveux sombres, il devait avoir dans les trente-cinq ans. Tout en lui respirait une mâle assurance et il n'aurait plus manqué qu'il tombe amoureux de Salima dont la beauté était incontestable. Blaise n'avait vraiment pas besoin de ce genre de soucis en ce moment. Le directeur les invita tous deux à s'asseoir. Simon semblait bien plus détendu que Blaise. Il déclara à Blaise qu'il savait à quel point Salima était attachée à Abby et qu'il était prêt à faire tout ce qui était en son pouvoir pour les aider, elle et sa fille, à traverser cette période difficile.

— Je pense que ça ne marchera pas, lui répondit Blaise de but en blanc. Nous ne sommes pas équipées pour recevoir un homme chez nous. Qui habillera Salima ? Je pars au travail à six heures tous les matins et je voyage beaucoup.

— Si je sors ses vêtements de l'armoire, elle peut s'habiller seule, dit-il d'un ton calme.

Il n'ajouta pas qu'à dix-neuf ans sonnés Salima aurait dû en être capable depuis longtemps. Il savait qu'Abby traitait Salima comme un bébé et ne la laissait rien faire par elle-même. Ils s'étaient assez souvent disputés à ce sujet en réunion. Simon considérait qu'Abby ne rendait pas service à Salima en l'infantilisant de la sorte.

— Nous nous en tirerons très bien, dit-il d'une

voix douce. En tout cas, nous ferons de notre mieux. Avez-vous des questions à me poser ?

— Depuis combien de temps exercez-vous ce métier ?

Blaise semblait profondément contrariée.

— Depuis que j'ai terminé mes études à Harvard, il y a huit ans. J'en ai maintenant trente-deux. Je suis titulaire de deux masters, en éduc spé et en psycho. J'ajoute que mon frère est devenu aveugle à l'âge de dix-huit ans. Il était champion de ski de descente et s'entraînait pour les Jeux olympiques quand il s'est blessé à la tête et a perdu la vue. Au début, il a eu envie de tout laisser tomber. Il avait deux ans de plus que moi, mais je ne l'ai pas lâché. Je l'ai harcelé jusqu'à ce qu'il se remette sur les rails et qu'il retourne à l'école. Alors, d'une certaine façon, on peut dire que je fais ce travail depuis bien plus longtemps encore, conclut Simon avec un petit sourire.

— Et où est votre frère aujourd'hui ? s'enquit Blaise.

Au moins, Simon s'exprimait avec aisance et semblait sympathique. Elle se le représentait très bien dans un dîner en ville... mais pas en train de s'occuper de sa fille.

— Mon frère enseigne la littérature française à Harvard. Mon père y est directeur du Département de physique. C'est une espèce d'inventeur, de savant fou. Mon frère a davantage les pieds sur terre. Il est marié et a quatre enfants... Je ne regrette pas de l'avoir harcelé !

— Et votre mère ? demanda Blaise, toujours crispée.

Cette question était totalement hors de propos, mais Simon avait piqué sa curiosité. Sa famille semblait plutôt haute en couleur.

— Ma mère est poétesse. Tous les cinq ou dix ans, elle donne ses textes à des éditeurs qui ne publient que des poèmes dont personne ne veut. Elle est française, originaire de Bordeaux, et a été l'étudiante de mon père. Ils ont vingt-deux ans d'écart. Quand ils se sont rencontrés, mon père était un célibataire endurci, mais il a eu le coup de foudre. Ils se sont mariés un an plus tard et sont toujours très heureux ensemble. Ils sont aussi excentriques l'un que l'autre, mais ils y trouvent leur compte. Voilà un aperçu de ma famille, madame McCarthy. Qu'en dites-vous ? Souhaitez-vous que je vous accompagne à New York ? Je pense pouvoir vous être utile, surtout à Salima, à vrai dire. J'ajoute que je cuisine de façon très honorable.

En réalité, il avait été formé à l'école Le Cordon-Bleu à Paris et avait passé deux étés à travailler comme sous-chef dans de grands restaurants pendant ses études. Mais ce n'était ni le lieu ni le moment de le dire à Blaise.

Blaise conservait un air sombre.

— Je crois qu'avec un minimum de conseils, reprit Simon, Salima n'aura plus besoin d'autant d'aide que vous l'imaginez.

Son but, si Blaise acceptait, serait de rendre Salima aussi indépendante que possible. C'était le plus beau cadeau qu'il puisse offrir à la jeune fille.

Blaise acquiesça. Cependant, elle n'était toujours pas convaincue en sortant du bureau. Tout en la raccompagnant sur quelques mètres, Eric lui révéla que la mère de Simon n'était pas seulement française : c'était une Rothschild, son grand-père était baron. Pendant tout le chemin, elle continua à ruminer. Simon était beau garçon et manifestement intelligent, mais elle n'en voulait pas sous son toit. Il n'était pas question qu'un homme s'occupe de Salima, quel que soit son pedigree.

Aussitôt sorti du bureau d'Eric, Simon enfourcha sa bicyclette, se dirigea vers le centre du bourg, s'arrêta devant une maison au perron décrépi et se précipita à l'intérieur. Megan l'attendait. Elle aussi était éducatrice à Caldwell et avait dû quitter l'école la veille. La maison était pleine de jouets épars : Megan vivait là avec son mari et ses trois fils.

— Est-ce que tu t'en vas à New York, alors ? lui demanda-t-elle d'un air anxieux.

Simon l'avait appelée la veille pour lui parler de la proposition d'Eric.

— Oui, répondit-il d'une voix calme.

Ils étaient debout au milieu de la cuisine, où régnait un désordre épouvantable : Megan n'avait pas encore débarrassé la table du petit déjeuner. Bien qu'elle soit mariée, Simon était amoureux d'elle depuis son arrivée à Caldwell, trois ans plus tôt.

— Je n'ai pas le choix. J'ai besoin de ce boulot et Salima a besoin d'aide. Ouvre les yeux : notre relation ne mène à rien ! Tu m'avais dit que tu divorcerais. C'est la seule raison pour laquelle je me suis lancé dans cette aventure avec toi. Je ne l'aurais jamais fait sinon.

— Tu sais bien que je voulais divorcer, mais son frère est mort, puis il a perdu son emploi et ensuite sa mère est tombée malade. Que voulais-tu que je fasse ? s'écria-t-elle, de grosses larmes roulant sur ses joues. Moi aussi, je déteste cette situation, mais je ne peux tout de même pas achever mon mari en claquant la porte.

— C'est moi que tu achèves... Je ne voulais pas m'embringuer dans une histoire pareille. C'est malhonnête. J'en ai assez de faire des cachotteries, j'en ai assez que tu me racontes combien tu es malheureuse avec lui. Un de ces jours, il finira par découvrir le pot aux roses et nous tuer tous les deux. Ou seulement moi. Ou toi, ce qui serait encore pire. Je t'aime, Meg ! Mais je ne veux pas être un briseur de couples. Si tu veux qu'il y ait encore un « nous », il faut que tu sortes de ce pétrin et qu'on recommence tout à zéro. Peut-être que passer deux ou trois mois sans se voir nous fera du bien. En l'état actuel, c'est trop déprimant.

Il ne pouvait jamais l'appeler le soir ni les week-ends. Son mari ou ses enfants étaient toujours dans les parages, de sorte qu'ils étaient obligés de se donner rendez-vous dans les motels de la ville voisine. C'était sordide. Elle se jeta à son cou en sanglotant.

— Je ne veux pas que tu partes, Simon. Ne me laisse pas ici. J'en mourrai !

— Eh bien, commence par réagir. Je n'en peux plus, de t'entendre dire qu'il boit et te bat. Meg, cela va finir par me rendre dingue.

— Ah, je sais, s'écria-t-elle avec effroi : Tu es amoureux de Blaise McCarthy !

Il secoua la tête.

— Mais non, voyons… Je la connais à peine. C'est une star, nous n'appartenons pas au même monde, Meg. Et puis, elle ne veut pas de moi chez elle. Elle aurait préféré une éducatrice, mais je suis le seul à vouloir quitter la région. Elle me fait de la peine, j'aimerais aider Salima à sortir du cocon où Abby l'a enfermée.

Pour le moment, cependant, il n'était question ni d'Abby ni de Blaise, seulement de Meg et lui. Depuis des mois, il la prévenait qu'il n'hésiterait pas à partir si l'occasion se présentait. La fermeture de l'école était providentielle ; il avait besoin de s'éloigner quelque temps pour respirer.

— Je dois y aller, Meg, elles m'attendent. Elles ont réservé des chambres à la maison d'hôtes pour ce soir. Nous partirons pour New York demain, après l'enterrement. On se verra là-bas, si tu y vas aussi.

— Je ne peux pas, dit Meg, au désespoir. Je dois emmener ma belle-mère à sa séance de chimio. Et il sera à la maison ce soir, je ne pourrai pas sortir.

Simon songea que c'était aussi bien ainsi. Il préférait lui dire adieu maintenant. De toute façon, rien n'était définitif : il verrait comment les choses évolueraient au cours des prochains mois.

— Est-ce que tu m'appelleras quand tu seras à New York ? gémit-elle.

— Je ne sais pas, dit-il en toute sincérité. Je ne pense pas que ce soit une bonne idée. Et puis, quand veux-tu que j'appelle sans tomber sur lui ou sur les enfants ?

— Tu peux appeler quand ils sont à l'école.

— En pleine journée, je serai avec Salima.

Il se dirigea vers la porte et lui adressa un dernier regard. La reverrait-il un jour ?

— Je t'aime Meg, je te demande pardon.

Il dévala l'escalier les yeux pleins de larmes, récupéra son vélo et pédala aussi vite qu'il le put sur la route qui montait vers Caldwell.

5

Quand Simon arriva au cottage, Blaise et Salima l'attendaient, prêtes à partir. Blaise était légèrement contrariée que le jeune homme ait disparu pendant une demi-heure, mais elle s'abstint de toute remarque. Elle avait jugé préférable d'emporter toute la garde-robe de Salima. Simon se chargea de mettre les bagages les plus lourds dans le coffre. La voiture était pleine à craquer ; il leur restait tout juste assez de place pour s'asseoir.

Quand Blaise avait expliqué à Salima que Simon venait avec elles à New York, la jeune fille avait tenté de protester. Puis elle avait compris que c'était sans espoir, et elle avait éclaté en sanglots. Du jour au lendemain, sa vie était devenue un véritable cauchemar.

Toute la matinée, les parents d'élèves étaient arrivés pour emmener leurs enfants. Ils furent parmi les derniers à quitter le campus. Juste avant leur départ, Eric passa au cottage pour leur souhaiter bon courage. Il promit de les tenir informés de la suite des événements et de la date exacte de la réouverture de l'école, sans doute après les fêtes, courant janvier. Pour Blaise, cela représentait une éternité. Tous trois restèrent silencieux pendant le court trajet de l'école à la maison d'hôtes. Les chambres, petites mais coquettes, étaient les plus confortables de la maison et Salima déclara qu'elle voulait rester là toute la journée.

— Il faudra bien que nous sortions manger, dit doucement Blaise.

La jeune fille secoua la tête.

— Je n'ai pas faim, dit-elle avant de se remettre à pleurer.

Blaise poussa un soupir de découragement. Peu après, Simon frappa à la porte pour leur proposer de déjeuner chez Peterson's, mais Salima se contenta de secouer la tête une fois de plus. Après avoir échangé un regard avec Blaise, Simon opina du chef et se retira.

Trente minutes plus tard, il était de retour, chargé de sandwichs fraîchement préparés, d'un sac de fruits et d'un peu de fromage, qu'il avait achetés à l'épicerie fine toute proche. Simon avait parfaitement conscience des besoins nutritionnels de Salima. Si son diabète lui interdisait les aliments sucrés et lui commandait de surveiller son poids, elle devait cependant consommer des glucides lents à chaque repas. Mais elle toucha à peine à son sandwich et refusa d'accompagner sa mère et Simon sur le perron.

— Il faut qu'elle mange, dit Blaise, inquiète.

Les sandwichs étaient délicieux. Ils les dévorèrent tout en parlant.

— Elle mangera quand elle aura faim, répondit Simon d'un ton calme. Trop de choses arrivent en même temps. Rentrer chez elle, à New York, lui fera du bien.

En effet, elle accepta l'en-cas puis le dîner qu'il lui apporta, mais les mangea sans un mot de remerciement.

Le lendemain, les obsèques d'Abby furent terribles pour Salima. Lorsqu'elle arriva avec Simon et Blaise à la petite église située à la sortie de la ville, tous les enseignants de Caldwell étaient déjà là, ainsi que les amis d'enfance de l'éducatrice. La mère d'Abby entrait dans l'église, poussée dans un fauteuil roulant. Elle pleurait à gros sanglots incontrôlables, qui redoublèrent à la vue du cercueil de sa fille, exposé devant l'autel. L'église était remplie de fleurs. Blaise guida Salima jusqu'à un banc, où elles s'assirent pour écouter l'oraison funèbre. Le prêtre, qui avait baptisé Abby, parla d'elle avec émotion et en termes élogieux. Tout le monde ou presque pleurait, Salima la première, jusqu'au moment où elle dut se lever pour chanter un *Ave Maria*. Blaise la conduisit jusqu'à l'orgue. La jeune fille était pâle et tremblante, mais sa voix d'une incroyable pureté déchira le cœur de toute l'assistance.

Alors qu'elle sortait de l'église, Salima s'arrêta devant la mère d'Abby, qui, étouffée de sanglots, la remercia pour son interprétation du chant religieux. Salima tomba dans ses bras. Pendant un moment, les deux femmes restèrent serrées l'une contre l'autre sans réussir à prononcer à mot. Puis Blaise reconduisit sa fille à la voiture, où elle dut se faufiler sur la banquette arrière, entre des piles de sacs et de vêtements. Simon s'assit côté passager, non sans avoir demandé à Blaise si elle préférait qu'il conduise.

— Non, merci, ça va aller.

Il était midi. Un silence assourdissant régnait dans la voiture lorsqu'ils se mirent en route. Alors qu'ils s'engageaient sur l'autoroute en direction du sud, on n'entendait que les sanglots de Salima. Les trois heures de route s'annonçaient particulièrement longues...

Simon regardait par la fenêtre le feuillage écarlate des arbres. Il pensait à Megan. Blaise alluma la radio au hasard. Une musique gospel s'éleva dans l'habitacle.

Blaise paniquait. Comment les prochains mois allaient-ils se dérouler ? Jusqu'à présent, Salima était restée cramponnée à son bras et ne semblait pas apprécier Simon.

Soudain, un son très doux s'éleva de la banquette arrière. Salima avait reconnu un negro-spiritual à la radio. À mesure que le chœur se joignait à la soliste, la jeune fille chantait de plus en plus fort. Simon finit par se retourner sur son siège pour la regarder avec étonnement. Son interprétation de l'*Ave Maria* aux funérailles d'Abby, quoique très belle et très touchante, était restée bien plus retenue. Mais là, dans la voiture, sa voix prenait toute son ampleur. C'était comme une forme de défoulement, de libération, une manière d'évacuer un chagrin trop lourd à porter. Elle accompagna encore les deux chansons suivantes, puis retomba dans le silence. Simon était stupéfait. Il n'avait jamais rien entendu de tel.

— Je ne savais pas que tu chantais si bien, dit-il. Attends un peu... Tu n'étais pas dans la chorale de l'école ?

— Si, mais mademoiselle Mayberry n'a pas l'oreille musicale.

— Ce qui explique la qualité de certains de ses concerts... Est-ce que tu as pris des cours de chant ?

Salima secoua la tête.

— Eh bien, tu devrais peut-être. J'ai appelé le secrétariat de l'université ce matin, pour leur expliquer ta situation. Pendant tes trois mois d'absence, tu peux suivre un enseignement de ton choix à New York. Ce serait une façon amusante de valider tes crédits. Plus amusante que des cours de maths, en tout cas.

— Je ne veux pas aller à la fac, répondit-elle d'un ton sec.

De toute évidence, Salima n'aimait pas Simon. Et Blaise elle-même ne savait pas trop quoi penser du jeune homme. Certes, c'était un garçon bien élevé, mais on ne pouvait ignorer sa présence. Parce que c'était un homme, et parce qu'il était trop sûr de lui... Blaise se sentait envahie. Il en allait sans doute de même pour Salima. Il avait un avis sur tout et ne craignait pas de l'exprimer. Ainsi, dans le bureau d'Eric, il n'avait pas hésité à dire que Salima pourrait gagner en indépendance. Or Blaise n'avait pas envie de brusquer sa fille, surtout pas dans les circonstances actuelles. Il y avait fort à parier que la perte de sa meilleure amie la plongerait longtemps dans un état d'apathie.

Personne ne parla plus pendant le reste du trajet. La route n'avait jamais paru aussi longue à Blaise. Heureusement, sa fille s'était endormie, épuisée par les émotions des derniers jours.

— Elle s'en remettra, dit doucement Simon.

— Il lui faudra du temps, répondit Blaise d'un air triste.

Elle se demandait si Salima retrouverait un jour quelqu'un d'aussi dévoué qu'Abby, quelqu'un qui la protégerait en toutes circonstances. Elle avait demandé à Eric de continuer à chercher une éducatrice pour remplacer Simon.

— Il faut que nous lui trouvions des occupations, déclara celui-ci alors qu'ils empruntaient le pont pour entrer dans le nord de Manhattan.

Il regarda par la fenêtre. Il n'était pas venu à New York depuis un an et la ville lui avait manqué. Il avait grandi à Boston, puisque son père enseignait à Harvard, mais il ne retournait pas souvent chez lui. En somme, il s'était peu éloigné de l'école au cours des trois dernières années. Vers la fin, il passait la plupart de son temps libre en compagnie de Megan, dans des motels bon marché des environs. C'était déprimant d'y repenser. Tout à coup, il réalisa à quel point la vie qu'il avait menée avec elle était sinistre ; il doutait de plus en plus qu'elle quitte son mari un jour. Une chance qu'il ait pu venir ici, à New York : c'était l'occasion de changer d'air. Et pourtant, Megan lui manquait... Il pensait encore à elle lorsque Blaise s'arrêta au pied de leur immeuble. Perdu dans sa rêverie, il regardait par la fenêtre, l'air absent.

— Nous sommes arrivés, dit Blaise.

Sur la banquette arrière, Salima émergea de sa torpeur. Le portier accourut, reconnut aussitôt la jeune fille, mais se demanda qui pouvait bien être l'homme. Tous trois formaient à vrai dire un groupe bien hétéroclite alors qu'ils entraient dans l'immeuble, chargés de leurs divers sacs et bagages. Salima s'accrochait au bras de sa mère, et cette dernière demanda au portier de mettre la voiture au garage. Simon, spontanément, lui donna un pourboire. Pourtant, Blaise ne l'y avait pas invité.

— Merci, dit-elle au jeune homme.

Il avait agi sans réfléchir. Pour lui, c'était un réflexe. Pour Blaise, cela signifiait beaucoup : c'était une preuve de savoir-vivre.

Tandis que Salima, à tâtons, reprenait ses marques dans l'appartement de sa mère, Simon monta les bagages en plusieurs fois. La chambre de Salima était à peine assez grande pour contenir tous ses sacs. Puis Blaise montra sa propre suite à Simon, afin qu'il y dépose sa valise. Enfin, elle lui fit traverser la cuisine pour lui montrer l'une des deux minuscules chambres de bonnes inoccupées, dans laquelle il devrait établir ses quartiers. En regardant tour à tour sa haute stature, ses longues jambes et l'étroit lit à une place de la pièce, elle s'aperçut soudain que le lieu était franchement inadéquat pour un pareil gaillard. Mais elle n'avait rien de mieux à lui proposer.

— Je suis désolée. Je sais que cette chambre est vraiment très petite pour vous. Cet appartement n'est pas conçu pour héberger des invités.

« Encore moins des hommes », pensa-t-elle sans le dire. Mais Simon ne semblait pas contrarié. Il posa par terre ses deux sacs de voyage et, sur le lit, l'ordinateur portable dont il ne se séparait jamais.

— Oh, ne vous inquiétez pas : j'ai dû être moine dans une vie antérieure. Je m'accommode très bien des petits espaces. Vous savez, ma chambre à Caldwell n'est guère plus grande que celle-ci.

Blaise poussa un soupir de soulagement. Au moins, il n'était pas exigeant. Elle avait craint un instant qu'il ne se rebelle. Ces deux chambrettes se révélaient tout à coup fort utiles, car Blaise venait de songer que la femme de ménage accepterait peut-être d'occuper la seconde quand elle-même serait en voyage. Ainsi, elle aiderait Salima à se laver et à s'habiller.

— Merci de vous montrer si compréhensif, Simon.

— Ça ne vous dérange pas si je fais un peu de cuisine de temps en temps ? demanda-t-il quelques instants plus tard en admirant la somptueuse cuisine.

— Ce ne sera pas nécessaire, répondit Blaise d'un ton distrait. La femme de ménage nous laisse des plats à réchauffer. Moi, je rentre tard et je n'ai pas le temps de cuisiner. Quand je suis seule, je me contente d'une salade, ou je ne prends même pas le temps de dîner. Et puis nous pouvons nous faire livrer.

Sa proposition ne l'intéressait pas le moins du monde. Il était là pour aider Salima, rien de plus. Simon s'abstint de tout commentaire. Il se contenta d'acquiescer et de la suivre jusqu'à la chambre de Salima.

— Est-ce que tu veux de l'aide pour ranger tes affaires dans la penderie ? proposa-t-il.

Elle était assise sur son lit, la mine lugubre.

— Nous pouvons les classer par type de vêtement et par couleur. Si tu veux, je collerai des étiquettes en braille sur les cintres. J'ai apporté mon imprimante spéciale. Comme ça, tu pourras sortir ce que tu veux et t'habiller toi-même.

Les deux femmes semblèrent choquées par cette seule idée.

— Elle n'a pas besoin de s'habiller toute seule, s'écria Blaise d'un air désapprobateur. Ma femme de ménage l'y aidera, et c'est moi qui le ferai le week-end.

Voilà qui commençait mal, mais Simon resta impassible.

— Alors nous étiquetterons au moins tes affaires de toilette, dit-il d'un ton ferme. Je n'ai pas envie que tu te brosses les dents avec de la crème pour le visage.

Cette proposition parut raisonnable à Blaise. Cependant, Salima répliqua d'un ton sec :

— Abby a toujours mis le dentifrice sur ma brosse à dents !

Elle n'ajouta pas qu'il lui arrivait même de lui brosser les dents...

— Je pense que tu es capable de le faire toute seule, dit doucement Simon.

Blaise lui en voulut de la bousculer ainsi. C'était le meilleur moyen de la braquer définitivement...

Un peu plus tard, elle le conduisit dans le bureau contigu à sa chambre.

— Je crois que nous devons mettre les points sur les « i », dit-elle en le regardant droit dans les yeux. Vous n'êtes pas ici pour révolutionner nos habitudes. Tout ce que je veux, c'est que vous aidiez Salima à traverser cette période incroyablement difficile en attendant qu'elle puisse retourner à l'école. Il n'est pas question de réinventer la roue.

— J'ai l'impression qu'elle n'a encore jamais été inventée, répliqua-t-il en soutenant son regard. Abby et moi avions des points de vue radicalement opposés sur la manière de gérer les handicaps. L'autonomie, selon moi, est la clé de tout. Salima n'a plus deux ans, elle en a dix-neuf et elle doit apprendre à se débrouiller. Comment fera-t-elle le jour où elle voudra vivre seule ? Elle ne va pas rester éternellement à Caldwell. Maintenant qu'Abby nous a quittés, le moment est peut-être venu de la préparer à ce jour-là.

— Elle ne vivra jamais seule, affirma Blaise, un ton plus haut.

Elle avait pris ses dispositions en ce sens. Salima aurait toujours une assistante à ses côtés.

— On ne sait jamais, répondit Simon. Mon frère disait la même chose. Après son accident, il est resté chez nous pendant plusieurs années. Ma mère le traitait comme un bébé, à l'instar d'Abby avec Salima. Mais quoi que votre fille décide de faire, quoi que vous ayez anticipé pour elle, elle a besoin d'acquérir des compétences de base. Elle gagnera en confiance ; elle se sentira mieux dans sa peau.

— Salima se sent parfaitement bien dans sa peau. La seule chose qui lui mine le moral pour le moment, c'est d'avoir perdu Abby. Essayons de ne pas aggraver la situation.

Simon opina sans répondre. Inutile de jeter de l'huile sur le feu. Mais Blaise voyait bien qu'elle ne l'avait pas convaincu et cela l'exaspérait. Elle avait l'impression de nager à contre-courant dans sa propre maison, ce qui lui déplaisait au plus haut point. Elle entendait faire la loi chez elle. Or elle avait de plus en plus le sentiment que Simon ne se pliait pas aux règles des autres. Certes, il se montrait poli et respectueux, mais il était clair qu'il avait des idées bien à lui. Des idées que Blaise ne partageait pas.

Il retourna auprès de Salima, qui, au bout de quelques minutes, le laissa défaire ses bagages et lui indiqua où elle voulait les ranger. Il remarqua à quel point ses placards étaient vides et comprit qu'elle habitait rarement ici. Caldwell était devenu son vrai chez-elle.

Le jeune homme ne put s'empêcher de soupçonner Blaise de vouloir la laisser là-bas ou dans un établissement similaire après la fin de ses études. Ce serait une tragédie pour Salima, un terrible gâchis. Elle était brillante, bien plus capable que ce que d'aucuns pouvaient croire, en particulier Abby. Simon ne voulait pas dire du mal des morts et il avait toujours apprécié sa collègue sur le plan personnel. Mais il considérait qu'avec le temps Abby aurait fini par transformer le handicap de Salima en une paralysie totale. Le terrible malheur qui venait de s'abattre était peut-être une chance pour la jeune fille. Certes, le chemin qui menait de la dépendance à l'autonomie risquait de se révéler douloureux, par moments. Sans compter que Blaise freinait des quatre fers. Il s'engageait seul dans cette aventure, mais il espérait vraiment aboutir à quelque chose au cours des trois mois dont il disposait. Il n'avait pas peur de susciter des vagues. Au final, Salima n'en tirerait que du profit, même si ni elle ni sa mère ne semblaient en mesure de le comprendre pour l'instant.

Il plaça l'ordinateur de Salima sur son bureau et effectua les branchements. Grâce à un logiciel spécial, la jeune fille n'avait qu'à formuler ses demandes de vive voix pour que la machine lui lise les documents qu'elle désirait. Blaise lui avait toujours acheté les dispositifs les plus modernes et s'informait sans cesse des dernières nouveautés. Salima utilisait ainsi un programme intitulé Open Book : un scanner lui permettait de lire son courrier postal et ses manuels universitaires. À l'aide d'un autre, du nom de Oratio, elle pouvait sans peine utiliser un BlackBerry. Simon remarqua aussi la chaîne stéréo haut de gamme qui trônait dans la chambre. Et dire que cette jeune fille suréquipée ne savait pas se brosser les dents... Il était urgent de l'aider à changer.

Tout était en ordre lorsqu'il quitta la chambre. Salima avait allumé la musique et s'apprêtait à envoyer des mails pour prendre des nouvelles de ses camarades. Bien qu'elle adorât sa mère, elle détestait séjourner à New York. Et avec Simon, c'était encore pire. Il ne comprenait rien à rien.

Le jeune homme rangea ensuite ses affaires, puis se présenta à la porte du bureau de Blaise. Elle leva vers lui des yeux étonnés. Comme c'était étrange, de voir un homme chez elle... Elle se demanda comment elle avait pu vivre avec Harry, ou rêver de s'installer avec Andrew. Cette idée ne lui disait plus rien du tout et la présence bien réelle de Simon la rebutait. Comme Salima, elle ne voyait en lui qu'un intrus.

— Est-ce que vous aimeriez une tasse de thé ? s'enquit-il.

Elle secoua la tête en signe de dénégation et faillit lui dire qu'il ne devait pas la déranger à moins qu'il n'y ait un problème. Personne ne lui avait offert du thé dans sa propre maison depuis des années. Si elle voulait du thé, elle se le préparait elle-même, tout simplement. Elle n'attendait de Simon qu'une seule chose : qu'il veille au bien-être de Salima, certainement pas qu'il traîne dans ses pattes quand elle n'avait pas besoin de lui. Ils n'étaient pas rentrés depuis deux heures que Blaise se sentait déjà envahie, entre Salima, qu'elle adorait mais qui avait des besoins spécifiques, et Simon qui se retrouvait là tel un chien dans un jeu de quilles. Au seul regard qu'elle lui décocha, il comprit qu'il ferait mieux de se retirer.

Blaise alla voir sa fille une heure plus tard. Allongée sur son lit, celle-ci écoutait de la musique en pensant à Abby. De grosses larmes roulaient le long de ses joues. Blaise s'assit près d'elle, lui caressa les cheveux et déposa un baiser sur son front.

— Comment ça va ?

— C'est horrible. Elle me manque tellement...

Blaise savait que ce vide ne serait jamais comblé. Les liens qui avaient uni les deux jeunes femmes étaient irremplaçables.

— Je le sais, ma chérie. Et si on se changeait les idées ? Demain, j'essaierai de nous trouver des billets pour un concert.

— Je n'ai envie de rien. Et je déteste Simon. Ce qu'il est pénible !

— Je ne sais pas... Peut-être. Moi aussi, je le trouve un peu envahissant, mais tout est nouveau pour lui : l'appartement, nous, cette petite chambre ridicule. Je pense qu'il cherche juste à nous aider. Et puis, c'est un garçon. Nous n'avons pas l'habitude d'avoir un homme à la maison, ajouta Blaise en souriant.

— On est vraiment obligées de prendre quelqu'un ? pleurnicha Salima comme une enfant de cinq ans. Tu pourrais t'occuper de moi, toi ?

— Moi ? Aurais-tu oublié que je travaille ? Et que je voyage tout le temps ? Que ferais-tu la prochaine fois que je serais envoyée sur un reportage ? Tu as besoin de quelqu'un ici.

Et Blaise ne se voyait pas étaler du dentifrice sur la brosse à dents de sa fille. Aveugle ou pas, elle était assez grande pour le faire elle-même. C'était d'ailleurs le seul point sur lequel elle était d'accord avec Simon.

Ce soir-là, Blaise reparut dans la cuisine vers vingt heures. Personne dans la maison n'avait encore dîné et, pour sa part, elle n'avait pas faim. Simon était assis devant son ordinateur posé sur la table. Megan venait de lui envoyer un mail pour lui dire combien elle se languissait. Lui aussi était triste, mais il décida de ne pas lui répondre et mit son ordinateur en veille.

— Est-ce que je peux vous préparer quelque chose à dîner ? proposa-t-il en se levant de sa chaise.

Il n'aimait pas rester inactif. Or Salima lui avait clairement signifié qu'elle ne voulait pas de lui dans sa chambre, et il n'avait nulle part où s'asseoir dans la sienne. C'est pourquoi il s'était retrouvé dans la cuisine.

— Je crois que je vais commander des pizzas, dit Blaise. Salima aime ça, elle acceptera peut-être d'en manger. Ou bien des sushis...

— Est-ce qu'une omelette vous ferait envie ? Ou un bon plat de pâtes ? Je peux bricoler quelque chose en un tournemain.

Blaise fut tentée par l'omelette, mais elle n'avait pas envie de l'admettre et secoua la tête.

— Inutile, dit-elle d'un air buté.

Elle décrocha son téléphone. Vingt minutes plus tard, les pizzas étaient là. Blaise appela Salima, qui émergea de sa chambre en traînant les pieds mais accepta de venir s'asseoir à table. Tous trois mangèrent sans un mot.

Le dîner terminé, Salima regagna sa chambre et se

coucha peu après. Blaise avait annoncé à Simon qu'elle vérifierait elle-même la pompe à insuline de sa fille. La lumière resta longtemps allumée dans son bureau, mais il se garda bien de la déranger. Désœuvré, il passa un long moment devant son ordinateur, reçut deux nouveaux mails de Megan, de plus en plus désespérés, ne lui répondit pas et finit par se mettre au lit. La journée avait été longue et stressante pour lui. Il avait parfaitement conscience de ne pas être le bienvenu dans cette maison.

Lorsque le réveil sonna à quatre heures le lendemain matin, Blaise eut l'impression que son corps avait été roué de coups. Ces derniers jours avaient été particulièrement éprouvants : le choc du décès d'Abby, ses funérailles, la fermeture de l'école, la présence de Simon sous son toit. Et celle de Salima dont il faudrait s'occuper pendant les prochains mois.

Elle se sentait dépassée. Le seul point positif était que Simon connaissait par cœur les protocoles des tests sanguins de Salima, le fonctionnement de la pompe à insuline, ainsi que toutes les contraintes liées au diabète. C'était un grand soulagement. À part cela, tous ses faits et gestes avaient le don de l'énerver. Sa seule présence lui hérissait le poil. Elle ne voulait cependant pas le montrer à Salima : la jeune fille détestait Simon, il n'était pas utile d'en rajouter. C'est pourquoi elle lui avait dit qu'elles n'avaient pas le choix et qu'elle ferait mieux d'en prendre son parti. Salima avait acquiescé, le cœur lourd.

Blaise se leva lentement, pas vraiment prête à affronter le lot de stress qui l'attendait ce jour-là : une montagne de projets qu'elle avait laissés en plan avant de partir en catastrophe trois jours plus tôt, sans oublier Susie Q. Pour tenter de se réveiller, elle prit une douche plutôt qu'un bain, et tant pis si elle se mouillait les cheveux. La coiffeuse s'en débrouillerait à son arrivée sur le plateau. En attendant, il lui fallait un café. Lorsqu'elle entra dans la cuisine une demi-heure plus tard, les journaux sous le bras, vêtue d'un pantalon gris et d'un chemisier blanc parfaitement repassé et amidonné, elle faillit pousser un cri en découvrant Simon assis à sa place. Il se leva pour lui tendre une tasse de café brûlant, juste comme il l'avait vue le prendre la veille : deux sucres, pas de lait. Elle voulut le remercier, mais elle lui prit la tasse des mains sans un mot, incapable de parler.

— Désolé, dit-il. Je n'arrivais pas à dormir et Salima m'a dit que vous preniez votre petit déjeuner à cinq heures. J'ai pensé que je pourrais me rendre utile...

Il n'ajouta pas que le lit était beaucoup trop petit pour lui et que ses pieds pendaient dans le vide. Déjà qu'il se sentait de trop, il n'allait pas commencer à se plaindre. Pour Salima, sa présence était une trahison envers Abby. Pour sa mère, c'était clairement une invasion : les barbares n'étaient plus à sa porte, ils étaient chez elle, assis à sa table de cuisine.

— Je préfère me débrouiller seule, dit-elle en s'asseyant.

Sur ce, elle se mit à parcourir les journaux. Simon avait l'impression d'avoir commis un crime. Le message était clair, cependant. Lui aussi tenait à ses petites habitudes et il respectait celles des autres : à l'avenir, il éviterait soigneusement la cuisine de bon matin.

Il quitta la pièce et tenta de s'occuper. Eric l'appela à huit heures. Il faisait le tour des éducateurs et, pour le moment, tout le monde était satisfait. Les parents s'estimaient heureux de bénéficier de cette aide à domicile.

— Comment ça se passe ? demanda-t-il.

— C'est un peu tendu, avoua Simon. Salima n'arrête pas de pleurer. Et on dirait que sa mère déteste les hommes, en tout cas sous son toit. Et elle n'est pas habituée à avoir Salima chez elle non plus. Bref, on doit s'adapter. Et Abby devait vraiment traiter Salima comme une gamine. Je crois que c'est encore pire que ce que nous imaginions. C'est tout juste si elle ne mâchait pas sa nourriture à sa place. Il va y avoir du boulot pour mettre Salima sur les rails et personne ne saute de joie à cette idée. Sa mère me dit que je la bouscule trop !

Malgré les efforts de Simon pour rester zen, Eric perçut son exaspération.

— Je suis désolé, Simon. Je sais qu'Abby la maternait et que leur relation était très forte ; il est donc difficile d'apporter des changements. Et puis, je crois que Blaise appréciait ces méthodes. Elle ne s'en est jamais plainte. Je suppose que ce maternage la déculpabilisait de ne pas garder sa fille auprès d'elle et de se consacrer à sa carrière.

— Peut-être bien, répondit Simon, songeur. Ce qu'il y a aussi, c'est que l'appartement est trop petit. C'est vraiment conçu pour une personne seule. Salima est exilée en Sibérie, au bout d'un long couloir, et moi je loge dans une chambre de bonne derrière la cuisine, ce qui ne me dérange pas en soi, sauf que je n'ai nulle part où m'asseoir sans gêner quelqu'un. Ce matin, j'ai commis une énorme gaffe en préparant son café à Blaise avant qu'elle ne parte au travail. Elle avait l'air furax.

Eric plaignait Simon, qui était un type de valeur

et un éducateur compétent, le meilleur de l'école. Il regrettait sincèrement de l'avoir placé dans cette position inconfortable.

— Attends un peu de voir si la situation s'arrange et tiens-moi au courant, d'accord ?

Eric se demanda s'il devait en toucher un mot à Blaise... Il ne voulait pas que Simon démissionne. D'un autre côté, c'était un éducateur expérimenté, qui avait déjà eu l'occasion de prouver sa patience et sa persévérance, de même que sa capacité à trouver des solutions originales. Si quelqu'un était à même de débloquer une situation difficile, c'était bien lui.

— Oui, ne t'inquiète pas, dit le jeune homme, nous allons bien trouver un *modus vivendi*.

Toutefois, Simon avait peut-être été un peu trop optimiste : lorsque Salima se réveilla et rejoignit la cuisine à tâtons, elle sursauta quand il lui dit bonjour, exagérant sa surprise de le trouver là.

— Est-ce que tu as bien dormi ? s'enquit-il.

— Ouais, on peut dire ça, lâcha-t-elle d'un air lugubre en s'affalant sur une chaise.

— Que voudrais-tu pour le petit déjeuner ? demanda-t-il d'un ton enjoué.

— De l'arsenic, répondit-elle sans tourner les yeux vers lui.

Simon insistait toujours pour que ses élèves se placent face à leur interlocuteur. Même s'ils ne pouvaient pas le voir, c'était une bonne habitude à prendre. Cependant, il n'en fit pas la remarque à Salima. Pas encore.

— Désolé, je suis en rupture de stock. Pas d'arsenic ce matin. Par contre, j'ai des œufs au bacon. Ou des gaufres au blé complet. Ça te dit ?

— Abby me faisait toujours des gaufres. Des gaufres spéciales. Mais il n'y a pas de moule à gaufres ici. Ma mère n'aime pas avoir des trucs qui font grossir à la maison, elle surveille tout le temps mon poids et ma glycémie, dit la jeune fille d'un air malheureux.

Simon avait remarqué que Blaise était particulièrement mince ; Salima n'était guère plus enveloppée.

— Je peux acheter un moule et le cacher dans ma chambre, suggéra-t-il.

« Sous mon oreiller, songea-t-il. Car le placard est déjà plein. »

Cette fois, Salima se tourna vers lui en souriant.

— Maman va se fâcher si elle s'en aperçoit, prévint-elle.

— Eh bien, ne lui en parle pas.

Il était prêt à tout pour mettre la jeune fille dans sa poche. Et si cela devait passer par un moule à gaufres, il s'exposerait sans hésiter au courroux de Blaise.

— Qu'est-ce qu'on fait aujourd'hui ? Après le petit déjeuner, bien sûr.

— Je veux rester ici, dit-elle d'une voix atone.

— Moi, j'ai quelques courses à faire et j'ai besoin de ton aide. Je ne connais pas le quartier. À propos, il me faudrait deux ou trois numéros de téléphone et autres informations pratiques. J'aimerais que tu me cherches tout ça sur Internet.

— Tu ne peux pas te débrouiller ? Je ne suis pas ta secrétaire !

— Et j'ai aussi besoin de nouveaux CD. J'ai oublié tous les miens à l'école.

Ce n'était pas vrai, mais il voulait la sortir, et notamment acheter de la musique avec elle afin de mieux cerner ses goûts.

Tout en bavardant, il brouilla quelques œufs, fit frire deux tranches de bacon, grilla un peu de pain et posa le tout devant Salima. Le fumet lui chatouillait les narines, mais elle garda un visage fermé lorsqu'il lui plaça une fourchette dans la main.

— Mange et habille-toi. Ensuite nous sortirons.

Elle commença à manger sans le remercier, mais il vit à l'expression de son visage qu'elle se régalait. C'était vraiment une gamine.

— Les œufs sont bons, admit-elle enfin. Et si je n'ai pas envie de sortir ?

Il savait qu'elle testait ses limites, mais choisit de répondre d'un ton léger. C'était la meilleure façon de la prendre.

— Voyons voir, quelle serait la punition appropriée ? Mettre le feu à tes cheveux ? Voler ton CD préféré ? T'enfermer dans ta chambre sans te donner à manger ? Ou bien te faire avaler des choux de Bruxelles ?

— J'aime bien les choux de Bruxelles, dit-elle en souriant.

Ce matin, elle le trouvait presque sympa. Mais il ne serait jamais Abby. Jusqu'alors, elle l'avait à peine croisé à l'école. Il encadrait un groupe de garçons des petites classes.

— Mince alors. Qu'est-ce que tu détestes ?

— Tous les haricots.

— Parfait. Donc, si tu refuses de sortir, tu devras te nourrir de haricots pendant une semaine.

— Tu ne peux pas me forcer, lâcha-t-elle.

— À manger des haricots ?

— Non, à sortir.

— Bien sûr que si. Je peux te forcer à faire un tas de trucs horribles. Comme me conseiller sur des disques à acheter. Quelque chose me dit que tu en connais un sacré rayon en musique.

Son visage s'illumina.

— J'aime chanter.

— Quoi, par exemple ?

— N'importe quoi. J'ai toujours adoré chanter. Ça me rend heureuse.

Simon sourit. Elle venait de lui tendre la clé de son jardin intérieur.

— Tu sais jouer du piano ?

Elle secoua la tête.

— Je n'ai jamais eu le courage de m'entraîner. Je suis flemmarde, avoua-t-elle.

— Moi, j'en joue, du piano. Ma mère m'a forcé à faire des gammes tous les jours. Maintenant que je me débrouille, c'est assez plaisant.

Cependant, il ne proposa pas de lui jouer quelque chose et elle ne le lui demanda pas non plus.

Quelques minutes plus tard, elle se leva et sortit de la cuisine, laissant son couvert sur la table.

— Une petite minute ! dit-il d'une voix qui la fit s'arrêter net. Tu n'aurais pas oublié de mettre ton assiette au lave-vaisselle ?

— Je n'ai pas à faire ça, l'informa-t-elle d'un ton dédaigneux.

— Mais si, répondit-il simplement. Tu n'es pas ma secrétaire, n'est-ce pas ? Eh bien, moi, je ne suis pas ta bonne.

— Ma mère ne m'oblige pas à débarrasser. Nous avons une femme de ménage.

— C'est un peu grossier, tu ne crois pas ? Tu lui laisses tout en plan, comme ça ? Alors qu'il te suffit de deux secondes pour rincer l'assiette et la mettre dans la machine ?

Salima hésita un long moment, puis alla ramasser l'assiette et fit ce que lui demandait Simon. Naturellement, elle y parvint sans peine.

Puis elle sortit de la cuisine en arborant un air hautain. « Premier round », songea Simon. Elle n'avait pas eu le courage de le défier jusqu'au bout, ce qui était plutôt bon signe pour la suite. Elle revint une demi-heure plus tard. Il fut heureux de constater qu'elle s'était habillée toute seule : un jean et une veste en cuir rouge, qui mettait en valeur ses longs cheveux sombres. C'était un beau brin de fille. Et elle avait pris soin de chausser les lunettes noires qu'elle mettait pour sortir.

— Tu es très belle, dit-il avec une admiration sincère. J'adore ta veste.

— Moi aussi. Elle est rouge.

Elle était toute fière de le savoir – grâce à Abby, qui avait glissé une étiquette en braille dans la poche.

— Oui. Et tes Ray-Ban sont classe. Tu es prête ?

— Je crois que oui, répondit-elle avec circonspection. Où allons-nous ?

— D'abord chez le disquaire. Tu as trouvé l'adresse ?

— Je connais le plus proche. C'est là que je m'approvisionne. Bien sûr, je télécharge beaucoup de musique en ligne, mais j'aime aussi acheter des CD.

— On peut y aller à pied ?

Elle acquiesça et il se leva, heureux de la tournure des événements.

— Tu as ta canne blanche ? demanda-t-il au moment de franchir la porte d'entrée.

— Non. Je n'en utilise pas.

— Et pourquoi donc ?

— Pas besoin. Quand on sortait, Abby me donnait le bras.

— Si tu en avais une, tu n'aurais pas besoin de t'accrocher à moi.

— Oui, je sais. Mais ça ira quand même.

Salima ne voulait pas être stigmatisée en tant qu'aveugle.

— Et tu as déjà pensé à prendre un chien ?

— Je ne veux pas. Quand j'étais petite, je me suis fait mordre par un berger allemand. Tous les chiens guides sont des bergers allemands.

— Ce n'est pas vrai. Il y a aussi des labradors. Tu y gagnerais en mobilité et en liberté.

— Je n'ai besoin ni de liberté ni de chien, répliqua-t-elle en se refermant comme une huître.

Son beau sourire reparut lorsqu'ils entrèrent dans le magasin de musique. Ils passèrent bien deux heures à choisir des CD. Elle lui présenta plusieurs groupes et chanteurs qu'il ne connaissait pas. Puis elle choisit une vingtaine de CD pour son propre compte, plus ou moins récents, certains même carrément vieux. Ses goûts se révélaient très éclectiques, ce qui impressionna Simon. En outre, il avait l'impression qu'à travers la musique il apprenait à la connaître. Et il l'apprivoisait.

En sortant du magasin, il décida de l'emmener déjeuner dans un restaurant animé. Elle déclara qu'elle n'avait pas faim, mais Simon prétendit qu'il était affamé. Elle accepta donc par politesse. Le repas se passa très bien : ils parlèrent surtout des centres d'intérêt de la jeune fille, de ses valeurs, de sa philosophie, mais aussi de ses sentiments envers son père absent et sa mère accaparée par sa carrière. Petit à petit, elle lui ouvrait les portes de son royaume.

Pour Blaise, la journée fut moins agréable. Pour commencer, elle s'était levée du mauvais pied. Puis elle s'était retrouvée nez à nez avec Simon avant même d'avoir bu une tasse de café. Il trônait là, au milieu de la cuisine. Elle détestait parler à qui que ce soit de si bonne heure. Et encore plus à un quasi-inconnu... Le matin était un moment sacré pour elle. Elle avait eu l'impression d'être envahie.

Ensuite, sa coiffeuse habituelle était absente. Blaise ne fut pas satisfaite de sa remplaçante ; ses cheveux ne ressemblaient à rien quand elle passa à l'antenne.

Pour ne rien arranger, une fois sa chronique terminée, elle aperçut Susie Q en train de faire son numéro de charme à l'un des dirigeants du groupe qui passait sur le plateau. Cette vision lui retourna l'estomac.

Le reste de la journée ne fut qu'une longue succession de tracas et d'enquiquinements. En rentrant chez elle ce soir-là, une heure plus tard que d'habitude à cause des embouteillages, elle n'aspirait qu'à prendre un bain et se mettre au lit. Au lieu de quoi elle fut accueillie par une musique tonitruante, crachée par les haut-parleurs de sa chaîne hi-fi. Un CD de Salima, probablement. Des voix s'échappaient de la cuisine. Blaise y entra, l'air furieux.

— Qu'est-ce que vous faites ? demanda-t-elle à Simon d'un ton peu aimable.

Elle terminait sa journée comme elle l'avait commencée : avec ce type dans les pattes.

— Je prépare le dîner, répondit-il calmement.

Il portait un tablier et Salima lui passait les ingrédients tout en lui expliquant la différence entre le reggae et le ska. Au cours des dernières heures, ils s'étaient découvert une passion commune pour le jazz et le blues et la jeune fille annonça qu'ils avaient acheté des tas de CD. Celui qui passait sur la stéréo n'était pas du goût de Blaise.

— Ce sera prêt dans dix minutes, annonça Simon. Ou un peu plus tard si vous avez besoin de temps...

— Je vous ai dit de ne pas cuisiner. D'ailleurs je n'ai pas faim.

— Nous, si, répondit Simon sans s'émouvoir.

Blaise sortit de la cuisine comme elle y était entrée, tandis que Simon mettait son soufflé au four.

— Alors, tu me dis ce que tu prépares ? demanda Salima.

— Non, tu verras. J'espère que ça va te plaire. C'est une vieille recette de famille que j'ai apprise d'un grand chef parisien. Enfin... quand je dis « recette de famille », je ne te parle pas de ma famille à moi. Chez moi, personne ne sait cuisiner. La tambouille de ma mère est immangeable, sauf quand elle fait du boudin noir. J'adore ça !

— Beurk, dit Salima avec une grimace.

Après le disquaire et le restaurant, ils étaient allés chez le boucher pour acheter un gigot, que Simon avait fait rôtir avec beaucoup d'ail. L'odeur était si forte que Blaise la sentait jusque dans son bureau. Néanmoins, elle prit sur elle, se lava les mains, puis revint à la cuisine. Salima était en train de dresser le couvert pour trois, ce qui la laissa interloquée. Cela ne lui était plus arrivé depuis qu'elle était petite. Blaise avait estimé, en effet, que son handicap la dispensait de participer aux tâches ménagères. Mais Blaise n'était pas au bout de ses surprises :

— Vous avez fait un soufflé ? dit-elle, ébahie.

Elle se dérida un peu alors que tous prenaient place autour de la table. Il lui fallait reconnaître que ce soufflé au fromage était superbe. Tout le monde en reprit. Le gigot, accompagné d'une salade et d'une purée maison, se révéla encore meilleur. Et pour parachever le tout, Simon avait prévu une corbeille de fruits frais.

— C'est digne d'un restaurant quatre étoiles, déclara enfin Blaise.

Ce bon repas lui avait rendu sa bonne humeur. Tous trois restèrent assis autour de la table, parfaitement détendus et sirotant une infusion de menthe fraîche.

— Où avez-vous appris à cuisiner comme ça, Simon ?

Cet homme cachait plusieurs facettes et elle devait avouer que ce talent culinaire se révélait fort agréable. À présent, elle se rendait compte qu'elle ne l'avait pas ménagé. Et puis, Salima semblait avoir baissé sa garde au cours de la journée. Pourvu qu'elle ne soit pas en train de tomber amoureuse... Au moins, elle ne pouvait pas voir à quel point il était beau garçon. C'était déjà ça.

— J'ai fréquenté une école de cuisine à Paris, entre le premier et le deuxième cycle de mes études universitaires. J'en avais toujours rêvé. Cuisiner m'amuse beaucoup.

— Quelle école ? s'enquit-elle.

— Le Cordon-Bleu, répondit-il avec simplicité.

Blaise se mit à rire en entendant cette référence prestigieuse.

— Ah, je comprends mieux ! Vous devriez ouvrir un restaurant, au lieu de vous occuper des enfants.

— Les deux me plaisent. J'adore cuisiner pour mes amis. C'est une façon de me détendre.

— En tout cas, ce repas était fabuleux, dit Blaise en se levant.

Salima aida alors Simon à débarrasser. Blaise, une nouvelle fois, fut très surprise, mais ne fit aucune remarque. Mettre une assiette dans l'évier ne pouvait pas lui faire de mal ! D'ailleurs, elle semblait bien moins déprimée que la veille. Et la guerre contre Simon était terminée, apparemment...

Blaise était sur le point de sortir de la pièce, lorsque le jeune homme lui dit :

— Je vois que vous avez un piano. Ça ne vous dérange pas si je joue ?

Il était pianiste maintenant ! Elle allait de surprise en surprise…

— Non, pas de problème, Simon. Ne jouez pas trop tard en revanche, ou mes voisins vont piquer une crise.

— Ne vous inquiétez pas.

Il finit de charger le lave-vaisselle avec l'aide de Salima, puis cette dernière le remercia pour le dîner avant de se retirer dans sa chambre. Simon passa au salon et s'installa tranquillement au piano. Il joua plusieurs morceaux, d'abord des airs de comédies musicales, puis des standards des années 1960, parmi lesquels des chansons des Beatles. Il en était là de son pot-pourri lorsqu'il vit Salima apparaître sur la pointe des pieds. La musique résonnait dans tout l'appartement et, depuis sa chambre, Blaise tendait l'oreille. Il jouait bien. Peut-être pas tout à fait aussi bien qu'il cuisinait, mais il s'en fallait de peu.

Avant même d'arriver à la hauteur du piano, Salima se mit à chanter. Ainsi que Simon l'avait espéré, elle connaissait toutes ces chansons. Il se doutait que la jeune fille ne pouvait pas résister à l'appel de la musique.

En entendant la voix sublime de Salima, Blaise comprit la ruse de Simon pour tisser un lien avec elle.

Pendant une heure, ils restèrent au piano, lui jouant, elle chantant. Ils refermèrent l'instrument à regret.

— Est-ce que tu as déjà pensé à prendre des leçons de chant ? s'enquit-il alors qu'ils quittaient le salon.

— Non. Quand j'étais petite, je voulais être chanteuse. Mais maintenant que je suis aveugle, je ne veux pas devenir Ray Charles ou Stevie Wonder. Et je ne compose pas de musique. Or on est un peu obligé si on veut percer dans ce milieu.

— Pourquoi tu penses tout de suite à une carrière ? Tu peux très bien chanter pour le plaisir. C'est pour ça que je cuisine : parce que ça me plaît.

— Peut-être, dit Salima, pensive.

Elle lui souhaita bonne nuit, puis s'arrêta dans la chambre de sa mère. Blaise était en train de rédiger sa chronique pour le lendemain. Un épais dossier était posé sur son bureau.

— Je vous ai entendus, ma chérie. C'était un très beau duo, dit-elle. Simon a de nombreux talents : la musique, la cuisine…

Et il se débrouillait bien avec Salima.

— Est-ce que je pourrais prendre des cours de chant un jour ? demanda la jeune fille.

Blaise la regarda avec étonnement et sourit.

— Bien sûr, rien ne s'y oppose. Je vais voir si je peux trouver quelqu'un qui viendrait à domicile.

Salima embrassa sa mère avant de regagner sa propre chambre. Elle écouta alors quelques-uns des CD achetés ce matin-là et chanta sur la musique.

À la cuisine, Simon passait le temps en surfant sur Facebook. Il vit que Megan lui avait encore envoyé un message. Il le lut, l'effaça, éteignit son ordinateur et alla s'allonger sur son lit minuscule. Il ne parvenait pas à refouler sa tristesse. Pourtant, il en était certain : cette relation bancale, clandestine et malhonnête ne menait à rien et il fallait en finir. Il tenta de se réconforter en se disant que, sur le plan professionnel au moins, tout se passait comme sur des roulettes.

6

Le lendemain s'annonça sous de meilleurs auspices pour Blaise. Juste avant cinq heures, elle s'attendait à tomber nez à nez avec Simon. Mais il n'avait pas l'intention de commettre deux fois le même impair. Alors qu'une tasse de café fumant attendait, posée sur la table, il n'y avait pas de Simon en vue et la porte du jeune homme était fermée. Il avait mis le couvert et placé les journaux à côté. Tout était prêt, mais elle était tranquille, seule avec elle-même. C'était absolument parfait et elle était de bien meilleure humeur que la veille au moment de partir travailler.

Son émission se déroula sans problème. De retour à son bureau, elle demanda à Mark de lui trouver un professeur de chant. Il la regarda avec des yeux ronds.

— Tu veux apprendre à chanter ? À quand les claquettes ? C'est pour barrer la route à Susie Q ou quoi ?

— Tiens, je n'y avais pas pensé ! dit-elle en riant. Non, c'est pour Salima. Son nouvel éducateur a dû lui suggérer de prendre des cours. Ce n'est pas une mauvaise idée, surtout qu'elle va devoir rester plusieurs mois à la maison.

— Quelle école dois-je appeler ? demanda Mark, désorienté.

Il n'était pas habitué à ce type de requête.

— À toi de voir. Pourquoi pas Juilliard ? Autant viser haut tout de suite. S'ils n'ont pas de prof disponible, ils peuvent déjà t'aiguiller. Certains de leurs étudiants donnent peut-être des cours. Il me semble qu'il existe aussi un lycée musique et beaux-arts à côté du Metropolitan Opera. Tu verras bien.

— C'est comme si c'était fait.

Mark téléphona donc à la plus prestigieuse école de musique de New York. On lui donna les coordonnées de plusieurs professeurs de chant et il laissa un message sur le répondeur de chacun d'entre eux. Puis il rendit compte à Blaise de sa prospection.

— À propos, comment ça se passe avec le nouvel éducateur ? demanda-t-il.

— Je ne sais pas trop quoi en penser, avoua Blaise. Hier matin, j'ai failli l'étrangler quand je l'ai trouvé dans mes pattes au saut du lit. Mais le soir, il nous a préparé un festin digne d'un restaurant gastronomique, puis il a accompagné Salima au piano et lui a donné envie de prendre des cours de chant. Il élargit son horizon, je pense. Abby était plutôt du genre casanier. Lui, c'est comme s'il ouvrait toutes les fenêtres de la maison pour nous apporter une bouffée d'air frais. Il a même réussi à lui faire débarrasser la table. Je ne sais pas, sa méthode portera peut-être ses fruits. Dans tous les cas, c'est un garçon extrêmement brillant, qui a plus d'une corde à son arc.

— Tu n'as pas peur qu'il en pince pour elle, après ce duo et cette complicité ?

— Non, je ne crois pas. Je pense qu'il essaie seulement de cerner ses centres d'intérêt pour l'aider au mieux. C'est un garçon correct et très bien élevé. Il n'a pas d'attitude déplacée, ni envers moi ni envers Salima. C'est juste bizarre d'avoir un homme à la maison. J'ai perdu l'habitude.

— Si ça se trouve, cela vous fera du bien à toutes les deux, observa Mark.

Il s'inquiétait pour Blaise et trouvait triste qu'à quarante-sept ans elle n'ait pas d'homme dans sa vie. C'était à la fois une femme très belle et très intelligente, et tout simplement quelqu'un de bien. Mark n'ignorait rien de son histoire avec Andrew Weyland. Quatre ans s'étaient écoulés depuis et elle ne cherchait pas à faire de nouvelle rencontre, se complaisant dans sa solitude. Sa carrière, aussi brillante fût-elle, ne pouvait pourtant pas la combler entièrement... Et puis le succès était éphémère, Mark le savait bien. Il suffisait qu'une jeune ambitieuse de la trempe de Susie Quentin tire les bonnes ficelles, et Blaise serait déchue de son piédestal.

En début d'après-midi, Blaise était en train d'avaler un rapide déjeuner devant son ordinateur lorsqu'un mail attira son attention. Elle le lut deux fois... Elle ne pouvait y croire : le président de la chaîne venait de démissionner, charmé par les sirènes d'un autre groupe. L'expérience de Blaise lui soufflait que les choses allaient changer de fond en comble. Son remplaçant avait trente ans et sa réputation de jeune loup, prêt à tout pour augmenter les profits de sa chaîne, le précédait dans le monde des médias. Il adorait les reality-shows, lucratifs et peu coûteux à produire. Il avait aussi pour habitude de licencier les gens sur un claquement de doigts. Une petite baisse d'audience et c'en était fini pour vous. Il n'hésitait pas à remplacer les présentateurs talentueux s'ils gagnaient trop bien leur vie et Blaise savait qu'il l'aurait à l'œil, tel un faucon guettant sa proie. Comme si elle n'avait pas assez de problèmes ! Cachant son angoisse avec peine, elle alla voir Mark.

— J'ai entendu dire que Zack Austin était un vrai salaud, dit-il à mi-voix, comme si les murs avaient soudain des oreilles. Sous sa direction, personne n'est à l'abri...

Zack venait de la chaîne de divertissement du groupe. Il voudrait sans doute dépoussiérer les programmes en mettant à l'antenne des journalistes de sa propre tranche d'âge. Blaise se sentait sur la sellette. Elle était la présentatrice la mieux payée et il serait tenté de la remplacer par quelqu'un de moins cher, de plus jeune et, selon lui, d'aussi compétent. Elle était une cible de choix. Nul doute que Zack Austin l'avait dans le collimateur.

Ce soir-là, Simon remarqua tout de suite la nervosité de Blaise. Il avait de nouveau préparé un délicieux dîner, plus simple cependant que celui de la veille : un poulet rôti accompagné de riz pilaf au safran et de haricots verts, avec une salade de fruits en dessert. Ils n'en laissèrent pas une miette. Puis Blaise resta assise là, pensive. Salima était retournée chercher quelque chose dans sa chambre. Simon l'avait emmenée dans l'après-midi au musée de l'Immigration à Ellis Island et lui avait suggéré d'écrire un compte rendu à ce sujet pour son séminaire d'histoire américaine.

Alors que Blaise se servait une tasse de camomille, il se tourna vers elle.

— Tout va comme vous voulez ? s'enquit-il d'une voix douce, craignant d'outrepasser ses prérogatives.

Elle commença par acquiescer, mais se ravisa :

— Non, en fait. Des soucis, au boulot. On vient de

nous parachuter un nouveau directeur qui ne connaît rien au journalisme. Il vient de la branche divertissement du groupe. À News TV, nous allons devoir prendre des cours de claquettes si nous voulons garder nos emplois !

— Vous plaisantez, n'est-ce pas ? Vous êtes Blaise McCarthy, une légende vivante dans le monde entier ! Même au milieu du désert, les Bédouins sur leurs chameaux savent qui vous êtes.

Elle haussa les épaules.

— Peut-être. Mais la direction du groupe n'est pas aussi sensible à cet argument que vous ou les chameaux. Pour ces gens-là, personne n'est irremplaçable et il leur faut toujours de nouvelles têtes, plus jeunes et moins onéreuses. Je leur coûte une fortune, vous savez. Et ils se fichent bien de « Blaise McCarthy, star internationale ». Comme on me l'a dit un jour, c'est la Règle d'Or : « Celui qui détient l'or décide des règles. » À leurs yeux, je ne suis qu'une employée parmi d'autres. Rien n'est jamais acquis dans ce métier. Plus j'avance en âge et en ancienneté, plus le jour approche où ils voudront se débarrasser de moi. En fait, je sais très bien qu'ils ont une nouvelle pouliche dans leurs écuries. Ma chance, c'est qu'elle n'est pas encore au niveau pour pouvoir m'évincer, sans quoi je serais déjà en train de pointer au chômage ou de faire des reportages sur les concours d'élégance canine pour les infos de l'après-midi.

Simon la regardait d'un air horrifié. Il tombait de haut. À ses yeux, Blaise était une star. Il comprit la pression qu'elle avait à supporter quotidiennement. Jusqu'à présent, il s'imaginait que sa célébrité lui épargnait les soucis, alors que c'était tout l'inverse. Il se demanda si l'argent aussi était une source d'inquiétude pour elle. De toute évidence, elle ne pouvait compter que sur ses propres ressources. Il n'y avait personne pour l'aider. Sa vie, malgré une apparence de réussite extraordinaire, était solitaire et angoissante. Simon n'aurait échangé sa place avec elle pour rien au monde. Et puis, ce n'était pas sa gloire médiatique qui rendrait la vue à sa fille. C'était un coup du sort que nombre de gens n'auraient pas assumé avec autant de force qu'elle. Il songea alors qu'il pouvait l'aider en s'occupant le mieux possible de Salima. Il lui adressa un regard compatissant, auquel elle répondit par un sourire las.

À cet instant, la jeune fille entra dans la pièce toute guillerette : elle voulait que Simon l'accompagne au piano. Ils s'étaient si bien amusés la veille… Et elle ne se doutait pas qu'il était plongé dans une conversation des plus sérieuses avec sa mère.

Blaise alla s'allonger dans sa chambre. Elle ferma les yeux et écouta sa fille entonner de sa voix pure les vieux tubes de Barbra Streisand, puis des gospels traditionnels qu'elle adorait. Elle pria pour que Zack Austin ne trouve jamais de bonne raison de la renvoyer. Si seulement Simon avait raison… Mais elle était d'autant plus menacée qu'elle avait atteint le sommet. C'était une position bien solitaire et une vie telle que la sienne était tout sauf parfaite. Simon venait d'en avoir un aperçu pour la première fois. La plupart des gens ne s'en rendaient jamais compte.

Sans surprise, Blaise peina à trouver le sommeil ce soir-là et décida de se relever pour travailler. C'était encore en se concentrant sur ses dossiers qu'elle parvenait le mieux à se calmer. Elle fit des recherches préliminaires sur deux ou trois personnalités politiques, eut des idées de portraits... Et maintenant que Zack Austin l'avait à l'œil, il lui fallait mettre les bouchées doubles, être encore meilleure que d'habitude. À deux heures du matin, elle venait de terminer et se préparait un lait chaud, lorsque Simon l'entendit.

Il entra timidement dans la cuisine. Elle lui sourit, puis versa le lait dans un mug. À cette heure-ci, Blaise était épuisée et avait l'air vulnérable : elle paraissait plus jeune qu'elle ne l'était. Lui aussi semblait fatigué. Il avait passé la soirée à relire des mails de Meg et à se demander comment il s'était fourré dans un tel pétrin, au sacrifice de son intégrité. Son amour pour elle n'était qu'une pâle excuse.

— Salima et vous formez un magnifique duo musical, dit-elle alors qu'il s'asseyait près d'elle. Si je perds mon boulot, nous pourrons ouvrir un restaurant et un cabaret. Vous ferez la cuisine, puis avec Salima vous proposerez un tour de chant après le repas. Moi, je servirai les clients.

— Cela n'arrivera pas, j'en suis certain. La chaîne va peut-être vous mettre la pression, mais ce serait suicidaire pour eux de vous limoger. Vous êtes une icône.

— Même les icônes se font licencier. Si mon audience baissait, ne serait-ce que de quelques points, je serais virée dans les cinq minutes.

— Vous n'avez pas choisi la voie la plus facile, remarqua Simon. Ce doit être l'enfer.

— C'est une vie à cent à l'heure et il faut en payer le prix.

— Est-ce que ça en vaut la peine ?

Il avait posé la question sans détour. Quelque chose

lui disait qu'elle répondrait avec sincérité, qu'elle ne mentirait pas. Depuis qu'ils se connaissaient, elle faisait preuve de franc-parler. C'était une femme honnête, loyale et ouverte, qui forçait le respect.

— Parfois, oui, ça en vaut la peine, répondit-elle. J'adore mon métier, il est passionnant. J'imagine aussi qu'il est prestigieux, mais ce n'est pas ma motivation. Je crois que j'aime surtout relever des défis. Même s'il est vrai qu'après toutes ces années j'en ai assez du stress et de la relative précarité de ma position. C'est comme si je jouais à la roulette russe tous les jours. Mais quand ça fonctionne, c'est une vraie drogue.

— Je ne pense pas que j'en serais capable, dit Simon, pensif. En fait, je suis sûr que je ne pourrais pas. Je n'aime pas prendre de risques, jouer ma vie aux dés. Et je n'aime pas me soumettre à la volonté des autres. Je tiens cet état d'esprit de mes parents. Mon père est inventeur, il m'a appris à penser en dehors des cases. Et ma mère aussi est spéciale. Ce sont deux excentriques. En tout cas, c'est probablement leur influence qui explique que j'aie ma propre façon de travailler : j'enseigne aux enfants à n'accepter aucune sorte de limitation. C'est ainsi qu'ils pourront réaliser leurs rêves.

— Mais pourquoi à Caldwell ? s'étonna Blaise.

Entre eux, la curiosité était réciproque. Et pour elle, Simon était bien trop intelligent pour s'enterrer dans une petite école au fin fond du Massachusetts. Il pouvait viser plus haut.

— Je ne sais pas. C'est facile, confortable. J'aimerais travailler dans un établissement plus important, comme Perkins dans l'agglomération de Boston, ou dans l'une des grandes écoles pour aveugles de New York, telle que l'Institute for Special Education. Mais je suis resté coincé à Caldwell pour une femme. Une liaison malheureuse, en fait, dont je ne sais pas comment me dépêtrer. J'ai été pris au piège. Je crois que la fermeture temporaire de l'école est une aubaine pour moi. J'avais besoin d'une pause.

— Vous avez une liaison avec quelqu'un de l'école ?

Il acquiesça.

— Une collègue. Le problème, c'est qu'elle est mariée et a trois enfants. Elle me disait qu'elle allait divorcer, mais elle ne l'a pas fait : en trois ans, elle a trouvé un millier de raisons de ne pas quitter son mari. Je savais depuis le début que ce n'était pas raisonnable. Mais je me sentais seul, elle s'ennuyait. Et je suis tombé fou amoureux d'elle. Cette situation est contraire à toutes mes valeurs. Je viens de lui dire que je ne pouvais pas continuer comme ça.

— Si elle vous aime, elle le quittera peut-être maintenant, suggéra Blaise en se remémorant sa propre expérience.

Certes, Andrew n'avait pas quitté sa femme après qu'elle eut mis le holà. Cependant, elle restait persuadée qu'il l'aurait fait si son amour pour elle avait été sincère. Mais les gens comme lui n'aimaient pas vraiment. Ils profitaient d'autrui ; ils menaient leur double jeu tant qu'ils le pouvaient et recommençaient avec quelqu'un d'autre dès que l'occasion se présentait.

— Il m'est arrivé une histoire similaire, avoua Blaise.

Simon leva un sourcil étonné.

— À ceci près qu'il m'a menti de façon éhontée, en me disant que la procédure de divorce était en cours. Je l'ai cru pendant un an. Et puis le château de cartes s'est effondré. J'ai rompu, je ne voulais plus m'approcher de lui, mais j'imaginais qu'il finirait par quitter sa femme et qu'il remettrait tout à plat. Quatre ans après, il est toujours avec elle. Figurez-vous qu'il lui arrive encore de m'appeler, et moi j'accepte de lui parler. Je sais bien que je ne devrais pas, mais je n'ai personne d'autre. Je me sens minable à chaque fois. Certaines personnes ont le chic pour vous mettre plus bas que terre, dit Blaise en levant vers Simon un regard dépité.

— Si vous saviez comme j'en ai assez de ces faux-semblants, moi aussi. Elle lui ment, elle me ment. Comment peut-on fonder une relation sur des mensonges ?

— J'ai essayé, et j'ai la réponse : on ne peut pas. Pour ma part, j'ai cru Andrew jusqu'à la fin, ce qui est encore pire. Mais, que l'on soit dupe ou non, la vérité éclate un jour. Pour moi, cette histoire a été une sacrée leçon, au point que je ne suis plus sortie avec personne depuis. Et ça ne me manque même pas.

Après une pause, elle se reprit :

— En fait, ce n'est pas vrai. Je crois que ça me manque, mais je ne regrette pas la douleur associée à ce type de relation. Je ne me laisserai plus entraîner dans une histoire du même genre.

— Moi non plus, déclara Simon. Mais vous aimeriez sentir la présence de quelqu'un à vos côtés...

— Oui, probablement. Heureusement, j'ai une relation passionnée avec mon travail, ce qui me permet de ne pas trop y penser. Passionnée... et excessive, sans doute. Chaque fois qu'il m'a fallu établir des priorités, j'ai choisi le travail. Je me culpabilise au sujet de Salima, mais elle est très conciliante : on dirait qu'elle m'accepte telle que je suis. Quand son père et moi étions encore mariés, j'étais plus amoureuse de mon boulot que de lui. Il le savait. Le succès monte vite à la tête. Mais je ne regrette rien et nous nous sommes quittés bons amis. Mon seul regret, c'est ce connard d'Andrew, qui était marié et dont je n'aurais jamais dû m'approcher.

« Il y a un homme, pourtant, que j'ai vraiment aimé... Quand je l'ai épousé, j'étais à peine plus âgée que Salima. Je suis devenue veuve à vingt-trois ans. Il était cameraman pour CNN et s'est fait tuer par un sniper. Après ça, je me suis réfugiée dans ma carrière. Rien dans le monde professionnel ne pouvait me faire souffrir autant que l'amour. Les hommes meurent, trichent, mentent et vous déçoivent. Le travail reste le travail, rien de plus.

— C'est une vie bien solitaire, remarqua Simon. Mes parents sont encore amoureux après trente-cinq ans de mariage. Ils sont mignons tous les deux, même si ma mère a un grain et qu'elle dit tout ce qui lui passe par la tête. Elle choque les gens autour d'elle, mais mon père est ravi. Pour ma part, je ne trouvais pas ça aussi charmant quand j'étais gamin. Le plus souvent, j'étais mort de honte.

Blaise sourit à cette description.

— Mes parents à moi n'étaient pas aussi passionnants, tant s'en faut... Mon père était boucher, ma mère enseignante. Ils partageaient une solide éthique du travail et ils m'ont transmis leurs valeurs. Mon père disait que le travail était l'alpha et l'oméga et que je devais faire quelque chose que j'aimais. J'ai bien reçu le message. En revanche, mes parents ne m'ont pas dit grand-chose de l'amour. J'étais leur fille unique et je les ai perdus dans un accident de voiture quand j'étais à la fac. Leur assurance vie m'a permis de terminer mes études. Ensuite je me suis retrouvée livrée à moi-même. J'ai grandi à Seattle, c'est là que

j'ai fait mes premières apparitions au journal télévisé...
en tant que miss météo. C'était un boulot stupide,
mais il m'a mis le pied à l'étrier. Je suis montée à San
Francisco, puis à New York. Et voilà où j'en suis :
j'essaie de sauver ma peau chaque jour. On ne vous
dit pas tout ça quand vous commencez. Ce doit être
imprimé en caractères minuscules au bas du contrat.

— À vous écouter, j'ai l'impression que je ne me
donne pas assez de mal, reconnut Simon. Jusqu'à
présent, j'ai choisi la facilité, avec un métier qui ne
me demande pas trop d'efforts. À mon âge, vous étiez
déjà une star, vous vous étiez mariée deux fois et vous
aviez une fille... Pas mal !

À trente ans, la modeste fille d'un boucher de
Seattle avait parcouru bien du chemin. Par contraste,
on pouvait dire que Simon était gâté : son père avait
un poste prestigieux dans le monde universitaire,
sa mère était fortunée, tous deux vivaient encore et
étaient encore mariés. Peut-être était-ce précisément
là la cause de son manque d'ambition. La vie était
facile pour lui, il avait toujours bénéficié du soutien
de sa famille. Blaise ne pouvait compter que sur ses
propres forces.

— Il n'est pas trop tard, remarqua-t-elle. Tu n'es
qu'un gamin.

Elle l'avait tutoyé spontanément, sans même s'en
rendre compte.

— Non, j'ai trente-deux ans, dit-il d'un air grave.
Et je n'ai plus toute la vie devant moi. C'est pourquoi
j'en ai vraiment fini avec cette femme mariée. Je ne
veux pas gâcher les quinze prochaines années de ma
vie à attendre qu'elle mette de l'ordre dans la sienne.
Il est temps que je pense un peu à moi.

— Comptes-tu rester à Caldwell ?

— Je ne sais pas. Sans doute que non. Je vais profiter de mon séjour ici pour envoyer ma candidature à des écoles plus importantes, de préférence dans de grandes villes qui offrent plus de possibilités. Et si jamais je retourne à Caldwell, je ne veux pas tomber une seconde fois dans le même piège avec elle. Bien sûr, j'y retournerai quand la quarantaine sera levée, pour honorer mon contrat jusqu'à la fin de l'année. Mais après, je n'en sais rien.

— Je te crois capable de faire mieux, déclara Blaise.

— Merci. J'aimerais au moins essayer, sans quoi je ne saurai jamais de quoi je suis capable. Je ne demande pas à devenir une star. Je voudrais seulement donner le meilleur de moi-même, dans mon petit domaine.

— Je t'ai vu à l'œuvre, et pour le moment il me semble que tu es très bon. Eric lui-même dit que tu es le meilleur. La mission que tu t'es assignée est noble. Ce que je veux dire, c'est que tu trouveras sans peine un meilleur poste. Toutes les chances sont de ton côté : tu as du talent, tu es motivé et tes références sont excellentes. Ce que tu apportes aux autres est un véritable don.

En deux jours à peine, Salima avait commencé à s'épanouir. Blaise voyait maintenant la différence entre l'approche surprotectrice d'Abby, qui l'empêchait de s'émanciper, et celle de Simon, qui l'incitait à dépasser ses limites. Et même envers elle, Blaise, il faisait preuve d'un sens de l'écoute exceptionnel.

Quelques minutes plus tard, Blaise déclara qu'elle devait se coucher. Simon s'excusa de l'avoir gardée éveillée aussi tard : il ne lui restait plus qu'une heure avant la sonnerie du réveil.

— Ça en valait la peine, assura-t-elle. Parfois, la nuit, je me mets à paniquer en pensant à ma vie.

Je ne vois que mes erreurs passées et les écueils qui m'attendent au tournant.

— Tout le monde commet des erreurs. Ne soyez pas si dure envers vous-même.

Simon continuait à la vouvoyer, par respect sans doute.

Blaise eut l'impression que Simon la comprenait vraiment. Il ne se laissait pas impressionner par sa notoriété. Il la respectait et trouvait qu'elle menait une carrière exemplaire, mais les paillettes ne l'éblouissaient pas. C'était l'un des traits de caractère qui commençaient à lui plaire chez ce jeune homme. Comme elle, il était authentique. Tous deux savaient que c'était une qualité rare. Simon ne la traitait pas comme une vedette, mais comme une femme ordinaire. Personne n'avait plus agi ainsi avec elle depuis des années.

— Bonne nuit, Simon, dit-elle en lui adressant un signe de la main depuis le couloir. Tu n'es pas obligé de préparer mon café ce matin. Va te reposer.

— Il faut bien que quelqu'un prenne soin de vous, répondit-il d'un ton grave. Pour ce que j'ai pu en voir, personne ne le fait. Vous assumez trop de responsabilités.

On ne lui avait rien dit de tel depuis des années. Mais Simon avait raison. Personne ne s'occupait d'elle. Elle était une guerrière, une survivante, habituée à se débrouiller toute seule.

— Alors, je peux au moins vous servir du café chaud et quelques repas corrects tant que je suis chez vous, poursuivit-il. Ce n'est pas grand-chose, mais c'est déjà ça.

— C'est énorme, assura Blaise. Je t'en remercie. Bonne nuit.

Elle referma la porte de la cuisine, tandis que Simon se retirait dans sa chambre. Avant de regagner la sienne, Blaise vérifia que tout allait bien pour Salima. Elle avait le sentiment de s'être fait un ami, et c'était fort agréable.

7

Avec tout ce stress au travail, Blaise avait complètement oublié le professeur de chant pour Salima. Simon et elle continuaient néanmoins de chanter tous les soirs, pour le plus grand plaisir de la jeune fille. Mark, toutefois, n'avait pas abandonné sa mission. Une semaine après qu'elle lui en eut fait la demande, il colla un petit mot sur son bureau. Elle le trouva après son passage à l'antenne.

Trois noms y figuraient, assortis d'adresses mail et de numéros de téléphone : deux femmes et un homme. Deux d'entre eux enseignaient au lycée La Guardia pour les Arts, la Musique et le Spectacle vivant, la troisième à l'école Juilliard.

Salima allait sauter de joie !

Le petit mot de Mark précisait qu'il avait parlé aux trois.

— Lequel t'a le plus convaincu ? lui demanda Blaise, impressionnée par son efficacité.

— Celle de Juilliard l'emporte haut la main. Les deux autres n'étaient pas mal, mais celle-là m'a franchement plu. Elle a l'air un peu farfelue, mais elle était très enthousiaste à l'idée de travailler avec Salima malgré sa cécité. Les deux autres m'ont paru gênés par cette particularité... Enfin, ce n'est peut-être qu'une impression. Tous les trois viennent d'excellents établissements.

— Suis ton instinct, dit Blaise sans hésiter. Appelle-la et vois si elle peut venir demain à la maison. Salima se fera sa propre opinion. C'est d'abord à elle qu'elle doit plaire.

— Pas de problème.

Une demi-heure plus tard, Mark l'informait qu'ils étaient convenus d'un rendez-vous pour dix-huit heures.

Le lendemain, Blaise venait de rentrer depuis cinq minutes, lorsque le portier appela pour leur annoncer que « l'invitée » de ces dames était arrivée. C'était bien l'enseignante de Juilliard, Lucianna Goldstein, une Italienne mariée à un Américain. Son entrée fit une vive impression sur Blaise. Auréolée d'un nuage de parfum, la professeur de chant arborait un large sourire, avait de grands yeux bleus bienveillants surmontés d'une cascade de boucles d'un blond chatoyant. Son corps opulent et généreux, doté d'une forte poitrine, était perché sur une paire de petites jambes grêles, prolongées par de vertigineux talons aiguilles. Elle portait d'énormes boucles d'oreilles créoles et une tintinnabulante collection de bracelets. Pour parachever le tout, un chapeau orné de fleurs dansait au gré de ses mouvements. Elle l'ôta et le posa sur la console de l'entrée, sous le regard fasciné de Blaise : on aurait dit un fabuleux jardin peuplé de bestioles minuscules. Quel dommage que Salima ne soit pas en mesure de profiter du spectacle ! Toutefois, la caractéristique la plus remarquable de Lucianna, c'était sa voix, douce comme du velours. Et alors qu'elle adressait un regard chaleureux à Blaise, cette dernière fut forcée d'admettre qu'elle n'avait jamais vu des yeux d'un bleu si brillant.

— Grands dieux, dit Lucianna avec un sourire qui révéla une dentition parfaite. Vous êtes plus âgée que ce que j'imaginais. Mais ce n'est pas un problème. Il n'est jamais trop tard pour apprendre à chanter.

Simon, tout sourire, écoutait son bel accent avec délectation. Blaise la détrompa, et Salima, qui avait entendu sonner, arriva sur ces entrefaites. L'odeur agressive du parfum de la dame lui fit froncer le nez, mais elle prêta une oreille attentive à ce qui se disait.

— Voici justement Salima, votre élève potentielle, dit Blaise. Entrez donc, je vous en prie. Voulez-vous une tasse de thé ?

Lucianna refusa, mais elle remarqua le piano à queue et fut heureuse de constater que c'était un Steinway. Elle paraissait un peu nerveuse, cependant. Elle savait qui était la grande journaliste. « J'ignorais que Blaise McCarthy avait une fille aveugle », avait-elle dit à Mark. L'assistant lui avait expliqué que, si elle était engagée, il lui faudrait signer un accord de confidentialité. C'était une procédure standard dans la vie de Blaise, et Lucianna n'y voyait aucune objection.

Les deux femmes discutèrent pendant quelques minutes, tandis que Salima les écoutait. Lucianna avait passé son enfance à Venise, étudié le chant lyrique à Milan, puis travaillé dans différents opéras européens. Cela faisait dix-huit ans maintenant qu'elle résidait aux États-Unis, et quinze qu'elle enseignait à la Juilliard School. Si Salima envisageait sérieusement une carrière musicale, elle lui conseillait de postuler à ce prestigieux conservatoire. Blaise lui expliqua cependant que, pour le moment, Salima ne demandait qu'à prendre quelques cours.

Après une demi-heure de présentations, Lucianna lui proposa de chanter. La jeune fille prit place près de Simon et expliqua qu'elle ne connaissait aucun air d'opéra, mais qu'elle aimait bien les comédies musicales, la variété et le gospel. Diplomate, Lucianna lui suggéra de lui chanter un exemple de chaque. Salima commença par une chanson d'Abba entendue dans *Mamma mia !*, poursuivit avec *Les Misérables* et termina par un negro-spiritual que Blaise adorait. Ses aigus étaient si hauts qu'on les aurait crus capables de briser les vitres. Lucianna garda les yeux rivés sur elle lorsqu'elle eut terminé.

— Vous êtes-vous échauffée avant que j'arrive ? s'enquit-elle.

— Non. Je ne savais pas à quelle heure vous veniez. Pourquoi ?

Voilà qui expliquait probablement pourquoi la jeune fille était en jogging et chaussettes.

— Vous allez vous abîmer la voix si vous faites ça trop souvent, la prévint l'imposante Italienne. Il ne faut pas chanter sans échauffement. Quant à ce gospel… Vous atteignez toujours les aigus sans faute ?

Salima répondit par l'affirmative et Lucianna la regarda avec des larmes dans les yeux.

— C'est vraiment incroyable, je ne sais pas si vous mesurez votre chance… Certaines personnes s'entraînent pendant des années sans y parvenir, et vous, vous montez là-haut avec l'aisance d'un oiseau dans le ciel, dit-elle en se tamponnant les paupières. Ah, tout ce que j'aurais pu faire avec une voix comme la vôtre ! Est-ce que vous vous intéressez un peu à l'opéra ?

Salima répondit qu'elle se contentait de chanter

des airs populaires qui lui plaisaient. C'était avant tout un loisir.

— Vous devriez vraiment être inscrite dans une école de musique à l'heure qu'il est, l'admonesta Lucianna. Que vous êtes ingrate, de traiter votre voix de la sorte ! Ce n'est pas un jouet, c'est un don du ciel.

« Cette femme est impayable », songea Blaise. On aurait dit une caricature, avec son corps tout en rondeurs, ses jambes maigrichonnes, ses tout petits pieds chaussés de talons aiguilles et ses yeux empreints de douceur et de bonté. Simon la regardait avec fascination et Salima buvait ses paroles.

— Accepteriez-vous ma fille comme élève ? finit par lâcher Blaise.

— Mais bien sûr que je l'accepte !

Salima ne put pas voir le sourire de Lucianna, mais elle sentit sa main posée sur la sienne.

— Ce serait un plaisir et un honneur, poursuivit-elle. Toutefois, j'attendrai beaucoup de travail de ta part, Salima.

— Combien devra-t-elle prendre de cours par semaine ? s'enquit Blaise.

— Je dirais au moins trois.

Blaise eut un mouvement de surprise.

— N'est-ce pas un peu trop ?

— Pas si elle veut s'y mettre sérieusement. Avec une voix moins exceptionnelle, j'aurais dit deux fois. Mais pour obtenir des résultats, il faut compter trois à quatre leçons hebdomadaires. Commençons par trois, nous aviserons ensuite.

— Qu'en penses-tu, Salima ? demanda sa mère, soucieuse de l'associer aux décisions qui la concernaient. Tu voudrais prendre combien de cours, toi ?

— Oh moi, tous les jours ! lâcha-t-elle avec un large sourire.

Lucianna était au comble de l'excitation. On aurait dit qu'elle venait de trouver un diamant dans la rue.

Elles fixèrent leur premier rendez-vous au lendemain après-midi, puis Lucianna gratifia Salima d'une bise à l'européenne, tout en lui recommandant de porter un foulard pour protéger sa gorge des courants d'air. Elle se recoiffa de son chapeau jardin, serra la main de Simon et de Blaise, puis s'éclipsa. Tous trois restèrent un instant muets, avant d'éclater de rire. Bien qu'elle ait un peu l'air d'un clown, cette femme était charmante.

— Elle cocotte terriblement, mais elle me plaît, déclara Salima.

— Et encore, tu n'imagines pas l'allure qu'elle a ! ajouta Blaise.

Lucianna dégageait une amabilité et une chaleur contagieuses.

Simon la trouvait lui aussi très sympathique. Et elle devait être compétente puisqu'elle enseignait à Juilliard. Dans tous les cas, ce serait pour Salima un passe-temps agréable. La jeune fille, enthousiaste, ne parla que de ça pendant le dîner. Simon avait pris l'habitude de préparer le repas du soir. En général, il veillait à composer des menus simples et légers pour faire plaisir à Blaise, mais il lui arrivait de les épater avec des recettes plus élaborées, qu'il réussissait toujours avec le même brio. Ses bons petits plats apportaient une note festive à leurs soirées. Et Blaise se rendait compte qu'elle attendait le moment du dîner avec impatience : elle appréciait que quelqu'un lui demande comment s'était passée sa journée et l'écoute d'une oreille attentive. Depuis leur conversation sur les difficultés qu'elle rencontrait au bureau, il avait à cœur de lui témoigner son soutien quand elle rentrait le soir.

Salima aussi s'habituait à Simon, même s'ils se disputaient de temps à autre au sujet de leur emploi du temps. Simon proposait chaque jour un nouveau projet, une nouvelle activité, et il estimait que tout ce qu'ils entreprenaient devait avoir de près ou de loin une portée éducative. Il la poussait également à se débrouiller seule, que ce soit au bureau de poste, à la pharmacie, au supermarché, au pressing ou à la banque. Il la forçait à se déplacer en transports en commun. Salima lui avait dit que sa mère insistait pour qu'elle prenne le taxi, mais Simon ne voulait rien entendre. Il tenait à lui enseigner tout ce qui pouvait lui être utile tant qu'il était avec elle. Il lui demandait même de ranger les courses et la rabrouait quand il retrouvait le paquet de pâtes dans le frigo et le fromage blanc dans le placard. Cette méthode semblait porter ses fruits : à chaque fois que Salima s'acquittait correctement d'une tâche difficile, son estime d'elle-même en sortait renforcée. Blaise la voyait prendre chaque jour un peu plus confiance en elle. Et il espérait toujours la convaincre de prendre un chien guide. Avec un tel compagnon, elle pourrait se rendre à ses cours par ses propres moyens, et elle n'aurait plus besoin d'un éducateur à plein temps.

Cette perspective, cependant, affola Blaise quand Simon lui en parla.

— J'ai une merveilleuse opportunité de la faire progresser tant que je suis ici avec elle, expliqua-t-il. Je veux en profiter pour lui faire gagner autant de terrain que possible avant son retour à Caldwell.

C'était un fait que les progrès de Salima étaient

fulgurants. Désormais, elle chargeait et déchargeait le lave-vaisselle sans difficulté et aidait Simon à cuisiner. Elle avait surpris sa mère, le dimanche précédent, en lui servant au petit déjeuner une omelette qu'elle avait préparée toute seule. La méthode de Simon prouvait son efficacité. Et dès lors que Salima commença les cours de chant, elle s'épanouit telle une fleur au soleil. Certains aspects de l'apprentissage étaient fastidieux, notamment lorsqu'elle devait répéter ses gammes, mais le reste du temps elle s'amusait comme une folle. Lucianna – toujours après un bon échauffement – la laissait se livrer à de véritables acrobaties vocales, car elle se délectait des prouesses de son élève. De temps à autre, elles interprétaient de sublimes duos. Lucianna avait une très belle tessiture de soprano et, lorsqu'elles chantaient ensemble, leurs voix se mêlaient si harmonieusement que l'on aurait cru entendre deux anges. Blaise en avait les larmes aux yeux. Simon lui-même ne pouvait cacher son émotion. Depuis le début des cours, la voix de Salima avait gagné en puissance. La différence était sensible en quelques semaines à peine.

Les week-ends, quand elle n'avait pas trop de travail en retard, Blaise se joignait aux sorties de Simon et Salima. Ils allaient voir des films, faire du shopping, visiter les musées qui proposaient des expositions tactiles ou écouter une représentation de *La Traviata* au « Met ». Simon profitait de toutes les possibilités qu'offrait New York pour permettre à Salima de se distraire et de se cultiver. Et petit à petit, il l'aidait à devenir autonome. Il lui demandait à tout propos de l'aider à effectuer des démarches sur Internet. Elle refusa cependant de mettre elle-même son linge à la machine, arguant que sa mère ne le faisait pas non plus. Simon éclata de rire. L'argument était irréfutable, Salima n'aurait peut-être jamais besoin de faire sa lessive toute seule et il céda sur ce point.

Au bout de quelque temps, Blaise éprouva un profond soulagement : la méningite ne s'était pas déclarée chez Salima, elle était en pleine santé et le médecin de famille confirmait que la période d'incubation était dépassée. Par précaution, l'école restait fermée pour le moment, mais le risque de contamination était écarté.

Toute la maisonnée avait fort à faire : Simon avec Salima, Salima avec les tâches qu'il lui assignait, au premier rang desquelles les cours de chant. Lucianna lui demandait beaucoup de travail personnel entre les leçons. Et au bureau, Blaise se surmenait pour garder sa place. Zack Austin la surveillait de très près et les dents de Susie Quentin rayaient le parquet. Sa jalousie envers Blaise était de plus en plus visible : elle rêvait de montrer à tout le monde ce qu'elle savait faire et réclamait à Charlie de lui confier davantage d'émissions spéciales. Zack lui-même accéda à sa requête en lui proposant un format typique des programmes de divertissement, mais inédit dans le monde de l'info. Après un long entretien avec Susie, il lui suggéra de tourner au mois de janvier une interview de l'épouse du président... diffusée en direct. Ce serait une grande première ! Ce coup d'éclat la pousserait sur le devant de la scène et lui conférerait un avantage sur Blaise, dont toutes les interviews et émissions spéciales étaient préenregistrées. Il déclara qu'un entretien en direct avec la Première dame des États-Unis serait « innovant et rafraîchissant ». Susie ressortit du bureau avec des étoiles dans les yeux. Ainsi qu'elle le confia à plusieurs collaborateurs, elle était certaine de détrôner Blaise au sein de la chaîne après un tel exploit.

Dès qu'il l'apprit, Charlie alla voir Zack pour tenter de lui expliquer calmement qu'un direct avec la Première dame était une gageure. Une émission préenregistrée, comme celles dont Blaise était coutumière, serait moins risquée et probablement tout aussi intéressante. Zack balaya ses objections d'un revers de main.

— C'en est fini de la routine dans cette boîte, dit-il avec irritation. Il nous faut du sang neuf, de nouvelles têtes, de nouvelles idées. On diffusera l'émission en direct et Susie est la femme de la situation.

Charlie espéra qu'il ne se trompait pas. Il annonça lui-même la nouvelle à Blaise, de peur qu'elle ne l'apprenne de quelqu'un d'autre.

— Il est cinglé ou quoi ? s'écria-t-elle. Et si ça se passait mal ? Si la femme du président disait quelque chose qu'elle n'aurait pas dû ? Elle n'acceptera jamais le direct.

À la surprise générale, l'attaché de presse de la Première dame accepta. Susie avait décroché le pompon, Blaise se sentit laissée pour compte. Elle n'aurait jamais osé suggérer une interview en direct de l'épouse d'un président en exercice, ni d'aucune personnalité de cette envergure. Ses interlocuteurs étaient bien plus détendus quand ils savaient que certains passages pouvaient être coupés en cas de pépin.

Entre-temps, la vanité de Susie était devenue insupportable. Zack avait créé un monstre d'ambition et de prétention, et Blaise devait vivre avec au quotidien. Heureusement, Mark lui témoignait toute sa compassion au bureau et Simon lui prêtait une oreille attentive quand elle rentrait chez elle.

Il était très impressionné par la grâce et la pondération avec lesquelles elle accueillait un tel affront. Elle lui avoua cependant qu'elle réprimait à grand-peine son envie d'étriper Susie chaque fois qu'elle la croisait dans les couloirs.

Au cours des dernières semaines, Simon était en quelque sorte devenu son confident. Il était intelligent, attentionné... et présent tous les soirs. Blaise elle-même s'étonnait des choses qu'elle lui révélait, de la confiance qu'elle lui accordait. Et elle tenait compte de son opinion et de ses conseils. Lui aussi s'ouvrait volontiers. Il lui confiait ses secrets d'enfance, ses craintes quant à l'avenir et sa peur de ne pas pleinement se réaliser, ses regrets concernant Megan et leur relation malheureuse. Et puis ils parlaient beaucoup de Salima et de ce dont Blaise rêvait pour elle. Tout comme son père le lui avait conseillé en son temps, elle lui souhaitait de trouver une carrière qui la passionne et qui donne un sens à sa vie. Le reste suivrait.

En dépit des nombreux moments où elle n'était pas présente aux côtés de sa fille, Simon admirait Blaise dans sa façon d'être mère. Elle avait toujours fait de son mieux. Et depuis qu'elles vivaient sous le même toit, leur relation prenait un nouvel essor.

Simon et Blaise étaient stupéfaits de la multitude de sujets qu'ils pouvaient aborder ensemble, parfois jusque tard dans la nuit. Ni l'un ni l'autre ne sentaient la différence d'âge qui existait entre eux. Ils n'étaient que deux personnes liées par l'amitié, qui se respectaient et s'appréciaient davantage chaque jour.

Tous deux s'enorgueillissaient des progrès de Salima. Grâce à Simon, elle était plus indépendante que jamais. Elle avait acquis une multitude de nouvelles compétences et osait de plus en plus se risquer à l'extérieur. En revanche, elle refusait toujours d'entendre parler de chien ou de canne blanche.

— Que feras-tu le jour où je ne serai pas là ? lui disait-il. Et si tu deviens une grande chanteuse en tournée mondiale ? Tu crois que je te suivrai partout ?

— Tu as intérêt ! s'écria-t-elle en le gratifiant d'une bourrade. C'est ton boulot, je te signale.

Elle était maintenant parfaitement à l'aise en sa compagnie. Il tenait un peu le rôle du grand frère qu'elle n'avait pas eu.

— Quoi ? Si tu crois que je vais suivre partout une rock star déjantée, qui me ferait veiller toute la nuit pour la protéger de l'assaut de ses fans ? Jamais de la vie ! Je rentre dans le Massachusetts pour mener une vie bien tranquille.

— Tu t'y ennuierais à mourir, après avoir goûté à New York !

Elle ne croyait pas si bien dire. Simon s'amusait comme un fou. Il appréciait tellement Blaise et Salima qu'il n'avait plus l'impression de travailler. Il commençait à se sentir comme chez lui, dans cet appartement qu'il avait d'abord cru bien trop petit. Son séjour à New York ne ressemblait finalement en rien à ce qu'il avait craint à son arrivée. Il ne manqua pas de rassurer Eric à ce sujet.

— J'espère que tu ne vas pas décider de rester chez elles à demeure, le sermonna le directeur, conscient que Blaise pouvait lui assurer un salaire bien plus confortable que ne le permettait le budget de Caldwell. Je compte sur toi pour la réouverture en janvier !

Cette date paraissait encore très lointaine à Simon.

Un soir que Salima prenait sa leçon avec Lucianna plus tard que d'habitude, Blaise et Simon avaient dîné sans elle. Comme souvent ces derniers temps, Blaise se plaignit de l'ambiance au bureau. Elle ne supportait pas Zack Austin, ni le climat d'anxiété qu'il faisait naître autour d'elle dès qu'il en avait l'occasion. La prochaine interview de Susie lui restait en travers de la gorge et le ton méprisant sur lequel Zack lui parlait lui donnait envie de démissionner. Elle en avait assez de vivre avec une épée de Damoclès au-dessus de la tête. Elle en avait assez de travailler dans une ambiance aussi délétère.

— Parfois, j'ai l'impression que quelqu'un va me poignarder dans le dos si je baisse ma garde. Je ne veux plus vivre comme ça, quel que soit le prix qu'ils me paient. Je veux être traitée comme un être humain.

Tout en parlant, elle tendit le bras devant Simon pour saisir une assiette dans l'évier, le frôlant au passage. Elle sentit la chaleur qu'il dégageait et Simon, sans réfléchir, lui effleura doucement la joue. Blaise sentit comme une décharge électrique la parcourir. Elle leva la tête. Tandis que leurs regards se croisaient, elle oublia complètement ce qu'elle était en train de dire. Il songea qu'il devait peut-être s'excuser, mais Blaise continua à charger le lave-vaisselle comme si de rien n'était et il choisit de suivre son exemple. Cependant, il restait troublé par l'irrésistible envie de la toucher qui l'avait saisi.

C'était comme si toutes les barrières qui les séparaient s'effondraient une à une. Blaise l'admirait en tant qu'homme et partageait la plupart de ses valeurs et opinions. Pour sa part, Simon la voyait comme une jeune femme de son âge. Et il appréciait sa sagesse, sa façon de vivre sans mélodrame. Pendant les trois ans passés en compagnie de Megan, chaque jour avait ressemblé à un grand huit émotionnel, notamment du fait de l'obligation qu'ils avaient de se cacher de son mari alcoolique et violent. Au fil du temps, cette situation avait fini par sembler tout à fait normale à Simon. Avec Blaise, il avait l'impression de retrouver sa santé mentale. Entre eux s'était nouée une amitié touchante, quoique un peu étrange, qui faisait fi de leur différence d'âge et de leur rapport d'employeur à employé.

Blaise ne parlait à personne de cette amitié, ni de l'admiration qu'elle lui vouait. À son assistant, notamment, elle se contentait de dire que Simon était un formidable éducateur et qu'il faisait des miracles avec Salima.

Un jour que Blaise était en voyage à Washington pour interviewer un sénateur fraîchement élu, elle s'aperçut tout à coup qu'elle avait oublié au bureau des papiers dont elle aurait besoin à son retour. Elle appela Mark pour qu'il les dépose chez elle après le travail.

— Je suis désolée de te demander ça, dit-elle au téléphone. J'étais si fatiguée, hier... Je m'en suis rendu compte dans l'avion.

— Ne t'inquiète pas. Je vais prendre un taxi et déposer le dossier chez toi en rentrant. Je peux le laisser au portier ?

— Ce sont des documents assez sensibles. Il y a un rapport sur ce sénateur que l'on accuse d'avoir eu une relation avec une mineure de quatorze ans. En plus, le type a des ambitions présidentielles. Ça ne te dérange pas de les laisser à Simon ?

— Bien sûr, pas de problème.

Il demanda au chauffeur de taxi de l'attendre et monta sonner, tenant à la main les documents de Blaise dans une enveloppe marquée « confidentiel ». La porte s'ouvrit et Mark se retrouva face à un grand

146

et bel homme, vêtu d'un jean, de santiags et d'une chemise aux manches retroussées. Ses cheveux bruns étaient ébouriffés.

Simon reconnut Mark au premier coup d'œil grâce au portrait que Blaise avait brossé de lui : petit, mince et chauve, on aurait dit un paquet de nerfs. Toujours élégant, il portait un blazer et une cravate Hermès. De son côté, Mark trouva que Simon avait l'air d'une star de cinéma. Tout à coup, Mark se demanda si les rapports de Blaise et Simon n'allaient pas au-delà de ce qu'elle avait bien voulu lui raconter.

— Bonjour, dit Simon en lui tendant la main, un large sourire aux lèvres. Entrez, je vous en prie. Je suis sûr que Salima sera contente de vous voir. Elle parle souvent de vous.

Mark entendait la jeune fille chanter.

— Je ne veux pas la déranger pendant sa leçon, déclara-t-il, l'air très embarrassé.

Il lui tendit l'enveloppe, puis se dépêcha de rappeler l'ascenseur. Simon, déçu, songea qu'il avait peut-être dit quelque chose qu'il n'aurait pas dû. Il n'en était rien, bien sûr, mais Mark s'attendait si peu à se trouver nez à nez avec un homme d'un tel charisme, semblant comme chez lui dans l'appartement de Blaise, qu'il n'avait pas osé entrer. Il s'engouffra dans l'ascenseur en adressant à Simon un signe de la main et un sourire gêné.

Simon referma la porte d'entrée et alla placer l'enveloppe sur le bureau de Blaise.

Le soir venu, elle le questionna à ce sujet alors qu'ils prenaient ensemble une tasse de thé à la cuisine. Salima, épuisée par une leçon particulièrement longue, était déjà couchée : Lucianna exigeait beaucoup de sa part, mais la jeune fille ne demandait pas mieux.

— Alors, tu as rencontré Mark aujourd'hui ? C'est vraiment un type formidable. Le meilleur assistant que j'aie jamais eu. J'espère qu'il ne me quittera jamais !

— Oui, on peut dire que je l'ai rencontré, répondit Simon, perplexe. Pendant à peu près quatorze secondes. J'ai peur de l'avoir offensé sans le vouloir. Je lui ai serré la main, il a eu l'air paniqué, il a appelé l'ascenseur et il est parti.

— Mark est un vrai colibri, expliqua Blaise. Toujours en mouvement et, comme je te le disais, très nerveux. Mais il s'acquitte à merveille de ses missions.

— J'espère n'avoir rien fait de mal.

— Oh non, il est comme ça, c'est tout, dit Blaise d'un ton léger, avant de lui raconter son interview à Washington.

Son attitude ouverte et engageante lui avait permis d'obtenir les aveux du sénateur, qui espérait effectivement accéder à la Maison-Blanche avant ses trente-neuf ans.

Nul doute qu'avec un tel scoop Blaise ferait exploser l'audimat.

— Comme d'habitude, commenta Simon, très fier d'elle.

Le lendemain, Mark évoqua sa rencontre avec le jeune homme.

— Tu aurais au moins pu me prévenir, reprocha-t-il à sa patronne. Quand la porte s'est ouverte, je me suis retrouvé face à ce beau gosse taillé comme une armoire à glace, qui me souriait en me tendant la main...

— Que voulais-tu qu'il fasse ? dit Blaise en riant. T'arracher l'enveloppe et te claquer la porte au nez ?

— Blaise, je ne me le serais jamais imaginé comme ça. On dirait une vedette de cinéma.

Mark n'y tenait plus, il fallait qu'il soit fixé sur ce qui l'avait taraudé toute la soirée. Blaise avait toujours joué franc jeu avec lui. Néanmoins, peut-être s'aventurait-il là sur un terrain trop personnel. Il hésita une seconde, puis :

— Est-ce que tu l'aimes ?

Blaise secoua la tête, choquée.

— Qu'est-ce qui te laisse penser une chose pareille ? Est-ce que Simon a dit quelque chose d'inapproprié ?

Si c'était le cas, elle lui en toucherait deux mots en rentrant. Pourtant, cela ne lui ressemblait guère. Il était toujours poli, discret et très correct envers elle. Leur amitié naissante était pour le moins inattendue, mais cela n'allait pas plus loin. Il ne s'était jamais montré présomptueux à son égard et n'avait jamais outrepassé ses prérogatives. Certes, il y avait eu ce moment de flottement, un soir, dans la cuisine, mais ni l'un ni l'autre n'en avaient fait cas et cela ne s'était plus reproduit.

— Oh non, cela n'a rien à voir avec ce qu'il a dit, s'empressa de rectifier Mark pour disculper Simon. C'est plutôt son allure et cet air de décontraction qu'il avait dans ton appartement... Il a l'air d'être chez lui.

— Bien sûr. Il habite avec nous. On se familiarise vite avec les gens quand on se voit tous les jours au petit déjeuner et au dîner, ou quand on se croise à minuit pour boire un lait chaud. Au mieux, nous sommes amis. Mais je ne suis certainement pas amoureuse de lui. Pense donc : il a quinze ans de moins que moi ! Il serait plus vraisemblable qu'il tombe amoureux de Salima... Et heureusement, rien ne me laisse croire que c'est le cas.

— Eh bien, tu n'es peut-être pas amoureuse de lui, mais tu devrais, répliqua Mark. C'est le plus beau mec que j'aie jamais vu. Et il ne paraît pas son âge. Il est très mûr, tandis que toi, tu ressembles à une petite jeunette. Vous iriez très bien ensemble. On ne te donnerait même pas un an de plus que lui.

— Tu veux me demander une augmentation ou quoi ? plaisanta Blaise, interloquée.

— Excuse-moi. Mais il fallait que je te pose la question. J'ai sans doute pris mes rêves pour une réalité. J'avoue que j'ai eu un choc en le voyant. Quand je pense à ce que t'a infligé Andrew Weyland, j'aimerais que tu finisses avec un type comme Simon. Tu dis que c'est un mec bien, qu'il est intelligent, et en tout cas il est beau comme un dieu. Tu as droit à une consolation, après tout ce que tu as traversé. Et puis regarde un peu ton ex-mari ! Harry sort avec des filles qui ont cinquante ans de moins que lui. Alors quinze... Il n'y a pas de quoi fouetter un chat.

— Ce n'est pas la même chose. Pour un homme, c'est acceptable. Dans la même situation, une femme ne récolte que le mépris d'autrui.

— Les gens sont juste jaloux. Crois-moi, si l'occasion se présente, tu devrais foncer. C'est tout ce que j'ai à dire.

Stupéfiée par ce discours, Blaise n'en souffla pas un mot à Simon ce soir-là. C'était bien trop gênant. Il l'aurait prise pour une folle. Pire, il aurait cru qu'elle lui faisait des avances. De plus, elle voyait bien qu'il avait encore du chagrin à cause de Megan. Il y avait un millier de raisons pour que le souhait de Mark ne se réalise pas. Néanmoins, c'était toujours agréable de s'entendre dire que l'on paraissait beaucoup moins que son âge.

Sous l'avalanche de stress et de défis à relever aux-quels la soumettaient Zack, Susie et une foule d'autres gens, Blaise oublia les propos de son assistant... jusqu'au week-end suivant. Simon et elle étaient en train de débarrasser un placard des jouets d'enfant de Salima, afin qu'elle ait davantage de place pour ses affaires. Blaise se trouvait perchée sur un escabeau. À un moment, elle étendit le bras un peu trop haut et perdit l'équilibre. Simon la retint en l'attrapant ferme-ment par la taille... et ne la lâcha plus avant qu'elle ne se retrouve sur la terre ferme. Lorsqu'elle arriva à hauteur de son regard, le monde sembla s'immobili-ser autour d'eux. Ni l'un ni l'autre ne prononcèrent un mot, mais Blaise ressentit le même courant élec-trique que l'autre soir dans la cuisine. Elle tenta de se dire que c'était le fruit de son imagination... en vain. Simon soutenait son regard, il ne lâchait pas sa taille. Elle se sentit se rapprocher de lui impercepti-blement, mais il détourna soudain les yeux. Blaise ne savait pas comment caractériser cet instant et elle osait encore moins poser la question à Simon. Peut-être ne s'était-il rien passé. Tout en rangeant les vieux jouets de Salima dans les cartons, elle se dit que ce n'était rien, qu'elle avait rêvé. Mais une petite voix au fond d'elle-même lui affirmait le contraire. Lorsqu'elle se tourna à nouveau vers Simon, il était affairé et regar-dait ailleurs.

Cette fois encore, donc, ils firent comme si de rien n'était. Pour le dîner, Salima réclama des pizzas maison, que Simon réussissait à merveille. Il les accompagna d'une énorme salade, suivie d'un crumble aux pommes et de glace à la vanille maison, préparés avec des édulcorants. Simon suivait à la lettre le régime de la jeune fille, mais se débrouillait pour qu'elle n'ait pas l'impression de se priver.

Tandis qu'ils bavardaient et plaisantaient tous les trois après le repas, Blaise s'aperçut à nouveau à quel point ils étaient devenus proches. Mais non, elle n'était pas amoureuse, du moins elle ne le croyait pas. Elle s'était fait des idées lorsqu'elle avait ressenti, à deux reprises, cette espèce de courant électrique. Était-elle donc devenue une vieille folle, pour s'imaginer des choses pareilles ? Peut-être bien. Dans tous les cas, Mark avait raison, Simon était très bel homme. Mais elle voyait bien davantage en lui : sa générosité de cœur, ses valeurs morales, son honnêteté. Son physique n'était qu'une cerise sur le gâteau... Un gâteau auquel elle n'avait pas l'intention de goûter.

Comme un fait exprès, un coup de téléphone interrompit leur conversation ce soir-là, après que Salima eut regagné sa chambre pour écrire un message à une camarade. Grâce aux logiciels spécifiques dont elle disposait, la jeune fille pouvait converser sur Facebook comme tout un chacun, et elle s'en donnait à cœur joie.

À l'expression douloureuse de Simon lorsqu'il disparut dans sa chambre, son portable à l'oreille, Blaise devina qui était à l'autre bout du fil. Ainsi qu'il le lui avait expliqué, il ne répondait plus aux mails de son ancienne maîtresse, mais il lui arrivait de répondre à ses appels, en général tard le soir, alors qu'il était déjà couché.

Blaise, restée dans la cuisine, se remémora l'incident de l'après-midi, sur l'escabeau. Elle était convaincue maintenant que ce n'était qu'un instant volé entre deux personnes qui se sentaient seules. Ils ne finiraient pas ensemble pour autant. Et Blaise se demandait s'il se remettrait avec Megan quand tous deux réintégreraient l'école. Ils semblaient liés par une puissante attraction.

Il revint dans la cuisine cinq minutes plus tard.

— Je suis désolé, dit-il. Je lui ai demandé de ne plus me contacter. Elle m'appelle chaque fois qu'il lui met des claques. Ça me rend dingue. C'est tout de même à cause de ça qu'elle voulait le quitter depuis le début. Je lui ai dit mille fois d'aller aux réunions Al-Anon pour les proches de personnes alcooliques, mais elle ne veut pas en entendre parler.

— Ne t'excuse pas, dit Blaise. Tu ne me dois aucune explication.

Le désarroi de Simon était palpable, mais elle ne savait pas si cela signifiait qu'il aimait encore Megan, ou bien qu'il essayait de couper les ponts sans y parvenir. Megan ne lui facilitait pas la tâche en l'appelant constamment. Elle s'accrochait à lui comme si sa vie en dépendait... mais ne quittait pas son mari pour autant.

— Je ne lui répondrai plus, déclara Simon.

— Inutile de te culpabiliser. Tu sais, il m'arrive encore de prendre les appels d'Andrew, même si je le regrette à chaque fois. C'est un écho du passé et ça ne me fait aucun bien.

Blaise savait que c'était un peu différent pour Megan et lui : leur rupture était récente, la douleur à vif.

— Je crois qu'elle m'aime... En tout cas, elle le dit. Le problème est qu'elle aime aussi son mari, même si elle n'oserait jamais me l'avouer. C'est obligé, sans quoi elle ne serait plus avec lui au bout de trois ans de relation avec moi. Peut-être qu'elle est plus attachée à lui qu'à moi...

Il se sentait beaucoup mieux depuis qu'il était à

New York, loin d'elle et de sa vie troublée. Toutefois, il avait besoin de comprendre.

— Elle peut aussi être attachée à leurs souvenirs et à leurs enfants, remarqua Blaise. Il est parfois difficile de savoir pourquoi les gens s'obstinent à rester ensemble. Andrew trompe sa femme depuis des années et n'arrêtera sans doute jamais. Mais elle en prend son parti. Et puis, il y a les apparences à sauver... Je suis sûre qu'ils ne se sépareront pas. Même si leur couple n'est qu'une chimère.

— Moi, ça ne me suffirait pas, dit Simon, l'air anxieux. Je préfère être seul que mal accompagné.

— Méfie-toi de ce que tu souhaites. C'est ce que je disais, moi aussi, et regarde où ça m'a menée. Je suis une célibataire endurcie et le resterai sans doute jusqu'à la fin de mes jours. Tandis que toi, à ton âge, tu as encore plein de belles relations à vivre.

Blaise considérait que c'en était fini de sa vie amoureuse. Cette idée la rendait mélancolique, mais à bien des égards elle s'y était résignée et se disait qu'elle n'avait ni le temps ni l'énergie nécessaires pour ça. Qui aurait pu s'investir dans une relation tout en menant une carrière telle que la sienne ? Elle consacrait sa vie à News TV. C'est d'ailleurs ce que Harry lui avait reproché en son temps. Depuis, rien n'avait changé.

— J'ai dit à Megan que j'étais heureux ici, dit Simon, sortant Blaise de sa rêverie. C'est la vérité. J'aimerais trouver du boulot à New York pour l'année prochaine.

— Alors commence à chercher, l'encouragea Blaise. Il y a d'excellentes écoles pour aveugles en ville. Tu devrais envoyer des CV tant que tu es ici.

Blaise n'avait pas l'intention de garder sa fille à New York une fois que Caldwell aurait rouvert. Et cette dernière ne le réclamait pas non plus ; elle savait que ce n'était pas envisageable. Pour Simon, en revanche, New York offrait la chance d'un nouveau départ et Blaise pensait que cela lui ferait du bien.

Ils passèrent un week-end calme et détendu. Le dimanche soir, Blaise s'envola pour Los Angeles. Pat Olden, le député sur qui le jeune avait tiré à UCLA, n'était jamais sorti du coma et venait de succomber à ses blessures. Blaise tenait à assister aux funérailles le lundi matin, afin de lui rendre hommage à titre personnel. Dans l'après-midi, elle s'entretiendrait avec le directeur de l'université, puis elle en profiterait pour interviewer une étoile montante du cinéma et prendrait l'avion du retour le mardi en fin de journée. Simon avait promis qu'il s'occuperait de tout. Pour lui dire au revoir, elle le gratifia d'une bise, ainsi qu'elle faisait avec Salima.

— Appelle-moi s'il y a quoi que ce soit, lui dit-elle, alors qu'il l'aidait à porter son sac jusqu'à l'ascenseur.

— Bien sûr, ne t'inquiète pas, répondit-il en souriant.

Le tutoiement lui était venu sans réfléchir.

L'espace d'un instant, elle crut déceler dans son regard ce petit quelque chose qu'elle avait déjà surpris à deux reprises. Mais non. Il n'y avait rien. C'était son imagination ! Simon et elle étaient bons amis, rien de plus... Et cela leur suffisait amplement.

8

Les funérailles de Pat Olden furent déchirantes. Le politicien avait été abattu à quarante-trois ans, dans la force de l'âge, laissant derrière lui une femme qui l'adorait, quatre enfants formidables et une brillante carrière. Qui sait ? Il aurait peut-être accédé à la présidence un jour. C'était d'une injustice révoltante. La Première dame prononça un discours et le président, qui ne pouvait se rendre sur place, avait envoyé un message à la famille effondrée. Le bilan de la fusillade se portait désormais à dix-huit morts si l'on incluait le tueur. C'était une tragédie sans nom.

Dans l'après-midi, l'interview du président de l'université se passa extrêmement bien. La conversation porta principalement sur les dangers qui menaçaient les jeunes gens d'aujourd'hui, et sur le sentiment de désespoir qui s'abattait sur eux en raison de conditions économiques et environnementales stressantes. Le champ des possibles s'offrant à eux rétrécissait comme peau de chagrin. Le président adressa un message fort à tous les parents, pour les encourager à accorder un maximum d'attention à leurs enfants.

Le lendemain, Blaise passa la journée en compagnie de la jeune vedette de cinéma, ce qui donna à son voyage une touche finale plus gaie. La jeune femme était exubérante, sexy et drôle. À vingt et un ans, elle venait de remporter un Golden Globe. Blaise lui avait posé toutes les questions prévues, et l'actrice y avait répondu sans fard, ajoutant même spontanément quelques révélations croustillantes. Blaise adorait les interviews de ce genre, qui venaient interrompre de temps à autre la monotonie des sujets plus sérieux. Blaise était enchantée au moment de prendre le vol de nuit pour rentrer chez elle.

À son arrivée à New York, le lendemain matin, Tully la conduisit aussitôt à News TV, juste à temps pour son passage à l'antenne. Peu après, Simon l'appela pour lui dire que tout s'était bien passé en son absence.

— Tu dois être épuisée...

— Non, ça va. J'ai dormi dans l'avion. Mêmé si je dois dire que la traversée de l'Atlantique est plus reposante que celle des États-Unis.

Le trajet jusqu'à la côte Ouest ne durait que cinq heures trente, ce qui était un peu court pour une nuit de sommeil – même pour elle –, d'autant que les sièges de première classe ne se transformaient pas en couchettes. Blaise connaissait parfaitement la configuration de tous les modèles d'avions en circulation dans l'espace aérien.

Et comme si la journée n'avait pas été assez longue, elle dut encore assister à une réunion tardive ce soir-là. Heureusement, il n'y eut pas de mauvaise surprise. Si ce n'est que Susie se prenait pour la reine de l'univers. Mais ce n'était pas nouveau... La chaîne l'envoyait à Paris pour assister aux défilés de haute couture et enregistrer une émission spéciale sur la mode, mais aussi pour interviewer l'épouse du président français. Une mission de choix.

Blaise ne fut pas chez elle avant vingt heures. Salima, qui avait déjà mangé, était en train de téléphoner dans sa chambre. Simon avait gardé le dîner de Blaise au chaud. Il l'embrassa et la serra un instant contre lui, tout heureux de la retrouver.

— Je suis content que tu sois rentrée, dit-il d'une voix douce. Je m'inquiète pour toi.

— Merci, ça me touche, répondit Blaise. Moi aussi, je suis contente d'être rentrée.

Elle le pensait vraiment. Et puis elle s'inquiétait toujours pour Salima, dont la santé était si précaire. Cependant, elle savait que Simon, en qui elle avait maintenant une confiance totale, la surveillait de près. Et Teresa, la femme de ménage, était venue en renfort pendant son absence.

Tout en mangeant, elle lui raconta ce qu'elle avait fait à L.A. : les funérailles de Patrick Olden, l'interview du président de l'université et celle de la jeune star de cinéma. À la lueur d'excitation qui brillait dans ses yeux, Simon vit qu'elle avait apprécié son voyage, notamment sa journée en compagnie de l'actrice. Il ne se lassait pas de l'écouter raconter ses aventures. Ces gens célèbres n'existaient pour lui que sur papier glacé, alors qu'ils étaient le quotidien de Blaise.

Ils bavardèrent ainsi pendant quelques instants, puis Blaise se leva de table, déclarant qu'elle voulait prendre un bain avant de se coucher. Elle alla embrasser Salima et lui souhaita bonne nuit. Depuis que Salima et Simon habitaient avec elle, elle avait enfin l'impression que son appartement était un foyer, pour la première fois depuis qu'elle y avait emménagé. Salima chantait avec Lucianna ou vaquait d'une pièce à l'autre, Simon faisait la cuisine... Ces nouvelles habitudes de la maisonnée plaisaient tant à Blaise que, pour un peu, elle regrettait presque de devoir partir travailler chaque matin. Qu'il en soit conscient ou non, Simon avait donné un autre sens à leurs vies.

La semaine suivante, Blaise demanda à Simon ce qu'il comptait faire pour Thanksgiving et s'il était attendu chez ses parents à Boston. Il répondit sans l'ombre d'une hésitation qu'il restait à New York. Il savait qu'elle avait besoin de son aide et qu'elle serait dans l'embarras s'il prenait des jours de congé.

— Et puis, qui ferait rôtir ta dinde de Thanksgiving ? Je ne te fais pas confiance en cuisine ! En fait, j'ai déjà réservé la bête chez notre boucher. Ou plutôt, j'ai demandé à Salima de le faire. Elle n'était pas peu fière... Est-ce que tu as des invités ?

Blaise secoua la tête. D'ordinaire, elle se rendait à Caldwell pour voir Salima. Voilà onze ans qu'elle n'avait pas passé Thanksgiving chez elle. Cette année, elle s'envolerait pour Israël juste après le week-end festif. En attendant, elle se réjouissait à l'idée de passer ces quelques jours à se relaxer chez elle et à regarder la finale du championnat de football américain. Elle avait aussi acheté des billets pour un match des Rangers et en avait prévu un pour Simon à tout hasard : tout comme elle, il adorait le hockey sur glace.

— À propos..., dit Simon, avec un léger embarras qui ne lui ressemblait guère. Mes parents viennent voir des amis à New York pour Thanksgiving. Penses-tu que nous pourrions les inviter à prendre le thé à un moment donné ? Ma mère est l'une de tes plus grandes fans et mon père adorerait te rencontrer aussi. Si ça ne te paraît pas approprié, ne t'en fais pas, je peux leur donner rendez-vous quelque part en ville...

— Non, c'est une bonne idée, dit Blaise, curieuse de rencontrer les deux singuliers personnages que Simon lui avait décrits.

Au cours des deux semaines suivantes, Blaise fut plus occupée que jamais. Le mercredi soir, veille de Thanksgiving, Salima et elle allèrent allumer un cierge à l'église en mémoire d'Abby, avec qui elles avaient toujours célébré ce jour-là au cottage. Ce serait si étrange de passer les fêtes sans elle... Lorsqu'elles rentrèrent à la maison, plongées dans la mélancolie, elles trouvèrent Simon en cuisine, affairé à préparer des tartes pour le lendemain, selon des recettes adaptées au régime de Salima. Blaise tenta de chaparder une miette de croûte, mais Simon repoussa sa main.

— Ce n'est pas parce que tu es une star que tu as le droit de gâter mes tartes... Attention, ou je t'envoie au coin !

Sur ce, il sortit une belle tarte aux pommes du four et leur fit la surprise de leur en servir une petite part, accompagnée de sa glace à la vanille, aussi délicieuse que si elle contenait du vrai sucre. Il avait entrepris de rassembler un grand nombre de recettes adaptées aux diabétiques.

— Au fait, quand tes parents viennent-ils ? s'enquit Blaise.

Simon n'en avait plus reparlé depuis la dernière fois. Elle se demandait s'ils avaient changé d'avis.

— Vendredi, répondit-il en finissant la glace. Si tu es toujours d'accord, bien sûr. Je promets de ne les garder ici qu'une petite heure, ensuite je les jette dehors.

— Quelle charmante façon de traiter ses parents !
Pour ma part, j'ai vraiment hâte de les rencontrer.

— J'aimerais aussi qu'ils rencontrent Salima, si cela
ne l'ennuie pas trop.

— D'après ce que tu m'as dit, ils sont tout sauf
ennuyeux.

— C'est vrai, ennuyeux n'est pas le mot qui
convient. Exaspérants, peut-être. Horripilants. Excentriques. Dingues. Parfois, ma mère est surexcitée.
Alors mon père se contente de débrancher et de penser à autre chose. C'est leur *modus vivendi*.

— À quelle heure viennent-ils ?

— Je leur ai dit seize heures, si ça te convient.

— Parfait. Nous prendrons le thé ensemble.

Simon s'abstint de lui dire que sa mère préférait
le vin ou le champagne. Mais il avait déjà demandé
à cette dernière de se tenir correctement. Elle le lui
avait promis, même si Simon savait que cela ne voulait
rien dire dans sa bouche. Il espérait que l'après-midi
se déroulerait sans anicroche, que ce serait un de
ces bons jours où son père redescendait de la lune
et où sa mère ne se mettait pas à discourir pendant
des heures sur un sujet qui n'intéressait personne, tel
que l'importance des hortensias dans un jardin ou la
beauté des lilas blancs. Pire, elle risquait de leur lire
un de ses poèmes, ce qui les endormirait tous. Au fil
des ans, Simon avait accumulé avec ses parents un
certain nombre d'expériences insolites en société, mais
il était prêt à courir ce risque une fois de plus. Ils
mouraient d'envie de rencontrer Blaise. Son père trouvait que Simon avait beaucoup de chance de travailler
pour elle. Il espérait qu'elle proposerait à son fils un
contrat à durée indéterminée, puisqu'elle avait sans
doute les moyens de le payer davantage que l'école.

Le lendemain, ils passèrent une merveilleuse journée de Thanksgiving, grâce aux talents de cordon-bleu de Simon. Il avait préparé une excellente farce aux marrons, la dinde était dorée à souhait et accompagnée de délicieux petits légumes. En point d'orgue de ce festin, il servit la traditionnelle tarte au potiron, une deuxième aux noix de pécan et le reste de la succulente tarte aux pommes qu'ils avaient goûtée la veille. Dans l'après-midi, Blaise et lui regardèrent le football, acclamant leur équipe favorite à grands cris chaque fois qu'elle réalisait un *touchdown*. Simon s'amusait de la voir aussi passionnée. Après le dîner, il accompagna Salima au piano, puis ils se mirent à chanter tous ensemble. Ils s'accordèrent à dire que c'était leur meilleur Thanksgiving depuis des années.

— Ma mère a toujours pris Thanksgiving pardessus la jambe, confia Simon à Blaise tandis qu'ils débarrassaient.

Elle avait dressé le couvert dans la salle à manger, qui ne servait pratiquement jamais, avec ses plus beaux verres en cristal et ses plus belles assiettes en porcelaine, sur une nappe en dentelle héritée du trousseau de sa mère.

— Vu qu'elle est française, Thanksgiving n'a aucune importance pour elle. Elle condescend à le célébrer tous les ans, mais, en ce qui concerne le menu, elle fait preuve d'une certaine... créativité. Elle n'aime pas la dinde. Alors, une année, nous avons eu droit à des ortolans rôtis : ce sont des oiseaux que l'on sert avec la tête ; on s'apprête à les manger et, tout à coup, on voit leurs petits yeux qui nous regardent en face. Mon frère et moi, on a détesté. L'année suivante, elle a fait du homard. Ce doit être son esprit rebelle...

Je crois que je n'ai pas eu l'occasion de manger une vraie dinde de Thanksgiving avant d'être invité dans la famille d'un camarade de fac, chez qui j'ai enfin pu goûter aux plats habituels, au lieu des fantaisies de ma mère. Une fois, elle nous a servi de la truite ! dit-il en levant les yeux au ciel.

Blaise éclata de rire.

— Chez nous, c'était l'inverse : jamais une dérogation à la dinde, que mon père rapportait de la boucherie où il travaillait. Il nous réservait la meilleure du magasin, et elle était toujours beaucoup trop grosse pour une famille de trois personnes. Nous mangions les restes pendant une semaine !

Elle sourit à ce souvenir. Parfois, ses parents lui manquaient... Il y avait près de trente ans qu'ils avaient disparu. Sa vie actuelle leur aurait semblé totalement étrangère, mais elle était persuadée qu'ils auraient été fiers d'elle.

Ils restèrent un long moment à bavarder dans le salon. Simon n'avait plus l'impression d'être un employé. Il se sentait plutôt comme un invité, un ami de Blaise. Et chaque fois qu'ils se retrouvaient, ils discutaient des heures durant. Ce soir-là, il était minuit lorsqu'ils se souhaitèrent bonne nuit et allèrent se coucher.

Blaise se réveilla tôt le lendemain. Elle était en train de boire son café à la cuisine quand Simon se leva à son tour. Il ne paraissait jamais à la cuisine avant de s'être habillé, même s'il était encore à moitié endormi. Blaise appréciait cette marque de respect dans sa maison. Même les fois où elle l'avait croisé au milieu de la nuit, elle ne l'avait jamais vu en peignoir ou en pyjama. Depuis qu'il habitait chez elle, la cuisine était devenue le centre névralgique de l'appartement.

Simon y avait établi ses quartiers, toujours en train de cuisiner, de pianoter sur son ordinateur ou de bavarder avec Salima. Elle aussi avait pris goût à leurs interminables conversations.

Il se servit une tasse de café et s'assit, l'air préoccupé. Blaise se demanda si c'était à cause de Megan... Mais il n'en était rien.

— Je me demande si je n'ai pas commis une erreur en invitant mes parents. Ils peuvent être complètement marteaux, parfois. S'ils sont dans un mauvais jour, tu vas les détester. Moi-même, cela m'arrive régulièrement... J'ai toujours eu peur de les présenter à mes amis. Et ils ne se sont pas améliorés en vieillissant. Je dirais même qu'ils ont empiré : ils pensent que leur âge les autorise à faire et à dire tout ce qui leur passe par la tête, surtout ma mère. Hier, j'ai appelé mon père pour lui en parler, et il m'a dit que j'étais dingo. Il a peut-être raison.

— Ne t'inquiète pas pour ça, Simon. Ils me paraissent très amusants. Et puis, les parents des autres sont bien plus supportables... Ce ne sont pas les miens, donc je suis sûre qu'ils vont beaucoup me plaire. Pense à toutes les personnalités que j'ai interviewées ! Tu crois qu'elles étaient toutes normales et bien élevées ? Certaines se sont montrées franchement grossières, quelques-unes ont menacé de me frapper. Un jour, un mafioso a braqué son arme sur moi, m'accusant d'avoir insinué que sa femme le trompait. Je ne me suis pas démontée, je lui ai fait remarquer que c'est lui qui en parlait, pas moi. Alors, tu vois, quoi que tes parents fassent, ce ne sera rien en comparaison des drôles d'oiseaux qu'il m'est arrivé de croiser.

Blaise passa un bon moment à se demander comment

elle devait s'habiller pour l'occasion. Elle finit par se décider pour un pull en cachemire blanc, une jupe courte en cuir noir et un rang de perles. Il lui semblait que c'était un bon mélange de classique et de branché. Simon lui avait avoué qu'ils ne feraient sans doute pas d'effort vestimentaire particulier, au vu de leur excentricité. Apparemment, sa mère avait un faible pour les ponchos et les vêtements qu'elle rapportait du Mexique, tissés et teints à la main dans des couleurs vives par les Indiens, ou encore pour les vêtements vintage qu'elle trouvait dans les ventes aux enchères et les vide-greniers. Quoi qu'il en soit, ce ne serait sans doute pas ordinaire.

Simon fut doublement surpris. Pour commencer, eux qui n'avaient jamais été ponctuels de toute leur vie arrivèrent à seize heures précises. Et son père portait une cravate ! En l'occurrence, il l'avait nouée de travers, l'une des pointes de son col rebiquait vers le haut et les poignets de sa chemise dépassaient trop de ses manches de veste. Au final, il avait un air de grand dadais. Un bon sourire illumina ses yeux lorsqu'il serra la main de Blaise et de Salima. Blaise trouva aussitôt irrésistible ce vieux monsieur coiffé comme Einstein. On avait envie de le câliner ! Il était aussi grand que Simon, quoique un peu voûté, et malgré sa cravate et son col de guingois, il avait quelque chose de très distingué. Simon lui ressemblait beaucoup, à ceci près que ses yeux étaient noirs comme ceux de sa mère. Ceux de son père étaient bleus, ses cheveux blancs, et il ressemblait un peu à Gepetto, le père de Pinocchio, dans le dessin animé. Sa mère était encore très belle, avec ses yeux sombres et sa crinière poivre et sel. Ce jour-là, elle portait une robe bleu foncé bien sage, des chaussures plates et un sac Hermès Kelly en cuir marine. Simon ne lui avait jamais vu une allure aussi respectable. Pas de poncho, pas de chapeau de cow-boy ni de chaussures rouges à paillettes comme dans *Le Magicien d'Oz*, toutes choses dont il la savait parfaitement capable. Une collection de bracelets ronds – qu'elle avait acquis au fil du temps et avec lesquels elle dormait depuis trois décennies – dansait autour de son poignet. En les voyant, Blaise se remémora celui que le prince lui avait offert à Dubaï. Elle non plus ne s'en séparait pas. Il était à la fois simple et magnifique, c'était un fabuleux cadeau.

— Votre appartement est ravissant, déclara Isabelle Ward avec une moue, en prenant place sur le canapé.

Elle avait une très belle bouche, aux lèvres encore pleines et aux dents parfaites. On comprenait sans peine pourquoi le père de Simon était tombé amoureux d'elle. À dix-huit ans, ce devait être une véritable bombe. Blaise le dit à voix basse à Simon, tandis qu'ils apportaient le plateau à thé. Au salon, Salima racontait toutes les aventures qu'elle avait entreprises au cours des dernières semaines.

— Dis, Simon, le réprimanda sa mère, tu ne pourrais pas emmener cette jeune fille dans des endroits plus attrayants que la quincaillerie ou le bureau de poste ?

Pendant ce temps, son père dodelinait de la tête et souriait à la ronde. Il semblait ravi, d'autant que Simon lui tendait une tasse de son thé préféré. Cependant, sa mère avait repéré un objet insolite dans un coin de la pièce. Il s'agissait d'un crâne plaqué d'argent massif, que Blaise avait rapporté d'un voyage au Népal.

— N'est-ce pas déprimant, lâcha-t-elle, d'avoir ce genre de choses chez soi ? Pensez un peu à ce qu'a subi ce pauvre bougre avant de se retrouver dans votre salon... C'est un objet terriblement violent...

Sans transition, elle observa Blaise de plus près, essayant de déterminer si elle se teignait les cheveux ou si c'était leur couleur naturelle. Comme elle ne parvenait pas à trancher, elle lui posa la question.

— Non, c'est ma couleur naturelle, répondit Blaise avec un sourire chaleureux.

Salima éclata de rire, tandis que Simon jetait à sa mère un regard assassin, qu'elle ignora superbement.

— À votre âge, vous devriez avoir des cheveux gris. Les miens se sont mis à grisonner dès vingt-cinq ans. Vous faites des rinçages, au moins ?

C'était le type de conversation que l'on pouvait avoir avec son coiffeur ou une amie proche... Mais la mère de Simon ne craignait jamais de mettre les pieds dans le plat. Elle ne connaissait aucune limite et sautait par-dessus les convenances comme à une course de haies.

— Oui, en effet, j'ai recours au rinçage. Mais je suis gâtée, je n'ai que très peu de cheveux gris.

— Vous êtes-vous fait refaire les paupières ? Vos yeux sont splendides.

— Non, répondit Blaise en riant. Je ne suis peut-être pas aussi vieille que vous l'imaginez...

— J'ai lu quelque part que vous aviez cinquante-deux ans.

— J'en ai quarante-sept. Ça me suffit pour le moment ! dit Blaise avec simplicité, alors que la mère de Simon s'était approchée des rideaux pour les admirer.

— Très beau tissu, déclara-t-elle.

Simon était sur des charbons ardents : il priait pour qu'elle en ait fini avec tout ce qui concernait le physique ou l'âge de Blaise, qui était tout de même son employeur...

— Quelle couleur étrange, cependant... Elle doit donner un teint maladif si on s'assoit juste à côté.

Les rideaux, en effet, étaient d'un jaune un peu particulier, que Blaise trouvait à la fois original et élégant. La mère de Simon n'était pas de cet avis, apparemment. Blaise ne put s'empêcher de rire. Cette femme parlait sans aucune retenue et disait tout ce qui lui passait par la tête. D'ailleurs, elle repartit de plus belle :

— Votre jupe est très courte, mais vous avez des jambes fabuleuses. À propos, j'ai adoré votre interview du président français l'année dernière. Est-il aussi beau qu'il en a l'air à la télévision ?

Isabelle restait française de cœur.

— Encore plus, répondit Blaise en souriant, avant de se tourner vers son mari. Votre fils, monsieur, est un vrai cordon-bleu.

Mais celui-ci n'eut pas le loisir de répondre. Isabelle s'en chargea.

— Il est formidable, n'est-ce pas ? s'exclama-t-elle.

Elle enchaîna sur les divers mérites de ses deux fils, puis se remit à commenter le mobilier. Elle ajouta que Salima était très jolie.

Simon, cependant, semblait sur le point de mourir de honte. Son père, en revanche, conservait sa bonne humeur. Depuis trente-cinq ans, il était habitué à ce que sa femme fasse sensation partout où elle allait. Il l'aimait tout entière, y compris pour son exubérance et son indifférence à l'opinion des autres. Elle n'avait jamais eu peur d'être elle-même. Bref, elle l'enchantait depuis leur première rencontre, et il était le plus heureux des hommes. Pourtant, Isabelle ne lui épargnait pas ses commentaires acerbes. Elle qualifiait ses inventions de « ridicules », même si elle reconnaissait qu'elles étaient fort lucratives. Elles leur avaient permis d'acheter une très jolie maison, bien mieux que celles de la plupart des autres professeurs... ou même du président de l'université, ce qui semblait particulièrement important pour elle.

Elle demanda ensuite à Blaise quelles seraient ses prochaines interviews. Blaise expliqua qu'elle se rendrait en Israël avant Noël pour rencontrer le Premier ministre.

— Votre métier est passionnant ! Moi, je suis poète... Je suis sûre que Simon vous l'a dit. D'ailleurs, je vous ai apporté mon dernier recueil.

Elle l'ouvrit pour montrer à Blaise qu'elle le lui avait dédicacé, puis proposa de lui lire un de ses poèmes, ce qu'elle fit sans attendre de réponse. Salima s'évertuait à grand-peine à garder son sérieux. Blaise s'amusait bien, elle aussi.

Lorsque ses parents se levèrent pour partir, Simon ne put s'empêcher de pousser un soupir de soulagement : dans quelques minutes, il serait libéré ! Blaise, cependant, quitta un instant la pièce pour aller chercher leurs manteaux, et Isabelle en profita pour dire à son fils, l'air inquiet :

— Tu couches avec elle, j'en suis sûre. Elle est bien trop vieille pour toi !

— Premièrement, Blaise n'est pas vieille. Et deuxièmement, je ne couche pas avec elle. C'est une femme connue dans le monde entier. La dernière chose dont elle doit avoir envie, c'est de sortir avec un petit éducateur tel que moi.

— Ne dis pas de bêtises, tu es beaucoup mieux

qu'elle. Et puis, ton grand-père porte un titre de noblesse, pour l'amour du ciel !

Simon allait craquer... Sa mère dépassait les bornes.

— Je suis sûre qu'elle est amoureuse de toi, déclarat-elle d'ailleurs juste au moment où Blaise reparaissait.

Cette dernière feignit de n'avoir rien entendu et tout le monde se confondit en remerciements.

— Bon voyage en Israël ! J'espère que personne ne vous jettera de bombe. Ce serait fâcheux. N'est-ce pas, Simon ?

Sur ce, Isabelle Ward gratifia Blaise de deux bises : ses manières, tout comme son accent, étaient restées françaises malgré toutes ces années passées aux États-Unis.

Ils partirent enfin... Aussitôt la porte refermée, Simon tomba à genoux devant Blaise.

— J'implore ton pardon ! Ma mère aurait dû être bâillonnée à la naissance. Mon frère et moi avons voulu le faire des centaines de fois, mais mon père nous en a toujours empêchés. Il la trouve craquante, d'autant plus qu'il devient sourd et qu'il n'entend plus toutes ses bêtises. Je te jure que tu ne les verras plus jamais. Excuse-moi de les avoir invités. Je suis désolé pour les commentaires sur tes cheveux, tes rideaux, la longueur de ta jupe et tout ce qu'elle a dit d'autre... Oh, mon Dieu, il faut que je boive un coup !

Sur ce, il se releva et Blaise éclata de rire.

— Tu t'inquiètes pour rien : ils me plaisent beaucoup tous les deux. Et tu n'as pas à t'excuser, tu n'es pas responsable. Ton père est adorable et ta mère est très drôle. Elle ose dire tout haut ce que les autres pensent tout bas. Elle n'a pas froid aux yeux !

— Elle pense que nous avons une liaison, lâcha Simon, aussi mortifié que s'il avait quatorze ans.

171

— Et qu'est-ce qui lui laisse penser ça ?

— Aucune idée. Mais c'est une habitude chez elle. Elle passe son temps à annoncer qui est avec qui, que ce soit au sein de son cercle d'amis, ou au sujet de stars de cinéma qu'elle n'a jamais rencontrées. Elle se prend pour une voyante. Une fois sur un million, il lui arrive d'avoir raison. Rassure-toi, je l'ai détrompée.

— Tu lui as expliqué que ton pucelage ne craignait rien avec moi ? Je suis bien trop vieille pour te poursuivre de mes ardeurs... et je me ferais arrêter pour pédophilie.

— Ne dis pas de bêtises. Tu n'as qu'une dizaine d'années de plus que moi.

— Quinze, corrigea-t-elle.

Elle ne tenait pas à se vieillir, mais c'était la vérité.

— C'est une bagatelle. Mon père a vingt-deux ans de plus que ma mère. Quand ils se sont mariés, elle avait dix-huit ans, et lui, quarante.

— Les hommes peuvent se permettre ce genre de choses. Pas les femmes.

— Je ne suis pas d'accord avec toi. C'est vrai qu'on s'autorise en général davantage de commentaires quand la femme est plus âgée, mais je ne vois vraiment pas pourquoi. En plus, tu as l'air plus jeune que moi et tu es la personne la plus énergique que je connaisse. Tu ne parais vraiment pas ton âge...

— Ta mère non plus. Elle est superbe.

— Mais pourquoi diable n'est-elle pas sourde et muette ? Elle insulterait les gens en langue des signes et ils ne s'en rendraient pas compte. En tout cas, merci de te montrer si conciliante, Blaise... Je m'en veux de les avoir invités, j'aurais dû savoir que c'était une erreur. Et c'est un peu idiot de ma part, mais je voulais aussi vous les présenter, à toutes les deux.

Je suis très fier de mon père, même si ma mère m'a toujours fait mourir de honte !

— Quelqu'un m'a dit un jour qu'être adulte, c'est aussi accepter ses parents tels qu'ils sont, avec tous leurs défauts.

— C'est un projet ambitieux quand on connaît ma mère. Je doute d'être adulte un jour, alors !

Ils passèrent à la cuisine, où Blaise sortit une bouteille de vin. Elle lui en servit un verre. Il lui adressa un regard plein de gratitude en buvant la première gorgée.

— Merci pour ta patience et ta compréhension... et pour le vin. Tu n'aurais pas un peu de Valium pour aller avec ?

— Arrête... Ta mère est géniale.

Il la regarda avec une expression étrange. Soudain, elle se demanda si ce qu'avait dit Isabelle sur eux n'était pas prémonitoire. Cette délicieuse excentrique était peut-être réellement douée de double vue... Car là, à cet instant, Blaise n'avait plus envie que d'une chose : prendre Simon dans ses bras et le consoler. Était-elle amoureuse ? Et lui, l'aimait-il ? Et s'ils entamaient une relation, que se passerait-il ? Les parents de Simon seraient horrifiés, le monde entier se moquerait d'eux – d'elle, en tout cas. Tandis que toutes ces pensées traversaient son esprit, Simon ne la quitta pas des yeux. Elle rejeta cette idée folle, se servit un verre de vin et tenta de penser à autre chose... en vain. Le jeune homme l'attira alors à lui et la prit dans ses bras. Ils restèrent immobiles, silencieux, enlacés.

9

Il fallut à Simon toute la journée du lendemain pour se remettre de la visite de ses parents. Blaise ne cessait de le rassurer : Isabelle ne pensait pas à mal et elle-même n'avait pris aucun ombrage de son franc-parler.

Pour la remercier, Simon lui concocta un dîner exceptionnel, avec un filet de bœuf chateaubriand et des asperges à la sauce hollandaise. Après que Salima eut quitté la table, Simon ne put s'empêcher de revenir à la charge :

— À l'époque où j'étais étudiant, ma mère m'a demandé si j'étais homo, parce que je ne lui avais jamais présenté de petite amie. En réalité, je ne voulais pas qu'elle leur fasse peur ! dit-il en dégustant le bon vin qu'il avait acheté pour accompagner le repas.

— Et comment l'as-tu convaincue du contraire ? demanda Blaise, amusée.

— Je l'ai rassurée en couchant avec toutes les filles de ses copines.

— En effet, c'est imparable.

Pour sa part, Blaise n'avait besoin d'aucune preuve...

— Je pense encore à ce qu'elle m'a dit hier avant

de partir : qu'elle nous soupçonnait d'avoir une relation…

— Elle te tuerait si c'était le cas ! Elle pense que je suis trop vieille pour toi et c'est la stricte vérité.

— N'importe quoi… Ton âge n'a aucune importance. Mais moi, que pourrais-je bien t'apporter ? Tu as tout ce que l'on peut désirer : une carrière fabuleuse, tous les biens matériels dont tu peux rêver. Et puis tu as Salima. Qu'est-ce que je pourrais te donner de plus ? Rien du tout !

Depuis la veille, il ne cessait de ruminer ces pensées.

— Tu es toi, dit Blaise. Je ne demande rien d'autre. Je n'ai jamais dépendu de personne et je n'attends d'un homme que son amour. Et tu as déjà considérablement apaisé et enrichi ma vie. Tu es merveilleux avec Salima, tu lui as fait faire des progrès incroyables. Et même pour moi, tu t'inquiètes, tu veux savoir comment s'est passée ma journée, comment je vais et tu attends vraiment la réponse. Tu prends soin de moi… tu me nourris ! C'est plus qu'aucun homme ne m'a jamais donné, même ceux que j'ai épousés. Par toi-même, tu es un cadeau. Je suis peut-être folle, mais j'avoue que j'ai senti quelque chose d'étrange passer entre nous ces derniers temps, comme une espèce de courant électrique.

« Toutefois, je ne suis pas en train de suggérer que nous devrions nous mettre ensemble. D'ailleurs, si cela devait arriver, ce serait plutôt à moi de me demander ce que je pourrais t'apporter. Par exemple, je suis sûre que tu voudras des enfants un jour et moi, je suis trop âgée pour ça. Techniquement, ce serait peut-être possible – quoique probablement avec assistance médicale. Mais je me sens trop vieille pour vivre cette aventure-là une fois de plus. La maladie de Salima et sa cécité m'en ont fait passer l'envie. Or personne n'a le droit de te priver d'une telle joie. Il te faut une compagne qui te donnera des bébés, ce qui m'exclut de la liste des candidates.

— J'avoue que j'ai toujours rêvé d'avoir un ou deux enfants, déclara Simon. Oh, pas quatre comme mon frère, c'est vraiment trop... Deux, ce serait bien. Ou alors un seul, mais il faudra qu'il soit vraiment génial !

— Tu vois, je ne suis pas en mesure de t'apporter ce que tu veux.

Blaise savait qu'il n'y avait aucun espoir : il désirait des enfants, ce qui était son droit le plus légitime... Mais ce serait sans elle. Simon hocha tristement la tête. Il avait anticipé cette réaction de sa part : la responsabilité d'avoir un enfant malade l'avait traumatisée.

— Pourquoi abordons-nous un tel sujet, au juste ? demanda-t-il en la regardant droit dans les yeux. Moi aussi, j'ai ressenti ce courant électrique dont tu parles. J'ai eu envie de t'en parler, mais j'avais peur que tu me prennes pour un fou. Il se passe quelque chose entre nous, Blaise. Tu le sais aussi bien que moi, nous ne pouvons pas nous voiler la face indéfiniment. Chaque fois que je te vois, j'ai envie de te serrer dans mes bras. Ma mère n'est peut-être pas aussi dingue qu'elle en a l'air, après tout.

De peur que Salima ne les entende, ils avaient baissé la voix. Ce qui se tramait entre eux avait mûri pendant des semaines et Simon voulait tout mettre à plat.

— Alors on ne va quand même pas s'en tenir

177

là, si ? reprit-il. Au seul prétexte que tu ne veux pas d'enfants… Ce serait absurde.

— Non, ce n'est pas absurde. Tu veux des enfants, moi non.

— C'est ton dernier mot ?

— Oui. Nous ne devrions même pas parler de ça…, dit-elle doucement.

Mais la boîte de Pandore était ouverte. Et Blaise s'apercevait que Simon exerçait sur elle une attraction de plus en plus irrésistible. Une raison de plus, pour elle, de ne pas aller plus loin.

— Nous ne pouvons être qu'amis, argua-t-elle. Sinon, tu me briseras le cœur le jour où tu partiras avec une femme plus jeune. Il vaut mieux que nous en restions là, quels que soient nos sentiments.

— Penses-tu vraiment que les sentiments peuvent être niés ? Les histoires d'amour n'arrivent-elles pas spontanément ?

— Je ne le crois pas. Comme moi, tu t'es déjà brûlé les ailes. Dans la vie, des choix s'imposent, il faut se garder de faire ce que nous désapprouvons et qui ne correspond pas à nos valeurs. J'ai quarante-sept ans et je ne veux plus d'enfants. Toi, tu es jeune, tu y as droit. Je ne sais même pas si je pourrais encore tomber enceinte. Et tu regretterais toute ta vie de ne pas être père. Simon, je ne peux pas te faire une chose pareille.

— Je t'en prie ! dit-il d'un ton sévère. Tu n'es pas en train de négocier un contrat avec le patron de ta chaîne. Je me fiche bien de ton âge, ou de savoir si tu veux des enfants. Je t'aime. J'aime ton esprit, ton cœur, tes valeurs, ta façon de penser. J'aime ta bonté et ton intégrité. Tu es tout ce que je désire et tout ce que j'admire. Je me fiche de savoir si tu peux tomber enceinte ou non. Blaise... je t'aime.

Sans un mot de plus, il la prit dans ses bras et plaqua sa bouche contre la sienne. Elle eut l'impression que le plafond explosait, découvrant le ciel à perte de vue... Ils s'embrassèrent pendant une éternité. Alors, elle sut que tout ce qu'elle venait de dire était sans importance : ce qu'il avait ou non à lui offrir, les enfants qu'elle pourrait ou ne pourrait pas lui donner... Ils s'aimaient et il n'y avait rien d'autre à ajouter. Il prit son visage en coupe et l'embrassa à nouveau. Lorsqu'ils reprirent leur souffle, ils se sourirent avec une tendresse infinie. Isabelle Ward avait vu juste : ils étaient amoureux, en dépit de tous les obstacles et de leur différence d'âge. Ils s'aimaient, c'est tout ce qu'ils savaient. Pour le reste, ils verraient bien...

10

Une fois avouée, l'attirance entre Simon et Blaise se révéla plus forte de jour en jour, tel un génie échappé de sa lampe. Les regards qu'ils échangeaient d'un bout à l'autre de la pièce – et que Salima ne pouvait pas voir – étaient parfois si intenses qu'ils n'arrivaient plus à parler – ce dont Salima s'apercevait. C'était une sensation enivrante, à laquelle ils résistaient pour le moment. Le moindre contact accidentel, le moindre frôlement de mains ou d'épaules attisait les braises. Et cet incendie les réchauffait jusqu'au fond de l'âme.

Chaque soir, Simon attendait Blaise avec fébrilité. Il scrutait son visage pour savoir si elle était stressée ou si elle avait été soumise à de nouvelles confrontations. Il souriait de ses victoires et riait de ses descriptions exaspérées de Susie Quentin. Personne n'avait jamais apporté à Blaise un soutien aussi solide et bienveillant.

Et après que Salima s'était couchée, ils restaient à la cuisine pendant des heures pour parler de la vie, de la candidature de Simon auprès de différentes écoles, ou bien des inquiétudes de Blaise au sujet de sa fille. Leur amour avait éclos spontanément, le plus pur que l'on puisse imaginer, nourri par ce qu'ils partageaient. Plus ils tentaient d'y résister, plus leurs liens se resserraient. Et, même s'il refusait de l'admettre, Simon se montrait de plus en plus possessif...

Un jour, alors qu'ils venaient de finir de dîner et que Salima était encore à table avec eux, le portable de Blaise sonna : c'était Andrew. Elle sortit de la pièce pour prendre l'appel dans son bureau. Andrew était en déplacement à San Francisco, et elle comprit qu'il profitait du fait d'être loin de sa femme pour lui parler à son aise. Avec le décalage horaire, la journée se terminait à peine sur la côte Ouest : il devait tout juste sortir de réunion.

— Comment vas-tu ? demanda-t-il, d'humeur joviale.

Il avait dans la voix ces intonations juvéniles et charmeuses qui l'avaient séduite autrefois.

— Je pensais à toi, bébé... J'ai entendu dire que Susie Quentin t'en faisait voir de toutes les couleurs.

Blaise ne fut pas dupe. C'était encore un de ces coups bas dont il avait le secret pour l'irriter et se rendre intéressant.

— C'est pour ça que tu m'appelles ? Qu'est-ce que tu espères ? Qu'elle prenne ma place ?

— Bien sûr que non, chérie. Tu sais que je m'inquiète pour toi. N'empêche que tu dois accuser le coup...

— Pas vraiment, non, dit-elle d'un ton aussi détaché que possible. Tôt ou tard, elle se prendra les pieds dans le tapis. Et toi, pourquoi es-tu à San Francisco ?

— Des réunions, rien de spécial. Pour Noël, nous partons au Mexique. Et toi, tu fais quoi ?

— Je reste ici avec Salima. Elle est à la maison depuis octobre. Il y a eu un cas de méningite dans son école, et elle est fermée pour trois mois.

— Oh, alors je suppose qu'Abby est avec vous ?

— Non. Elle est morte.

Un silence gêné s'ensuivit et Andrew n'osa pas demander qui la remplaçait.

— Tu me manques, Blaise, murmura-t-il d'une voix rauque et mélodramatique.

On aurait dit un mauvais acteur. Elle n'en croyait pas un mot et avait hâte de raccrocher : il était ridicule et, en plus, il lui sapait le moral.

— Tu m'en vois navrée, lâcha-t-elle.

— Et toi ? Tu es heureuse ?

Andrew sentait que quelque chose avait changé dans la voix de Blaise...

— Tout va très bien. Je ferais mieux de retourner dîner. Merci d'avoir appelé.

Qu'aurait-elle pu dire d'autre ? « Merci de m'avoir trahie » ? « Merci de m'avoir brisé le cœur et de continuer à me harceler quand tu t'ennuies » ?

— Pourquoi es-tu si froide, Blaise ? Je t'aime encore, moi.

Elle aurait voulu lui crier : « Menteur ! Tu ne m'as jamais aimée ! » Au lieu de quoi elle se contenta de lui dire au revoir et de raccrocher. Andrew n'était qu'une relique de son passé, un vestige de sa vie amoureuse. Pour elle, il était mort. Il ne lui restait plus qu'à l'enterrer.

Elle regagna la cuisine, de très mauvaise humeur.

Simon finissait de charger le lave-vaisselle. Il lui adressa un regard sombre, puis s'assit avec une tasse de thé. Contrairement à son habitude, il n'en avait pas préparé pour elle.

— Pourquoi est-ce que tu lui parles encore, à ce type ?

À son intonation, et au fait qu'elle était sortie pour téléphoner, Simon avait très bien compris quel était son interlocuteur. Parler à Andrew devant Simon aurait pour Blaise quelque chose de profondément humiliant : il était le symbole d'une défaite.

— Je ne le fais presque plus, se défendit-elle. Moi aussi, je me demande pourquoi. Peut-être par habitude... Ou pour prouver qu'il ne m'atteint pas.

— C'est toi qui le dis, ça ! Je vois bien qu'il t'atteint, au contraire. Il te donne l'impression d'être une moins que rien, je le lis dans tes yeux. C'est du masochisme pur et simple ! s'emporta Simon.

— Peut-être, mais c'est humain. Je ne prétends pas être parfaite. J'essaie de me sortir de ce casse-tête depuis que je l'ai quitté. Ça prend du temps.

— Quatre ans ? C'est de la folie !

— Excuse-moi. Je suis désolée si je t'ai fait de la peine. Je n'ai plus rien à voir avec lui. Il ne m'appelle presque plus et je ne lui réponds même pas à chaque fois.

— Alors pourquoi ce soir ? Est-ce qu'il te manque ?

— Non, pas vraiment. Pas du tout, en fait, et certainement pas depuis que tu es ici. En deux mois, je n'ai pas pensé à lui une seule fois. Ce n'était pas le cas avant. J'ai été très longtemps très seule dans ce grand appartement, Simon. Je n'ai eu personne pendant des années.

— Tu es mieux seule qu'avec un type comme lui.

— Je le sais, reconnut-elle.

Simon leva les yeux et la regarda d'un air bizarre.

— Est-ce que tu te remettrais avec lui s'il essayait de te reconquérir ?

— Non, répondit-elle sans l'ombre d'une hésitation.

— Alors pourquoi continuer à lui parler ?

— En souvenir du bon vieux temps. Je suis bien amie avec Harry !

— Peut-être, mais tu n'es pas amie avec Andrew. C'est un connard. Et avec Harry, c'est différent, vous avez une fille ensemble...

— Je ne voulais pas te froisser, dit-elle doucement.

Alors qu'ils ne sortaient même pas ensemble, Simon était jaloux... Leur amour venait à peine d'éclore, elle avait encore besoin de s'adapter. Mais en réalité, Andrew ne menaçait en rien ses sentiments pour lui.

— Tu parles bien à Megan... Tu me l'as dit toi-même.

— Le moins possible, dit-il, sur la défensive. Et puis nous ne sommes séparés que depuis deux mois, pas quatre ans !

Tout à coup, il paraissait très jeune et immature.

— Sauf que toi, tu n'exclus pas de te remettre avec elle. Tu m'as bien dit que tu attendrais de la revoir à Caldwell pour prendre ta décision. J'ai plus de raisons que toi de m'inquiéter ! Si ça se trouve, tu retourneras vers elle comme un boomerang dès que tu remettras les pieds à l'école, dit-elle sans rancœur.

Tous deux savaient qu'ils n'avaient aucun droit l'un sur l'autre et Blaise essayait désespérément de se raisonner. S'engager dans une relation vouée à s'arrêter était tout sauf souhaitable : elle avait assez souffert par le passé.

— Je ne me remettrai jamais avec elle, dit-il, lugubre, en vidant sa tasse de thé. Je n'aurais jamais dû sortir avec une femme mariée...

— Et si elle divorce ?

— Elle ne le fera pas.

À cet instant, leurs yeux se rencontrèrent et, mû par un élan irrésistible, Simon l'embrassa. Blaise lutta contre la montée de son désir… Elle se devait d'être raisonnable.

Les jours suivants, ils ne parlèrent plus d'Andrew ni de Megan. Noël approchait, et Simon emmena Salima choisir ses cadeaux. La jeune fille avait des idées très arrêtées sur ce qu'elle voulait. Elle choisit un superbe sac en cuir pour Lucianna, dans lequel la cantatrice pourrait transporter ses partitions. Cela serait quand même plus chic que dans ses sacs en papier ou ses chemises aux coins cornés. Elle ajouta un flacon de Chanel n° 5, dans l'espoir de la faire changer de parfum, ce qui fit bien rire Simon. Avec le reste de son argent de poche, elle acheta un bracelet pour sa mère chez Barneys, sur Madison Avenue. Il s'agissait d'un jonc en ivoire ancien et Salima estima qu'il plairait beaucoup à sa mère quand Simon le lui décrivit. De retour à la maison, Simon lui suggéra de confectionner elle-même tous les paquets-cadeaux et elle s'en acquitta à la perfection. Blaise et elle avaient choisi pour le jeune homme une écharpe en cachemire et une paire de gants en cuir.

Quinze jours avant Noël, ce fut Simon qui demanda à Salima de l'accompagner et de le conseiller pour acheter les cadeaux de ses parents. Pour sa mère, elle choisit un pull en cachemire, d'une douceur incomparable contre sa joue. Simon l'informa qu'il était blanc et, en fin de journée, ils achetèrent un sapin pour en faire la surprise à Blaise. Le lendemain, pendant la leçon de Salima, Simon et Blaise entreprirent de le décorer. Simon avait branché la guirlande électrique et descendu du placard les cartons de décorations, auxquelles s'ajoutaient quelques nouveaux sujets achetés la veille. Ayant presque achevé leur œuvre, ils décidèrent de s'offrir un chocolat chaud à la cuisine.

Ils s'étaient bien amusés et bavardaient à bâtons rompus. Blaise portait un jean et une chemise à carreaux élimée, Simon un vieux sweat-shirt de Harvard qu'il ne mettait que le week-end. Alors qu'il venait de poser les tasses fumantes sur la table, il se retourna et tomba nez à nez avec Blaise, qui apportait un paquet de marshmallows pour agrémenter leur chocolat. Elle lui en fourra un dans la bouche. Simon se mit à rire et la serra dans ses bras, son regard plongé dans le sien. Ils entendaient Salima chanter dans le salon. Elle en avait encore pour deux bonnes heures avec Lucianna et ne viendrait pas les déranger... Il l'embrassa. Blaise jeta le paquet sur la table, passa les bras autour de son cou et répondit à son baiser avec fougue. Tout à coup, ils ne parvinrent plus à s'arrêter, à lutter contre cette puissante vague de désir qui n'avait cessé de monter au cours des dernières semaines. Leurs mains affamées exploraient chaque millimètre de peau, incroyablement lisse et douce sous le sweat-shirt et la chemise de flanelle, et leur baiser semblait ne jamais devoir s'arrêter. Lorsqu'ils reprirent enfin leur souffle, ils comprirent que rien ne pourrait plus entraver leur passion. Sans un bruit, ils se glissèrent jusqu'à la suite de Blaise. Elle donna un tour de clé, puis Simon la suivit jusqu'à sa chambre à coucher. Du bout du pied, elle repoussa doucement la porte pendant qu'ils se déshabillaient l'un l'autre, avant de plonger sous les draps... La chambre était baignée d'une délicieuse pénombre ; dehors la neige commençait à tomber. Leur passion était si intense que tout fut fini en quelques minutes. À bout de souffle, ils restèrent allongés à se regarder, dans ce grand lit confortable qui venait de devenir le leur.

— Mon Dieu, qu'avons-nous fait ? murmura Blaise.

— Je n'ai aucun remords, dit Simon, la voix étranglée d'émotion. Et j'espère que toi non plus. J'avais tellement envie de toi... Je t'aime, Blaise.

Dans leur fougue, ils n'avaient pas utilisé de préservatif. À dire vrai, il y avait peu de chance que Blaise tombe enceinte à son âge, et puis, côté MST, Simon était resté dans une relation stable au cours des trois dernières années...

— Moi aussi je t'aime, dit-elle en l'attirant à elle pour l'embrasser.

Un parfum musqué régnait dans la pièce. Blaise ferma les yeux tandis que Simon la serrait dans ses bras. Avec lui, elle se sentait totalement protégée.

— Je sais avec certitude que nous sommes faits l'un pour l'autre, murmura-t-il. Notre relation va peut-être paraître ridicule aux autres, mais ça m'est bien égal. Tu es tout ce que je peux désirer.

Blaise pria pour que l'avenir lui donne raison.

— Moi c'est pareil : je ne désire que toi, Simon.

Ils auraient pu rester ainsi des heures, à regarder la neige tomber par la fenêtre, mais Salima aurait bientôt fini sa leçon. Ils se levèrent à regret, se douchèrent, s'habillèrent et refirent le lit. Ils étaient sur le point de quitter la chambre, quand Simon se mit à rire.

— Qu'y a-t-il ? s'étonna Blaise.

— Tu as mis ta chemise à l'envers. Fais attention : Salima est capable de sentir que les coutures sont à l'extérieur !

En attendant que leur relation soit assez solide, ils voulaient rester prudents. Tout cela était encore si neuf... Leur jardin devait rester secret.

Elle ôta sa chemise et la remit à l'endroit, tandis que Simon admirait ses courbes parfaites. Blaise ne se souciait plus de Megan ou des enfants que Simon pourrait désirer. Elle jouissait juste de ce qui lui était offert pour le moment.

Le premier, Simon regagna la cuisine, suivi de Blaise quelques minutes plus tard. Il jeta le chocolat refroidi, ouvrit une bouteille de vin et lui en tendit un verre.

— Nous fêtons quelque chose ? murmura-t-elle.

Il sourit et acquiesça lentement. Il y avait tant à célébrer… Leurs vies venaient de prendre une nouvelle dimension.

Par la suite, leur quotidien changea de façon imperceptible. Ils n'avaient plus autant besoin de se parler ; il leur suffisait d'un regard pour se comprendre. À la moindre occasion, ils s'approchaient l'un de l'autre, s'embrassaient, s'effleuraient la main ou la joue… Et tard le soir, après que Blaise avait vérifié une dernière fois la pompe à insuline de Salima endormie, Simon la rejoignait dans sa chambre. Une délicieuse routine s'instaura. Toutes les nuits, ils faisaient l'amour et dormaient dans les bras l'un de l'autre jusqu'à ce que sonne le réveil. À cinq heures, Simon préparait le café de Blaise et regagnait sa propre chambre pour la laisser lire les journaux.

— Je ne veux pas que nous nous cachions toute notre vie, lui assura Blaise. Mais il vaut mieux que nous trouvions notre rythme de croisière avant d'affronter la réaction de Salima ou les commentaires de la presse. Inutile de compliquer la situation trop vite.

Ainsi, malgré les puissants élans de passion qui les traversaient, Salima ne se doutait de rien. Une fois ou deux, alors qu'ils se regardaient sans un mot, elle demanda pourquoi personne ne disait rien, mais elle était loin de soupçonner ce qui se tramait. Seule la mère de Simon, avec son sixième sens typiquement français, semblait les avoir percés à jour. Simon l'avait eue au téléphone pile le lendemain de sa première fois avec Blaise.

« Alors, comment va ta célèbre patronne ? lui avait-elle demandé d'un ton pincé.

— Très bien, pourquoi ?

— Elle veut te mettre le grappin dessus, tu sais !

— Maman, je t'en prie... C'est une femme très occupée, nous avons à peine le temps de nous parler. Et je suis sûr qu'elle a un million de prétendants, bien plus importants que moi.

— Tu es jeune, c'est pour cela qu'elle te veut. Elle ne rêve que d'une courte aventure, ensuite elle te jettera comme une vieille chaussette.

— Pour l'amour de Dieu, vas-tu te taire, maman ? Blaise et moi ne couchons pas ensemble et elle ne me jettera pas comme une vieille chaussette !

— Ha ! Je le savais : tu couches avec elle ! Je l'entends dans ta voix !

— Je refuse de continuer cette conversation. Dis-moi plutôt ce que papa et toi faites pour Noël.

— Nous allons chez David. Et nous avons des billets pour Beethoven le lendemain : la *Neuvième Symphonie*, ma préférée. Et toi, tu restes à New York ?

— Bien sûr, je travaille. Je ne peux pas quitter Salima.

— Sa mère ne pourrait-elle pas s'occuper d'elle cinq minutes ? Au moins le jour de Noël ! Ce serait bien que tu puisses venir à Boston.

— Impossible. Salima a besoin d'un monitoring constant à cause de son diabète.

— Je ne vois pas pourquoi c'est toujours à toi de le faire. »

En l'occurrence, ce n'était pas le cas, puisque Blaise vérifiait la pompe de Salima la nuit, mais Simon s'abstint de le préciser.

« Cette femme est dangereuse, dit Isabelle. Si tu la laisses faire, elle te dévorera.

— Tu es incorrigible, maman ! J'en ai assez entendu, au revoir. »

Il raccrocha en se promettant de ne plus la rappeler avant les fêtes.

Quelques jours plus tard, Blaise lui ménagea une belle surprise. À l'approche de Noël, les soirées festives se succédaient en ville. Par pure conscience professionnelle, Blaise avait déjà assisté à celle de News TV, qui l'ennuyait toujours prodigieusement, mais elle avait décliné plusieurs invitations à des cocktails. Elle n'aimait pas être en représentation et préférait les soirées en petit comité chez ses amis intimes, qu'elle comptait sur les doigts de la main.

Ce soir-là, alors que Salima répétait avec Lucianna après le dîner, Blaise posa devant Simon un superbe bristol rouge et or de chez Tiffany. Simon reconnut aussitôt le nom de l'hôte. Adam Lancaster était un écrivain très célèbre que Blaise avait interviewé récemment, auteur de nombreux best-sellers et scénarios de films. Il conviait la journaliste à une fête le lendemain dans sa luxueuse maison new-yorkaise, à cinq rues de l'immeuble de Blaise.

— Il vient de se marier, sa femme doit avoir à peu près ton âge, expliqua-t-elle. Lui, il a dépassé la soixantaine, mais il fréquente beaucoup de jeunes gens et connaît du beau monde. Ce serait sympa d'y aller, tu ne crois pas ?

— Oui, je suis sûr que tu vas t'amuser, acquiesça Simon, heureux pour elle.

— Pas *moi*. *Nous*. J'aimerais que tu m'accompagnes.

— Je serai ton cavalier ? demanda-t-il, stupéfait.

— Peu importe le mot. Cavalier, escorte, ami...

Elle espérait bien le présenter comme son partenaire ou son petit ami dans un avenir proche. En attendant, elle avait juste envie de sortir avec lui et lui prouver qu'elle n'essayait pas de le cacher. Blaise n'avait aucune idée de ce que les gens diraient ou penseraient d'elle. Mais elle voulait offrir un galop d'essai à sa relation toute neuve et voir ce qu'elle ressentirait à se montrer en public à son côté... Simon accepta, un peu nerveux mais très touché.

— Tu es sûre ? Tu ne seras pas gênée qu'on nous voie ensemble ?

— Tu plaisantes ? Tu es dix fois plus brillant que n'importe lequel des convives de cette soirée, hormis peut-être Adam Lancaster lui-même, qui est un vrai génie. Mais tu es plus intelligent, plus beau, plus intéressant et sacrément plus drôle et sympathique qu'aucun autre d'entre eux.

— Alors à quoi bon y aller ? plaisanta-t-il.

— Pour me pavaner à tes côtés !

Simon rayonnait, extrêmement flatté. De plus, il avait hâte de rencontrer le cercle de personnalités qu'elle lui avait décrit.

Le lendemain, après le départ de Lucianna et Salima – les deux chanteuses allaient assister à un concert et Blaise avait demandé à Simon de ne pas mentionner cette soirée à sa fille –, Blaise revêtit un manteau noir sur une robe de cocktail rouge, courte et sexy. Simon portait un costume anthracite, une chemise blanche et une cravate marine. Il en imposait autant qu'un avocat ou un médecin et se fondrait sans peine parmi les invités. À dix-neuf heures, elle sortit de l'immeuble à son bras. Elle avait demandé à Tully de les y conduire, car le froid était mordant. Elle ne voulait pas s'aventurer sur le verglas en talons hauts ni arriver chez Adam Lancaster le nez rougi et les cheveux ébouriffés par la bise. Le chauffeur ne montra pas le moindre signe de surprise en voyant Simon avec elle, si élégant en costume sombre et manteau bleu bien coupé.

À leur arrivée, la fête battait déjà son plein. La maison d'Adam, en plein cœur de Manhattan, était spectaculaire. La salle de séjour, entourée d'une galerie au premier étage, était pleine d'objets précolombiens et d'œuvres d'art moderne. En entrant, Blaise et Simon ne remarquèrent pas moins de trois Picasso et un Fernand Léger. Simon se sentit tout de suite comme un poisson dans l'eau. Elle le présenta à la toute nouvelle épouse du maître des lieux, une jolie jeune femme que Simon reconnut aussitôt : elle avait été à Harvard plus ou moins en même temps que lui. Ils se connaissaient juste de vue, mais avaient des amis communs. Simon bavarda longuement avec elle, avant de se tourner vers un photographe qu'il avait toujours rêvé de rencontrer. Quant à Blaise, elle était en grande conversation avec la rédactrice en chef de *Vogue*.

C'était un groupe éclectique et animé, qui rassemblait tout le gratin médiatique et culturel de New York. Blaise chercha leur hôte pour le saluer et le présenter à Simon. Et chaque fois qu'elle croisait une connaissance, elle l'introduisait comme « Simon Ward, un ami ». Personne ne chercha à savoir si c'était son petit ami, son meilleur ami, son escorte, son fils ou son neveu, si elle couchait avec lui ou s'il était gay. Ils s'en fichaient. Et aucun ne paraissait choqué de les voir ensemble. Ils étaient superbes tous les deux, elle dans sa robe rouge, lui dans son costume gris. Simon s'entretint longuement avec le maître des lieux. Comme c'était plaisant de quitter la bulle de l'appartement pour évoluer dans un monde d'adultes ! D'autant plus que Blaise fréquentait des gens d'un certain niveau. Quand ils apprenaient que Simon était éducateur spécialisé, ils se montraient intéressés, aucunement hautains ou méprisants. Quelques-uns demandèrent plus de précisions et Simon expliqua qu'il s'occupait d'enfants non voyants dans une école du Massachusetts. Blaise, de son côté, était rassurée par la réaction des convives : dans ce groupe distingué, ouvert et accueillant, personne ne se souciait de leur différence d'âge.

Tous deux étaient ravis lorsqu'ils remercièrent leurs hôtes avant de partir. Simon aurait adoré emmener Blaise au restaurant, mais ils devaient rentrer pour Salima.

— Waouh, quelle soirée ! dit Simon en descendant de voiture.

Tandis qu'ils pénétraient dans le hall de l'immeuble, Blaise rayonnait. L'expérience avait dépassé toutes ses attentes. Elle avait adoré sortir avec Simon.

— Oui, c'était génial !

Dans l'ascenseur, elle laissa échapper un petit rire quand Simon l'embrassa. Il avait eu envie d'elle toute la soirée. Et dire qu'il leur faudrait encore attendre que Salima soit couchée…

— Personne n'a semblé choqué, ni même intrigué de nous voir ensemble. J'avais un peu peur qu'on nous regarde comme des bêtes curieuses ou qu'on nous adresse des remarques désobligeantes, avoua Blaise.

— Tout le monde n'est pas aussi mal élevé que ma mère ! déclara Simon en entrant dans l'appartement.

— Elle va devenir folle quand elle apprendra que nous sortons ensemble, remarqua Blaise, inquiète.

Simon posa nonchalamment son manteau sur une chaise. Il ne semblait pas du tout soucieux.

— Que comptes-tu faire ? lui demanda-t-elle.

— À propos de ma mère ? La laisser parler. Depuis que je la connais, elle met un point d'honneur à mener une vie de bohème ; quant à mon père, il doit son succès à son aptitude à penser en dehors des cases. Je ne vois pas de quel droit ils se prétendraient conservateurs du jour au lendemain. Mes parents ont toujours tout fait pour causer le scandale partout où ils allaient. Par comparaison, je nous trouve plutôt sages.

Ils se changèrent puis s'installèrent à la cuisine. Une demi-heure plus tard, Salima rentra, tout excitée par le concert. Elle ne pouvait pas se douter que sa mère portait encore son maquillage de soirée, plus appuyé que sur le plateau de News TV.

— Salut, Simon ! Maman, tu sens drôlement bon ! Tu es sortie ?

Si sa fille avait pu lire dans son regard, Blaise aurait été incapable de lui cacher ses émotions.

— Je suis allée à une soirée de Noël chez Adam Lancaster. Il a une maison somptueuse, pas très loin d'ici, et sa collection d'art est incroyable.

Elles parlèrent du concert pendant quelques minutes, puis Salima se retira. Blaise alla travailler dans son bureau et Simon dut attendre plusieurs heures avant de pouvoir la rejoindre au lit et se lover contre elle.

— Je passe des moments merveilleux avec toi, Simon.

— Je crois que c'est le principe, quand on sort ensemble, répondit-il en lui souriant. Merci de m'avoir invité ce soir. Je suis très flatté que tu m'aies introduit dans un groupe aussi prestigieux. À ton côté, je me sens important.

Il s'endormit très vite, et Blaise le contempla au clair de lune. Elle se demandait s'il la quitterait un jour pour une femme en âge de lui donner des enfants, ou bien s'il retournerait vers Megan. Rien n'était exclu, mais pour le moment elle l'avait tout à elle. Elle sombra dans le sommeil, un sourire aux lèvres.

11

Blaise s'envola pour Israël comme prévu. Un attentat à la bombe avait eu lieu la semaine précédente, et Simon était mort d'inquiétude. Il ne cessait de lui téléphoner. Elle lui répétait que tout allait bien, qu'elle résidait dans un hôtel sous haute surveillance et qu'elle se sentait en totale sécurité. Son entretien avec le Premier ministre se déroula parfaitement. Elle rentra à New York peu avant Noël, à temps pour la visite annuelle de Harry à sa fille. Cette rencontre s'annonçait aussi décevante que d'habitude pour Salima. Elle méritait tellement mieux...

Harry se crispa dans son fauteuil dès que Salima s'approcha pour l'embrasser. La jeune fille aurait voulu hurler : quand comprendrait-il que la cécité n'était pas contagieuse, pas plus que le diabète ?! Elle lui parla ensuite de ses cours de chant, mais Harry regardait sa montre toutes les cinq minutes. Et lorsqu'elle lui proposa d'interpréter l'un des morceaux qu'elle était en train de travailler, il répondit qu'il était pressé et devait s'en aller. Blaise le raccompagna à la porte, furieuse.

— Achète-lui quelque chose, s'il te plaît, dit-il en

lui fourrant un chèque dans la main. Je ne sais jamais quoi choisir.

— Ne compte pas sur moi cette année ! s'écria-t-elle en lui rendant le chèque.

Elle était hors d'elle. Son voyage au Proche-Orient l'avait épuisée et elle en avait plus qu'assez qu'il traite leur fille en parfaite étrangère... ce qu'elle était pour lui, vu le peu de temps qu'il passait avec elle. Il ne lui proposait jamais rien, aucune sortie, paniqué probablement à l'idée qu'elle pourrait avoir un malaise.

— Occupe-t'en toi-même. Elle n'est pas dupe !

— Mais je ne sais pas ce qu'elle aime, ni quelle est sa taille de vêtements. Et comment lui choisir quelque chose qu'elle ne peut pas voir ?

— Achète-lui quelque chose de beau... Ce n'est pas une infirme, c'est une gamine de dix-neuf ans qui adore la mode, le parfum et les bijoux, comme toutes les filles de son âge. Elle aime les CD, aussi ! Sa passion, c'est la musique, elle te l'a dit. Figure-toi qu'elle est douée, très douée. Son professeur de Juilliard vient ici quatre fois par semaine. Pour ta gouverne, elle va donner un récital en mai.

Blaise était extrêmement déçue par l'attitude de Harry. La visite à sa fille se réduisait pour lui à une corvée entre deux réunions. Le soir même, il partait rejoindre des amis sur leur yacht à Saint Barth.

Simon rentra à ce moment-là. Alors que Blaise les présentait, Harry dévisagea le jeune homme avec curiosité. Simon les laissa pour rejoindre Salima.

— Waouh, quel beau gosse ! Ton nouveau mec ? lâcha Harry en adressant à Blaise un sourire graveleux.

— Non, c'est l'éducateur de Salima, répondit-elle, de plus en plus excédée.

— Tu pourrais t'amuser un peu avec lui. Je te vois

très bien avec un homme plus jeune. Tu es superbe pour ton âge.

— Il aide Salima, c'est tout, dit-elle d'un ton sec.

— Quand retourne-t-elle à Caldwell, au fait ?

— Quand ils rouvriront, courant janvier.

— Tu dois avoir hâte. J'imagine que ce n'est pas facile pour toi, de la garder à la maison...

— Au contraire, ça se passe très bien.

— Bon, tant mieux... Joyeux Noël, Blaise !

Avec un signe de la main, il s'engouffra dans l'ascenseur. Alors que les portes se refermaient, elle se demanda comment elle avait pu l'épouser. En dépit de ses capacités intellectuelles, Harry était un père et un homme lamentable. Blaise fulminait encore quand Simon la rejoignit dans son bureau, quelques minutes plus tard.

Elle leva les yeux de ses dossiers et lui sourit.

— Bel homme, commenta Simon sans enthousiasme.

Salima et Blaise lui avaient tout raconté. Peu importait que Harry soit talentueux, charmant et charismatique. Son attitude envers Salima restait impardonnable aux yeux de Simon.

— Il a dit la même chose de toi et m'a demandé si tu étais mon nouveau mec.

— Eh bien, on peut dire qu'il ne tourne pas autour du pot. Il s'entendrait bien avec ma mère. Mais il est si hautain et si froid... J'ai du mal à t'imaginer avec un type comme lui, Blaise.

— Moi non plus, maintenant que j'y repense. À l'époque, il m'impressionnait. Il était brillant et moi, je n'avais que vingt-cinq ans quand nous nous sommes rencontrés.

Elle lui rappela que Harry et elle n'avaient vécu

ensemble que pendant une petite année et s'étaient très peu investis dans ce mariage.

— Nous n'avions pas l'intention d'avoir des enfants. Salima était un accident. Un heureux accident, au bout du compte ! Harry ne s'imagine pas à quel point cette petite est un don du ciel. Il n'a même pas voulu l'écouter chanter. Parfois, c'est une véritable enflure…

Sur ce, elle secoua la tête, désabusée. Simon lui adressa un sourire compatissant et la laissa se remettre au travail. Au dîner, elle fut soulagée de voir que Salima s'était déjà remise de son entrevue avec son père. Il l'avait toujours déçue, elle était habituée.

Ce soir-là, un gros carton arriva, livré par un coursier de la boutique Chanel. Il contenait un sac à dos en cuir, accompagné d'un petit mot de Harry : *Joyeux Noël ! Il pourra te servir quand tes cours reprendront.*

C'était un très beau cadeau, quoique pas vraiment son style. Au moins, il avait fait un effort.

— Je vais y ranger mes partitions ! s'écria Salima, tout heureuse.

Cette fois-ci, il avait choisi lui-même, Salima le sentait. En réalité, il avait téléphoné à la boutique pour parler à une vendeuse qu'il connaissait, lui avait demandé de choisir quelque chose pour sa fille et d'inscrire la note sur son compte. Il n'avait même pas vu ce qu'il lui offrait. Salima lui envoya un SMS de remerciement dans la foulée, mais il était déjà dans l'avion pour Saint Barth et ne répondit pas.

La jeune fille se coucha de bonne heure. Blaise, quant à elle, se sentait grippée depuis son voyage en Israël et avait perdu de son énergie coutumière. Quand Simon vint la rejoindre sous la couette, elle dormait déjà à moitié. Lui aussi était épuisé. Il avait passé sa journée à courir les magasins avec Salima, qui cherchait un dernier cadeau pour sa mère. Ensuite ils avaient acheté des provisions et pris des renseignements sur les nouveaux modèles de chaîne hi-fi.

Ils firent l'amour, puis Blaise marmonna quelque chose à propos de la pompe à insuline de Salima. Bien qu'il n'y ait jamais eu de problème, le fait de vérifier avant de se coucher la rassurait et elle avait demandé à Simon d'en faire autant pendant son absence. Mais ce soir-là, elle s'endormit à poings fermés avant de pouvoir se tirer du lit et Simon sombra tout aussi vite.

Lorsqu'ils ouvrirent les yeux le lendemain matin, un samedi, Blaise vit avec horreur qu'il était dix heures passées. Il fallait que Simon quitte sa chambre avant que Salima ne l'y trouve ! Heureusement, Teresa ne venait pas le week-end et Salima avait appris à préparer son petit déjeuner toute seule... Blaise jeta un coup d'œil furtif dans le couloir. Le silence régnait et la porte de Salima était fermée. Simon regagna sa chambre sur la pointe des pieds. Il craignait que Salima ne l'ait cherché, mais vraisemblablement elle n'était pas encore debout : il n'y avait ni vaisselle dans l'évier ni paquet de céréales sur la table. Rassuré, il alla prendre sa douche. Il était en train de se sécher, lorsqu'il entendit Blaise crier depuis l'autre bout de l'appartement. Elle entra en trombe dans sa chambre.

— Salima a perdu connaissance ! s'écria-t-elle.

Tous deux savaient exactement ce qui se passait : Salima avait sombré dans un coma diabétique. Sa pompe à insuline avait dû cesser de fonctionner correctement.

Simon lui fit une injection d'insuline et appela le 911. Au chevet de sa fille, Blaise lui parlait, lui caressait le visage. La jeune fille avait le teint cadavérique... Blaise, les larmes aux yeux, se rongeait de culpabilité : c'était la première fois qu'elle omettait de vérifier la pompe à insuline. Les brancardiers arrivèrent cinq minutes plus tard, allongèrent Salima sur une civière et la descendirent à toute vitesse jusqu'à l'ambulance qui attendait devant la porte. Blaise arracha littéralement sa chemise de nuit. En deux secondes, elle enfila le jean et le pull qu'elle avait portés la veille, se chaussa d'une paire de bottes, attrapa son sac à main, sortit sans se coiffer puis sauta dans l'ambulance. Juste avant que les portières ne se referment, Simon entendit les deux hommes dire qu'ils allaient au New York Presbyterian, le centre hospitalier de l'université Columbia. Il eut à peine le temps de dire à Blaise qu'il la retrouvait là-bas. L'ambulance s'éloigna dans le hurlement de la sirène. Simon devina la pensée qui hantait l'esprit affolé de Blaise : Salima risquait de mourir, et c'était leur faute.

Le portier héla un taxi pour lui. Simon promit au chauffeur de le payer double s'il appuyait sur le champignon. Ils arrivèrent à l'hôpital en vingt minutes, un véritable exploit. Simon lui tendit deux billets de vingt dollars, puis courut jusqu'à l'accueil des urgences. Salima venait d'être admise en soins intensifs. Suivant les indications de l'infirmière, il partit à la recherche de Blaise dans le dédale des couloirs et des salles de soins. Il la trouva dans un box vitré, où elle sanglotait dans un coin, tandis que deux médecins et trois infirmières s'occupaient de Salima. Simon passa un bras autour de ses épaules, mais elle le repoussa. Peu après, l'un des médecins leur demanda de sortir et Simon suivit Blaise en silence. Ils se retrouvèrent seuls. Blaise regarda Simon avec un mélange de culpabilité, d'angoisse et de détestation... Une détestation dirigée contre elle-même.

— Tu te rends compte de ce que nous avons fait ?

Nous avons fait l'amour hier soir et je ne me suis pas relevée pour aller la voir. Sa pompe n'a pas fonctionné : le cathéter s'est débranché et n'a pas diffusé une seule goutte d'insuline de toute la nuit !

Les médecins lui avaient expliqué que Salima souffrait d'acidocétose, une complication qui pouvait se révéler fatale.

— Elle aurait pu mourir avant que nous la trouvions, hoqueta Blaise. Et pendant ce temps, nous étions en train de nous envoyer en l'air.

— Nous n'étions pas en train de nous envoyer en l'air. Nous faisions l'amour, rectifia Simon. Bon Dieu, Blaise, nous sommes des êtres humains ! Tu as le droit de t'endormir de temps à autre. Ç'aurait pu arriver même si nous n'avions pas fait l'amour. Ça arrive, un point c'est tout : j'ai déjà vu cette complication avec un gamin à Caldwell. Tu t'occupes d'elle mieux que quiconque.

— Pas cette nuit, dit-elle en lui adressant un regard assassin.

Elle s'effondra sur un canapé. Il n'osa pas s'approcher et s'assit à l'autre bout de la pièce.

— Est-ce que tu veux que je m'en aille ? demanda-t-il doucement. Dis-le-moi, ce n'est pas un problème.

Elle secoua la tête et fondit de nouveau en larmes. Simon s'approcha et elle se jeta dans ses bras, secouée de sanglots.

— Mon Dieu, faites qu'elle ne meure pas...

Pendant une heure interminable, il la tint serrée contre lui sans rien dire, puis le chef de clinique entra. Il retira son masque et ses gants pour leur adresser un sourire rassurant.

— Elle nous a causé une belle frayeur, mais c'est une fille solide. Ne vous culpabilisez pas, ce sont des choses qui arrivent. Pour une gamine avec un diabète de type 1, son état de santé est remarquable ; je vois que vous faites du bon boulot avec elle. Même si vous l'aviez à l'œil vingt-quatre heures sur vingt-quatre, vous ne pourriez pas tout surveiller ni prédire ce genre d'accidents. Cela se produit une fois tous les cent sept ans.

— Je vérifie toujours la pompe avant d'aller me coucher, dit Blaise, qui versait maintenant des larmes de soulagement.

Simon pleurait, lui aussi. Quel début de journée cauchemardesque !

— D'après ses taux, j'estime que le cathéter a dû bouger très tôt ce matin. Même si vous étiez allée la voir en fin de soirée, par exemple vers minuit, cela n'aurait rien changé. En revanche, on peut dire que vous l'avez trouvée juste à temps. Je n'aurais pas aimé qu'elle reste sans insuline beaucoup plus longtemps.

Simon paraissait encore plus soulagé que Blaise. Il se culpabilisait terriblement pour le rôle qu'il avait joué dans cette histoire.

— Est-ce qu'on peut la voir ? s'enquit-il.

— Bien sûr. Nous allons la garder en observation jusqu'à demain, en attendant que ses taux se stabilisent. Mais ne vous inquiétez plus. Tout ira bien pour elle.

Blaise se précipita vers la petite salle de soins, Simon sur ses talons. Salima était toute pâle. Néanmoins elle sourit lorsqu'ils entrèrent. Le pire était derrière elle. Mais ils savaient tous que le coma diabétique était un risque auquel elle serait exposée toute sa vie. C'est précisément pour cette raison que Blaise l'avait envoyée à Caldwell, si petite encore : elle ne supportait pas de s'inquiéter pour elle en permanence. Certes, Salima était maintenant capable de reconnaître les symptômes et d'en avertir quelqu'un s'ils survenaient en période de veille. Mais en plein sommeil, elle ne s'en était pas aperçue.

— Tu m'as fichu une de ces frousses, ma chérie ! lâcha Blaise en se penchant pour l'embrasser.

— Désolée, maman. Je me suis réveillée un peu vaseuse au milieu de la nuit, mais j'ai pensé que c'était la grippe et je me suis rendormie. Je pense que le cathéter s'était déjà débranché.

La jeune fille devait se sentir faible encore, car elle n'insista pas pour rentrer avec eux. Pourtant, elle détestait les hôpitaux. Blaise songea un instant à appeler Harry, mais à quoi bon ?

Ils restèrent à son chevet un bon moment, puis l'infirmière leur dit que les visites en soins intensifs étaient limitées. Salima avait besoin de dormir. Elle avait déjà repris des couleurs et Blaise promit de revenir quelques heures plus tard.

— Apporte-moi mon ordi et mon iPod, demanda Salima à Simon.

Il sourit, profondément soulagé.

— C'est comme si c'était fait !

Au secrétariat du service, Blaise laissa tous ses numéros de téléphone. L'infirmière en prit bonne note, puis elle se tourna vers Simon.

— Ne vous en faites pas, monsieur, nous allons bien nous occuper de votre fille. Voulez-vous aussi laisser votre numéro en plus de celui de votre femme ?

Simon la regarda, hésitant.

— Non, celui de ma femme suffit. Nous resterons ensemble aujourd'hui et de toute façon nous reviendrons dans l'après-midi. Appelez-nous tout de suite si elle a le moindre problème.

Simon et Blaise prirent congé. Ils avaient l'impression qu'ils venaient de passer sous un rouleau compresseur.

— Je dois avoir l'air d'une loque, dit Simon dans l'ascenseur. Elle m'a cru assez âgé pour être le père de Salima.

— Et moi, alors ? Je dois passer pour sa grand-mère... ou la tienne, dit Blaise avec un sourire las.

Pourtant, l'infirmière n'avait pas douté une seule seconde qu'ils soient en couple.

— J'étais vraiment terrifiée quand je l'ai trouvée inanimée ce matin, dit-elle alors qu'ils sortaient de l'hôpital. Excuse-moi de t'avoir accusé, même indirectement. Je n'aurais pas dû te parler comme ça.

Simon s'arrêta de marcher pour la regarder droit dans les yeux.

— Tu pensais que ta fille était en train de mourir, pendant qu'on « s'envoyait en l'air », comme tu dis. Tu avais bien le droit d'être en colère ou de paniquer et de m'accuser. J'aurais sans doute réagi de la même façon.

Il passa un bras autour de ses épaules et héla un taxi. De retour à l'appartement, ils se réfugièrent dans le lit de Blaise. Simon la sentit trembler dans ses bras. Cette fois-ci, ils ne firent pas l'amour. Ils se contentèrent de rester serrés l'un contre l'autre, remerciant Dieu que Salima soit en vie.

La jeune fille rentra à la maison le lendemain, en fin de matinée. Elle était très fatiguée. Le médecin avait dit qu'il lui faudrait une journée de plus pour redevenir tout à fait elle-même, et elle avait l'interdiction de sortir ou de s'agiter. De toute façon, elle n'avait même pas envie de chanter... C'est dire qu'elle n'était pas entièrement remise de l'accident. Elle déclara qu'elle allait s'allonger et Simon appela Lucianna pour annuler la leçon prévue ce jour-là.

Tandis qu'il préparait le déjeuner, Blaise resta au chevet de sa fille. Cette dernière n'avait pas besoin de soins particuliers, mais Blaise était si soulagée de l'avoir de retour à la maison qu'elle ne voulait plus la quitter. Soudain, Salima tourna un visage grave vers sa mère, comme si quelque chose la tracassait :

— Maman, je peux te poser une question ?

— Bien sûr, ma chérie. Qu'y a-t-il ?

— C'est gentil de la part de Simon d'être venu à l'hôpital avec toi. Je l'aime beaucoup, tu sais. Quand vous êtes partis, j'ai compris que l'infirmière vous avait pris pour mes parents. D'abord, j'ai trouvé ça bizarre, et puis je me suis demandé... Peut-être que vous aviez *l'air* d'être mes parents. Ou que votre attitude le laissait penser. Maman, est-ce que tu sors avec Simon ? Enfin je veux dire... est-ce que tu l'aimes ? Est-ce que vous êtes en couple ?

Blaise aurait voulu attendre un peu avant de lui en parler, mais elle n'avait certes pas l'intention de mentir à Salima.

— En quelque sorte, avoua-t-elle. C'est tout récent. Quelques semaines à peine, depuis Thanksgiving.

— Et c'est sérieux ?

— Je ne le sais pas encore. Nous prenons nos marques... Je l'aime beaucoup... À vrai dire, je l'aime tout court. Je me demande seulement si c'est une bonne idée, pour lui comme pour moi. Simon devrait être avec une femme plus proche de ton âge que du mien. Je ne veux pas le priver de cette perspective, ni de tout ce qui va avec...

— Tu veux dire... avoir des enfants, par exemple ?

— Oui, entre autres.

Blaise scruta intensément le visage de sa fille. Elle ne semblait pas bouleversée, juste perplexe.

— Je m'en étais doutée...

— Ah bon ?

Blaise était stupéfaite. Comment avait-elle pu deviner, avec toutes les précautions qu'ils avaient prises ? Sa fille ne cesserait jamais de la surprendre.

— Il y a plus de silences qu'avant. Je trouvais ça bizarre. Maintenant, je comprends mieux : vous étiez en train de vous regarder... ou de vous embrasser...

Blaise sourit.

— Et qu'est-ce que tu en penses ? demanda-t-elle.

Salima réfléchit un long moment.

— Je ne sais pas trop. Je n'ai pas l'habitude de te partager. D'un autre côté, ça peut être chouette, parce qu'il est là quand tu es occupée. Je l'aime bien. Il est très sympa.

— C'est aussi mon avis, déclara Blaise.

— Est-ce qu'il est mignon ? demanda Salima avec un sourire en coin.

— Très. Il est très beau, même. Est-ce que ça te choque ? Je veux dire : que nous soyons ensemble ?

— Un peu. Mais tu as bien le droit d'avoir quelqu'un dans ta vie. Et dans le fond je suis assez contente qu'il soit plus jeune que toi. C'est plus amusant pour moi !

Blaise n'avait pas envisagé les choses sous cet angle...

— Nous verrons bien comment ça se passe. Si ça se trouve, nous nous lasserons l'un de l'autre d'ici à ce que tu retournes à l'école ! dit-elle d'un ton léger, pour clore le chapitre.

Blaise jugeait que Salima en savait maintenant assez. Et elle était soulagée de voir qu'elle le prenait aussi bien. Au bout du compte, ce terrible accident avait eu une conséquence heureuse : Salima avait découvert leur idylle.

Mais quelque chose d'autre semblait troubler la jeune fille.

— Maman… je ne veux pas retourner à Caldwell, dit-elle doucement. Je veux rester ici et continuer de prendre des leçons avec Lucianna. Elle m'aidera à constituer mon dossier pour entrer à Juilliard en septembre. Elle m'écrira une lettre de recommandation et elle est prête à me faire répéter pour l'audition.

Salima espérait de tout son cœur que sa mère accepterait. Elle avait gagné trop d'indépendance pour vouloir retourner à l'école. Blaise en était tout à fait consciente.

— Alors il faudra trouver quelqu'un pour s'occuper de toi quand Simon repartira.

— Il ne peut pas rester ?

Une grande complicité la liait à son éducateur. Abby lui manquait bien sûr, mais elle faisait beaucoup plus d'activités avec Simon. Elle avait considérablement gagné en autonomie au cours des deux derniers mois et elle en était ravie.

— Je ne sais pas, répondit Blaise. Je pense qu'il doit honorer son contrat, au moins jusqu'à la fin de l'année scolaire. Ensuite, ils le laisseront peut-être partir, mais encore faut-il qu'il en ait envie lui-même… Ne nous préoccupons pas de ça pour le moment. On ne nous a pas encore annoncé la date de réouverture. Et tes cours de fac, alors ? Tu ne veux plus aller jusqu'au bout ?

Salima secoua la tête. Sa décision était prise.

— Voilà bien des choses auxquelles il va nous falloir réfléchir, tu ne crois pas, ma fille ?

Blaise prit la main de Salima dans la sienne.

— Alors, c'est oui ? s'exclama Salima.

Blaise éclata de rire.

— C'est un très gros « peut-être ».

— Je veux vraiment entrer à Juilliard, maman, tu sais. Je suis prête à travailler comme une folle. Et j'aime bien vivre ici, avec toi.

— Moi aussi, j'adore t'avoir à la maison, ma chérie.

Depuis deux mois, Salima était pour elle comme un rayon de soleil. Sa fille était partie depuis trop longtemps.

— Mais n'allons pas trop vite, reprit-elle. Il faut que nous réfléchissions à tout ça. Nous en reparlerons après Noël.

— Est-ce que Simon restera avec nous s'il quitte Caldwell ? Je veux dire : est-ce qu'il emménagera ici ?

— Pas tout de suite, non.

L'intéressé entra précisément à cet instant dans la chambre, portant un plateau-repas.

— Oups, désolé de vous interrompre...

La mère et la fille étaient visiblement absorbées dans une conversation sérieuse.

— Je parlais à Salima de notre relation, dit Blaise d'un ton léger.

Simon faillit lâcher le plateau.

— En fait, elle l'avait deviné toute seule, quand les infirmières t'ont pris pour son père.

— C'est super, Simon, déclara Salima. Je suis très contente : c'est ce qui pouvait vous arriver de mieux ! Qu'est-ce qu'on mange ?

— Une salade César et une omelette. Et ce soir, quelque chose de plus sophistiqué, tu verras. Avant que tu commences ton repas, je vérifie ta glycémie.

— Vas-y, dit la jeune fille en s'asseyant afin qu'il procède aux contrôles habituels. Tu te rends compte, maman ? Si Simon reste ici, nous pourrons tout le temps profiter de ses menus gastronomiques.

— Oui, je suis sûr que c'est la seule raison pour laquelle ta mère veut de moi, dit-il en posant le plateau.

— À tout à l'heure, ma chérie, dit Blaise en déposant un baiser sur son front.

— Bon appétit, maman.

Salima inséra les écouteurs de son iPod au creux de ses oreilles et attaqua son omelette.

Blaise suivit Simon à la cuisine.

— Comment ça s'est passé ? demanda-t-il en s'asseyant à table.

— Étonnamment bien. Elle était un peu interloquée au début, mais pas tant que ça.

— Elle est très perspicace.

Blaise acquiesça.

— Et elle t'apprécie beaucoup. La différence d'âge entre nous n'a aucune importance pour elle. Figure-toi qu'elle ne veut plus retourner à l'école. Elle veut rester ici et intégrer Juilliard à l'automne.

Simon n'en fut pas surpris. Il savait que Lucianna la poussait dans ce sens.

— Qu'en penses-tu ? demanda-t-il.

— Je crois que c'est très bien : c'est ce qu'elle veut, ça la motive, ça lui permet de s'épanouir… Et elle est trop âgée pour rester à Caldwell.

— Penses-tu la garder à la maison ?

— Seulement si je trouve quelqu'un pour s'occuper d'elle après ton départ. Je n'y arriverai pas toute seule.

— Nous avons le temps d'y penser, Blaise.

Il se pencha pour l'embrasser. En deux jours, ils avaient avancé de façon considérable. Leur relation sortait raffermie de la tempête.

12

Le Noël que partagèrent Blaise, Simon et Salima fut absolument parfait. Après s'être régalés d'un somptueux réveillon, ils ouvrirent leurs paquets-cadeaux avec autant d'excitation que des enfants, puis ils se rendirent à la messe de minuit à St Patrick's Cathedral. Comme chaque fois qu'elle allait à l'église depuis la mort d'Abby, Salima alluma un cierge en sa mémoire. Trois mois avaient passé. Salima savait qu'elle ne l'oublierait jamais. Tant de choses avaient changé dans sa vie... Il lui semblait que son éducatrice était partie depuis bien plus longtemps encore.

Plus tard dans la soirée, alors qu'ils se couchaient, Simon remercia Blaise pour ce merveilleux Noël et tous les somptueux présents qu'elle lui avait offerts, en particulier une très jolie Rolex, assez discrète pour qu'il la porte tous les jours. Elle adorait quant à elle le mince bracelet en or qu'il lui avait acheté pour aller avec celui qu'elle avait reçu à Dubaï, et qui ne la quittait plus. Elle préférait celui de Simon, d'autant plus qu'il y avait fait graver : « Joyeux Noël. Je t'aime. S. » Celui de Salima, en ivoire, lui plaisait beaucoup également. Pour la jeune fille, Simon avait compilé des CD à partir de sa discothèque personnelle. Il lui avait aussi offert plusieurs livres en braille qu'elle avait envie de lire depuis longtemps, ainsi que l'appareil à gaufres qu'ils complotaient d'acheter depuis son arrivée.

Dès le lendemain matin, Simon les régala avec de délicieuses gaufres au blé complet. Ils venaient de terminer le petit déjeuner, lorsque son téléphone se mit à sonner. Il l'attrapa sur le plan de travail et fronça les sourcils. D'un ton sec, il signifia à son correspondant qu'ils étaient à table, puis il se leva et alla s'enfermer dans sa chambre, l'appareil vissé à l'oreille et l'air soucieux. Blaise se douta aussitôt que c'était Megan.

Elle continua à bavarder de choses et d'autres avec Salima, tâchant au mieux de cacher sa nervosité.

— Il y a un problème, maman ? finit par demander sa fille, décelant une tension dans sa voix.

— Non, ma chérie, tout va bien…

Sous aucun prétexte, Salima ne devait apprendre que Simon avait fréquenté une de ses collègues, et encore moins que cette dernière était mariée. Blaise avait promis de ne pas en parler. Quoique inévitables, les aventures entre membres de l'équipe pédagogique étaient mal vues et Simon ne tenait pas à en faire étalage.

Vingt bonnes minutes s'écoulèrent avant qu'il ne revienne dans la pièce, affichant un air aussi jovial que possible.

— Que se passe-t-il ? le pressa Blaise lorsqu'ils se retrouvèrent seuls.

— Rien… Elle voulait seulement me souhaiter un joyeux Noël et elle se faisait du souci parce que son fils cadet s'est cassé le bras.

Simon avait dit un jour à Blaise qu'il restait très attaché aux fils de Megan. C'était leur mère, pas eux, qui l'avait mené en bateau.

— Est-ce que son père l'a battu ? demanda Blaise.

— Non, il est tombé de son nouveau vélo, dit Simon sans plus de détails.

De toute évidence, il ne tenait pas à parler de tout ça.

— Il y a autre chose ?

— Non, non, ça va...

Blaise s'approcha de lui et déposa un baiser sur ses lèvres. Il semblait si malheureux... Tout comme elle, après les coups de fil d'Andrew.

— Je t'aime, dit-elle en l'enlaçant.

— Moi aussi, je t'aime.

Voyant des larmes briller dans ses yeux, Blaise jugea préférable de ne pas insister.

En général, Noël était pour Blaise et Salima une journée de détente, qu'elles passaient en pyjama, devant de vieux films. Après avoir regardé un match de football américain et feuilleté des journaux une bonne partie de l'après-midi, Simon entreprit comme il le leur avait promis de mitonner son fameux *turkey hash*, avec les restes de la dinde rôtie. Il commençait à se remettre du coup de fil de Megan. Elle n'était qu'un fantôme du passé, venu le hanter le jour de Noël... Du moins, c'est ce que Blaise espérait.

Le dîner fut très joyeux. Même si leur amour n'était plus un secret, Simon et Blaise restaient discrets en présence de Salima.

Dans leur lit, ce soir-là, ils s'accordèrent à dire qu'ils avaient passé ensemble un premier Noël fabuleux.

— Le premier d'une longue série, souligna Simon.

— Je l'espère, répondit-elle doucement.

Mais un peu plus tard, alors qu'il dormait dans

ses bras, elle pria pour qu'il ne soit pas en train de rêver de Megan.

Blaise profita de sa semaine de vacances pour gâter Simon et Salima, qu'elle emmena plusieurs fois au concert et au restaurant. Simon initia la jeune fille au patinage dans Central Park, ce qui lui plut énormément. Avec Lucianna, elle assista également à deux récitals à l'école Juilliard et fit la connaissance de quelques étudiants à cette occasion. Plus motivée que jamais, elle avait hâte de passer l'audition. Les vacances furent bien trop courtes au goût de Blaise. Le temps passait à la vitesse de l'éclair...

Le début de l'année, quant à lui, fut fort mouvementé à News TV. Le planning de Blaise prévoyait trois déplacements en deux semaines, l'un en Californie, les deux autres en Europe. Heureusement, Teresa s'organisait pour séjourner à l'appartement en son absence et donner ainsi un coup de main à Simon. Arrivée à la mi-janvier, cependant, Blaise était épuisée. Elle voyageait trop.

Le jour même de son retour devait être diffusée dans la soirée l'interview en direct de la Première dame par Susie Quentin. Evidemment, dans les couloirs de News TV, on ne parlait que de ça depuis des semaines... Blaise alluma le poste de télévision, et Simon la rejoignit sur le canapé quelques minutes plus tard, juste avant le début de l'émission. Il savait que ses nerfs étaient soumis à rude épreuve, d'autant qu'Andrew lui avait envoyé un de ses SMS faussement compatissants. Pour Blaise, cette interview était avant tout l'occasion d'évaluer la dangerosité de sa concurrente. Si Susie parvenait à transformer l'essai, sa propre position de star de l'info serait remise en cause...

Filmées depuis un salon de la Maison-Blanche,

Susie et l'épouse du président apparurent à l'écran. La journaliste commença par se présenter et par dire combien elle était heureuse de se trouver en compagnie de la Première dame. Selon Blaise, tout ce passage était d'un sentimentalisme bêlant. Qui se souciait de savoir qui était le reporter, en particulier une débutante telle que Susie ? Son rôle était d'amener son interlocutrice à se confier, de poser les questions dont tout le monde attendait la réponse, de se faire le porte-parole du téléspectateur, son alter ego. En l'occurrence, l'ego démesuré de Susie la poussa à s'étendre plus que de raison sur sa petite personne, avant de se tourner enfin vers l'épouse du président.

Sa première question était inepte. La seconde était pire. Avec la suivante, elle commit la boulette du siècle en demandant à la Première dame si elle avait aimé vivre en Virginie avant de venir à Washington. Or cette dernière n'avait jamais vécu en Virginie… contrairement à celle qui l'avait précédée. Susie avait un mandat de retard !

— Oh mon Dieu ! lâcha Blaise, clignant des yeux comme sous l'effet d'une gifle. Comment peut-on proférer de telles âneries, et qui diable a préparé le dossier ?

À l'antenne, la Première dame tombait des nues. Sur le canapé, Simon se tordait de rire en écoutant les commentaires assassins de Blaise.

Susie continua sur sa lancée, dévalant une pente de plus en plus raide : l'épouse du président soupçonnait-elle son mari de l'avoir trompée ? Blaise faillit s'étrangler. Elle n'en croyait pas ses oreilles ! Jusque-là, Susie n'avait réussi qu'à humilier la Première dame, qui plus est sur une chaîne nationale et en prime time devant des millions de gens. Le moins que l'on puisse dire, c'est que son interlocutrice n'était pas enchantée. En dépit de ses efforts pour conserver sa dignité, elle était clairement écœurée, tandis que Susie, qui ne se rendait compte de rien, attendait naïvement une réponse à sa question.

Le président en exercice était un homme profondément religieux, connu pour sa morale exigeante et ses valeurs puritaines. Bien sûr, il pouvait s'agir d'une simple façade, mais Blaise en doutait. Dans tous les cas, sa femme ne risquait pas d'avouer une infidélité conjugale en public... La Première dame laissa peser un long silence, avant de répondre aussi calmement que possible : « Non ».

Certes, Susie n'avait pas froid aux yeux. Mais son courage s'apparentait à de l'inconscience. Blaise faillit tomber du canapé lorsque la journaliste voulut savoir si la Première dame elle-même avait déjà eu des aventures. De toute évidence, cette pimbêche essayait de singer le style polémique dont Blaise usait pour certaines de ses interviews et en certaines circonstances, sans disposer toutefois de son intuition, de son intelligence et de son charme.

— Seigneur ! grogna Blaise, les deux mains sur la tête. Est-ce qu'elle est devenue folle ? Il faut l'enfermer !

La Première dame, aussi tendue qu'une peau de tambour, répondit une fois encore par la négative. L'entretien aurait aussi bien pu s'arrêter là, car, dès lors, l'épouse du président ne s'exprima plus que par monosyllabes.

L'interview ronronna ainsi pendant plusieurs minutes. Blaise doutait que la Première dame puisse le supporter bien longtemps. Entre autres inepties, Susie eut le culot de lui demander si elle avait fumé du cannabis pendant ses études. Puis elle s'enquit avec un regard compatissant de ce qu'elle ferait si son mari la quittait. Là, la Première dame répondit que la question était hors de propos.

Mais c'est avec la suivante que Susie décrocha le pompon. Elle croyait savoir que son interlocutrice avait un frère homosexuel, et elle aurait aimé connaître son sentiment au sujet du mariage entre personnes de même sexe. La Première dame lui adressa alors un sourire gracieux, dégrafa le micro du revers de son élégant tailleur noir, se leva et quitta le plateau sous les yeux éberlués de la journaliste. On n'avait jamais rien vu de tel ! En tous les cas, cela ne risquait pas d'arriver à Blaise, qui respectait toujours ses interlocuteurs. Et si elle leur posait parfois des questions sensibles, celles-ci ne touchaient qu'à leur carrière ou à leur action politique... pas aux frasques supposées de leur conjoint ni à l'homosexualité des membres de leur famille. Elle ne se serait jamais laissée aller à un tel sensationnalisme, digne des pires tabloïds. En moins de dix minutes chrono, Susie venait de torpiller sa carrière. Blaise jubilait : pendant que Susie bredouillait un charabia incohérent, dans un effort désespéré pour sauver la situation, ce devait être la panique généralisée aux studios de News TV. La régie lança une page de publicité. Pendant la pause, Blaise dit à Simon qu'il venait d'assister à un très grand moment d'histoire télévisuelle. La bêtise phénoménale de Susie l'enchantait, d'autant que la Première dame ne revint pas après la pub. La journaliste réapparut seule à l'antenne, au bord des larmes. Elle se déclara désolée d'avoir offensé la Première dame et très reconnaissante qu'elle lui ait accordé cet entretien. De toute évidence, il devait y avoir eu une concertation avec Charlie, et sans doute avec Zack Austin.

Les producteurs enchaînèrent sur une interview que

Blaise elle-même avait enregistrée la semaine précédente avec l'une des petites-filles de Bob Kennedy. C'était une jeune femme passionnante, candidate au Congrès dans le Massachusetts. À son corps défendant, Blaise avait donc sauvé la soirée et sa place était assurée au pinacle de la chaîne. Charlie l'appela aussitôt la séquence terminée. Il avait été à deux doigts de faire un accident vasculaire. Et c'est lui qui avait pensé à envoyer l'entretien de Blaise. À grand-peine, cette dernière se retenait de rire, tandis que Simon affichait un grand sourire.

— Nom d'un chien, tu as vu ça ! fit Charlie d'une voix tremblante. J'ai cru que mon cœur allait lâcher.

— Ah oui ? Moi j'ai adoré, avoua Blaise.

— Tu m'étonnes, espèce de chameau ! À ta place, je jubilerais aussi. Quand je pense que cette idiote n'a pas posé les questions qui avaient été validées en amont. Elle a improvisé à l'antenne ! D'accord, ça t'arrive aussi, mais tu n'as jamais demandé à une Première dame si son mari la trompait, même quand c'était vrai...

— Zack doit être ravi d'avoir parié sur cette poulette, ironisa-t-elle.

— Je pense qu'il va reconduire Susie à Miami en personne... après l'avoir étripée. Dieu merci, nous avions ton interview dans la boîte, sans quoi nous aurions dû passer des chansons du *Roi et moi* ou de *La Mélodie du bonheur*. Sérieusement, Blaise, je suis trop vieux pour ce boulot. Cette soirée a failli me tuer. Tu nous as sauvé la mise !

— J'espère que Zack comprendra la leçon, dit-elle d'un ton grave. Quelle idée aussi, cette interview en direct !

Ils savaient tous les deux que le fiasco de Susie serait sur YouTube et à la une des journaux le lendemain. Il ferait le buzz pendant quelque temps. Susie Q avait commis un péché capital, qui signait l'arrêt de mort de sa carrière : « Tu n'obligeras point une Première dame à quitter le plateau. »

— Demain, pour une fois, on va bien s'amuser au bureau ! s'exclama Blaise.

— Parle pour toi. Si je n'avais pas eu ton enregistrement, j'y passais aussi. Zack a dû m'appeler une bonne quinzaine de fois depuis une heure.

— Ne t'inquiète pas. Les taux d'audience vont exploser le plafond.

— Ma tension artérielle aussi !

L'audimat adorait les catastrophes en direct. Après Charlie, ce fut Mark, son assistant, qui appela Blaise : il était ravi pour elle. Susie Q n'était plus qu'un mauvais souvenir...

Ce soir-là, Simon et elle continuèrent de parler de l'incident médiatique, rejoints par Salima qui avait suivi l'émission depuis sa chambre. Elle avait peine à croire qu'une journaliste puisse saboter ainsi sa propre carrière. D'ailleurs, le pays tout entier se repassait la séquence en boucle.

Malgré sa très forte envie de rire, Blaise parvint à garder une attitude sérieuse et pondérée le lendemain. Susie fit une brève apparition pour prendre ses affaires, puis elle partit sans un mot d'adieu. La chaîne était en effervescence. Quant à Charlie, on aurait dit qu'il venait de subir une séance d'électrochocs. Il passa une heure dans le bureau de Zack, qui comprenait maintenant pourquoi interviewer en direct une personnalité de premier plan n'était pas vraiment une bonne idée...

En rentrant ce soir-là, Blaise était d'excellente humeur et parfaitement détendue. Pour la première fois depuis des mois, son travail au bureau ne l'avait pas stressée. Elle racontait sa journée à Simon, lorsqu'il reçut un appel. Au ton de sa voix, elle comprit que c'était professionnel et important ; il lui fallut quelques minutes pour s'apercevoir qu'il parlait à Eric, le directeur de l'école de Caldwell.

— Qu'a-t-il dit ? s'enquit-elle d'un ton léger après qu'il eut raccroché.

Simon était pâle comme un linge.

— Ils rouvrent l'école lundi. Il faut que j'y retourne ce week-end.

— Déjà... ?

C'était comme un coup de poing au milieu de l'estomac. Jusque-là, elle avait tenté de ne pas penser à ce moment, se raccrochant plutôt à l'espoir que Simon resterait à New York, ou qu'il reviendrait au plus vite.

— Je n'ai pas le choix. Mon contrat ne se termine pas avant le mois de mai. Comment on va faire avec Salima ?

— Elle veut rester ici. Avec toi...

— Je ne peux pas, gémit-il.

Il restait encore cinq mois jusqu'en mai... une éternité.

— Tu vas me manquer, dit-elle en le regardant avec une infinie tristesse.

— C'est... plus compliqué que ça, énonça-t-il lentement.

— Que veux-tu dire ?

Elle distinguait quelque chose d'autre dans son regard, mais elle n'aurait pas su dire quoi.

— Je ne voulais pas t'en parler, de peur de gâcher notre Noël... Megan a quitté son mari le 25 décembre. Elle a fini par se décider.

Blaise sentit son cœur s'arrêter.

— Qu'est-ce que ça implique pour nous ? demanda-t-elle, le souffle court.

— Je ne le sais pas encore, répondit-il en toute franchise. Je vais la voir là-bas et en parler avec elle. Il faut que je mette un terme à cette incertitude proprement et que je décide de ce que je veux faire.

— Je croyais que nous savions ce que nous faisions...

— Je t'aime, Blaise. Mais j'ai passé trois ans à l'attendre et elle a fini par sauter le pas pour moi. J'ai une responsabilité envers elle et ses enfants.

Simon était désespéré. Quant à Blaise, elle semblait prête à le frapper.

— Et, bien sûr, elle veut porter ton enfant...

Il ne l'avait jamais entendue parler sur ce ton, défaitiste et amer. Blaise voyait le scénario d'ici : Simon allait se remettre avec Megan, l'épouser et lui faire un bébé. Quoi de plus normal, à son âge ? Elle aurait dû s'en douter. Mais elle n'imaginait pas que Meg quitterait un jour son mari, après trois ans de vaines promesses.

— Est-ce que tu l'aimes ? demanda Blaise.

Elle était profondément peinée. Elle attendait – ou plutôt, elle espérait – tellement mieux de la part de Simon... C'est tout de même lui qui l'avait convaincue qu'ils pouvaient former un couple, en dépit des conventions sociales. Mais Blaise ne pouvait pas lutter contre les sentiments de son amant, et les arguments de Megan pesaient bien plus lourd que les siens dans la balance.

— J'ai besoin de réfléchir, murmura-t-il au déses-poir. Je ne veux pas te perdre. Je t'aime.

Il semblait sincère. Mais, ainsi qu'il le disait lui-même, les choses n'étaient pas si simples. Il n'était pas encore prêt à perdre Megan.

— Et moi ? Qu'est-ce que je suis censée faire en attendant que tu prennes ta décision ?

Pour Blaise, tout s'écroulait. Alors que, depuis la veille, sa position à News TV semblait assurée, voilà que sa vie sentimentale partait en lambeaux... Il avait suffi d'un instant.

— Donne-moi le temps dont j'ai besoin pour savoir ce que je veux faire de ma vie, et rompre proprement avec Meg, si je vois que c'est la meilleure option.

— Il me semblait que nous avions décidé ensemble de la meilleure option...

Pour une fois, leur différence d'âge creusait un fossé entre eux : à quarante-sept ans, Blaise savait ce qu'elle voulait.

— Qui va s'occuper de Salima, si tu nous quittes ce week-end ? Je pars deux jours au Liban la semaine prochaine.

— Eric pensait que je la ramènerais avec moi. Je lui en parlerai demain.

À ce moment précis, ce n'était pas le problème le plus important pour Blaise. Elle regarda Simon un long moment sans rien dire. Elle n'arrivait pas à croire ce qui venait de se passer. Il allait partir sans préavis et Megan était de nouveau propulsée sur le devant de la scène. Pourquoi ne lui en avait-il pas parlé plus tôt ?

Elle était folle de rage, et des larmes faisaient briller ses yeux. Toutefois, elle ne voulait pas pleurer devant lui. Elle était trop fière pour le supplier de la choisir, elle... et elle n'en avait pas le droit. Il fallait qu'il écoute son cœur. La décision lui appartenait.

— Laisse-moi résumer, lâcha-t-elle. Si je comprends bien, tu me demandes un sursis pour parler à Megan, décider si tu l'aimes encore, et choisir avec laquelle de nous deux tu veux faire ta vie. C'est bien cela ? Pendant ce temps, tu voudrais que je reste ici, dans l'incertitude la plus totale, à espérer que tu me choisisses.

Elle avait dit tout cela sur le ton net et tranchant dont elle usait à l'antenne. Simon ne reconnaissait plus la femme dont il était tombé amoureux. Il n'avait aucunement l'intention de la blesser, mais il ne voulait pas commettre d'erreur.

— Je ne sais pas quoi faire d'autre, répondit-il. Je pensais sincèrement que c'était fini avec elle. Je te le jure, Blaise. Elle a tout chamboulé en me disant qu'elle avait quitté son mari. Elle l'a fait pour moi.

— Et si elle mentait ? Et si elle se remettait avec lui et que tu nous perdes toutes les deux ?

Blaise essayait de garder son calme, mais intérieurement elle aurait voulu se rouler par terre et hurler. Pourquoi s'était-elle fourrée dans un tel guêpier ? Elle s'apercevait à présent qu'ils s'étaient engagés prématurément. Simon n'était pas prêt pour la vie de couple. Peut-être qu'il ne le serait jamais... ou qu'il finirait sa vie avec Megan.

— Je ne veux pas te perdre, répéta-t-il. Je suis amoureux de toi.

— C'est ce que m'a dit Andrew quand il m'a quittée, répliqua Blaise. Tu sais, Simon, on ne peut pas avoir le beurre et l'argent du beurre, en tout cas pas indéfiniment. Va-t'en et prends une décision. Moi aussi, j'ai sérieusement besoin de réfléchir. Peut-être que quinze années d'écart ont leur importance, après tout. Tu as le droit d'être avec la femme que tu veux, Simon. J'espérais juste que ce serait moi. Apparemment, ce n'est pas le cas.

— Ne dis pas ça, Blaise. Je ne sais pas qui est la femme de ma vie. Je ne suis sûr de rien pour le moment. Tout est si confus... Megan m'a pris de court.

— Elle m'a l'air d'une sacrée manipulatrice...

— Tu as continué à parler à Andrew pendant quatre ans après votre rupture, lui rappela-t-il doucement. Et tu continues encore. Tu m'as dit toi-même qu'il fallait du temps pour en finir complètement. C'est la même chose pour moi. J'ai besoin de la voir, que ce soit pour couper les ponts ou pour recommencer avec elle sur d'autres bases. Je ne veux pas avoir de remords dans cinq ou dix ans. J'ai besoin de m'assurer que c'est bien ici que j'ai envie d'être, avec toi. Tu vis à deux cents à l'heure. Tu es quelqu'un d'important. Tu mènes une carrière phénoménale. Si nous sommes ensemble, nous apparaîtrons dans la presse. Et puis tu as Salima. Je ne sais pas si j'ai les épaules assez larges pour assumer tout cela, ni si je pourrai t'apporter suffisamment. Et d'abord, je dois déterminer si Meg appartient au passé ou bien s'il reste quelque chose entre nous. Je ne peux pas revenir vers toi l'esprit tranquille tant que je ne sais pas où j'en suis avec elle.

— Tout cela est imparable. Mais je n'ai pas envie de vivre une telle situation. Je suis déjà passée par là.

Plutôt que de l'attendre et de risquer d'être rejetée plus tard, elle préférait tirer sa révérence avec classe.

— Je comprends, Blaise. Je suis désolé de t'infliger ça. Tu ne le mérites pas.

— Non, en effet. Et toi non plus, d'ailleurs. Tu

mérites d'être avec une femme qui t'aime vraiment. Or cette Megan a menti à tout le monde pendant trois ans et a déjà trois gamins avec un autre homme. La situation ne me semble pas idéale.

— De toute ma vie, je n'ai jamais été aussi heureux qu'au cours de ces trois derniers mois, avec toi. J'aurais voulu que cela ne s'arrête jamais.

— Moi aussi, je commençais à croire que c'était possible. Je pensais que nous étions d'accord, mais je me trompais. Tu sais quoi ? Si vraiment tu veux partir, n'attends pas ce week-end. Demande à Eric de m'envoyer quelqu'un tout de suite. Je ne veux pas jouer les prolongations inutilement. Puisque tu as l'intention de me briser le cœur, alors ne tergiverse pas. Cela ne ferait qu'empirer les choses.

— Blaise, je t'ai dit que j'avais besoin de temps, pas que j'allais me remettre avec elle.

— Je comprends. Seulement, je ne suis pas aussi optimiste que toi. Et, pour te parler franchement, c'est humiliant. Je ne veux pas faire tapisserie pendant que tu réfléchis, que tu essaies la marchandise et que tu décides qui tu aimes le mieux. Tous les jours, je suis en compétition dans mon travail et je dois me battre pour exister. Je ne veux pas vivre la même chose avec toi. Si tu as besoin de vérifier quoi que ce soit avec elle, c'est que je ne te conviens pas suffisamment, et je doute fort que tu me reviennes un jour. D'ailleurs, tu aurais sans doute raison. Elle te propose une situation bien plus normale, avec une maison pleine d'enfants, les siens et les vôtres... Je comprends que ça te tente, surtout à ton âge. Tout ce que j'ai à t'offrir, moi, c'est ma vie terriblement adulte, et puis Salima.

— Tu sais que j'aime beaucoup Salima. Et que je t'aime tout court.

— Je te suis très reconnaissante pour ce que tu as fait pour nous au cours des trois derniers mois.

Elle non plus n'avait jamais été aussi heureuse. À présent, elle devait en payer le prix. Quelle idiote elle avait été de croire que leur différence d'âge n'était pas un problème ! Elle était blessée au plus profond d'elle-même.

— Très bien, finit-il par dire. J'appelle Eric demain matin.

Plus que tout, il aurait voulu passer la nuit avec elle, mais il sentait bien qu'elle ne l'entendrait pas de cette oreille. Sans un mot de plus, Blaise regagna sa suite. Là, elle se jeta sur son lit et fondit en larmes. Ses pires craintes venaient de se réaliser.

pas un problè
d'elle-même.
— Très bie
matin.

13

Simon et Blaise vécurent les deux jours suivants dans une sorte de brouillard. Néanmoins, le jeune homme continuait vaillamment d'organiser des activités pour Salima. Ils avaient un appétit boulimique pour les musées d'art et en avaient visité trois au cours de la semaine précédente. Elle adorait la façon dont il lui décrivait les œuvres et il lui fournissait quantité d'informations sur leur contexte historique. Il l'avait également amenée au centre de ressources pour aveugles Light House for the Blind, ainsi qu'à deux concerts en soirée. Mais il avait l'esprit ailleurs. À plusieurs reprises, elle avait répété ses questions.

— Quelque chose ne va pas ? lui demanda-t-elle enfin, alors qu'ils sortaient du Whitney Museum of American Art.

Il ne lui avait pas encore dit qu'il retournait à Caldwell ce dimanche-là, peut-être même avant si Eric lui trouvait un remplaçant. Blaise tenait à le lui annoncer elle-même. Elle savait que Salima serait triste. En trois mois à peine, la jeune fille était devenue adulte. Simon l'avait aidée à sortir de sa coquille. Sa force n'était pas de donner aux autres de nouvelles capacités, mais de développer celles qu'ils possédaient à leur insu.

— Serais-tu malade ? dit Salima en posant la main sur son front.

Simon sourit. Il venait de héler un taxi. Il fallait qu'ils aillent chez Zabar's acheter des ingrédients pour le dîner. Faute de mieux, il leur servirait au moins quelques bons petits plats avant de partir... La veille, Blaise était allée se coucher sans manger, prétextant une migraine. Simon savait que c'était son cœur qui souffrait, non sa tête... Il se sentait coupable.

— Non, ça va, répondit-il. Je pensais juste à Caldwell.

Ce n'était vrai qu'en partie : en réalité, il pensait à Megan.

— J'y retourne bientôt.

Il voulait la préparer sans tout lui dévoiler. À son avis, sa mère avait tort de ne pas lui avoir encore annoncé qu'il partait le dimanche. Elle attendait qu'Eric trouve un remplaçant.

— Je veux que tu restes avec nous, dit Salima avec une moue boudeuse. Qui se soucie de ton contrat ?

— Le conseil d'administration de l'école...

Le taxi s'arrêta devant chez Zabar's. Simon avait découvert cette épicerie fine du West Side – bien connue des gens du quartier – lors de sa première visite à New York. Il s'y rendait souvent pour acheter des produits qu'il ne trouvait pas ailleurs et Salima l'accompagnait volontiers. Elle adorait le fumet des viandes rôties qui embaumait le magasin.

— Même si je ne renouvelle pas mon contrat, il faut que je finisse l'année, expliqua-t-il.

Il avait déjà entrepris de constituer deux dossiers pour les meilleures écoles spécialisées de New York et prévoyait de les boucler avant son départ. Il en avait aussi envoyé un à Perkins, dans le Massachusetts.

— Dans la vie, il faut terminer ce que l'on a commencé, dit-il en pensant à sa situation.

Il acheta des fromages et une épaisse tranche de foie gras. Toutefois, il faudrait plus que du foie gras pour apaiser le cœur de Blaise... ou le sien. Il aurait préféré ne pas la quitter, cependant il savait que s'il rejetait Megan à ce stade, il se demanderait jusqu'à la fin de ses jours s'il n'était pas passé à côté de quelque chose. Certes, Blaise était une femme bien plus passionnante et une personne plus solide, mais Megan était le genre de fille avec lequel il avait toujours rêvé de vivre. Elle lui disait maintenant qu'elle voulait un enfant de lui. Tout de suite même, mais un seul, puisqu'elle en avait déjà trois. Elle laissait entendre qu'ils pourraient se marier dès que son divorce serait prononcé. Avec elle, la vie serait très différente de celle qu'il avait partagée avec Blaise. Bien qu'il eût connu avec cette dernière un bonheur sans précédent, il doutait encore de ce qu'il pouvait lui apporter. Parfois, il ne se sentait pas à sa place ; il craignait d'être dépassé par sa carrière et sa notoriété.

Jamais il n'aurait imaginé rencontrer quelqu'un de son envergure. Qu'avait-il à lui offrir ? Cette pensée le hantait depuis le début. Elle prétendait ne vouloir que son amour. Mais d'un point de vue matériel, il ne pouvait rien lui donner, en dépit de ses prestigieux ancêtres maternels. Même si une partie de leur fortune lui appartiendrait un jour, pour le moment, il n'avait rien. Il n'était qu'un petit éducateur sous-payé. Et leur relation était tellement récente... Il n'était pas si simple d'engager son avenir avec une femme qu'on n'avait appris à connaître et à aimer que depuis trois mois ! Sa relation avec Megan avait tout de même duré trois longues années... aussi décevantes eussent-elles été. Mais maintenant qu'elle avait quitté son mari, tout serait différent. Du moins, il l'espérait. Et ils n'auraient plus besoin de se voir dans des motels bon marché. Cependant, dès qu'il se remettait à penser à Blaise, il était de nouveau perdu. Les deux femmes lui promettaient une vie et un monde radicalement différents. La tête lui tournait.

— Je crois vraiment que tu couves quelque chose, décréta Salima, alors qu'ils erraient dans les rayons de Zabar's.

Simon cherchait de l'huile de truffe pour la pizza préférée de Blaise... pour peu qu'elle accepte d'en manger. Cuisiner pour elle était une ultime façon de lui prouver son amour.

De retour à l'appartement, ils trouvèrent Blaise, rentrée de bonne heure, en train de travailler. Tout était calme en ce moment à News TV, à la suite du départ de Susie. Simon lui apporta une tasse de thé à la vanille. Elle leva les yeux de son écran : ses lèvres sourirent, mais ses yeux disaient : « Ne t'approche pas de moi. » Elle avait déjà refermé une porte et tentait à présent de la verrouiller et de jeter la clé. Simon n'osait plus la toucher depuis deux jours. Elle était soudain terriblement intimidante.

— Merci, dit-elle d'un ton froid.

— Je suis désolé, Blaise...

— Moi aussi. Mais tu n'as pas de raison de t'inquiéter : tout ira mieux quand tu seras reparti dans le Massachusetts.

— Oh, Blaise, rien n'est moins sûr, tu le sais bien... Je te l'ai dit : il faut que je réfléchisse à ce que je veux faire de ma vie.

Il était si jeune... Blaise, elle, avait trouvé sa voie depuis longtemps. Or ces considérations n'étaient pas sans importance : parfois, l'amour ne suffisait pas pour construire une relation stable. Simon savait qu'il avait besoin de voir au-delà. Il lui fallait un métier inspirant, une carrière qui le passionne et une compagne qui partage tout cela avec lui. Il ne voulait pas être le jouet de Blaise. Il lui fallait donner un sens et une épaisseur à sa vie avant de la rejoindre – s'il la rejoignait. À l'inverse, avec Megan, le rôle du meneur, de l'éclaireur, était à sa portée immédiate : il savait qu'elle n'aimait pas son travail et qu'elle aurait préféré rester à la maison avec ses enfants. Tandis que Blaise serait toujours un modèle de réussite. Cela ne le dérangeait pas en soi, bien au contraire. Mais il fallait qu'il soit à la hauteur : s'il espérait la reconquérir un jour, il devait au moins se montrer solide sur ses bases. Cependant, rien, pour le moment, ne laissait présager qu'elle le laisserait revenir. Elle marquait ses distances autant que c'était physiquement possible en cohabitant sous le même toit.

— Est-ce qu'il y a un problème entre maman et toi ? demanda Salima au dîner. Vous vous êtes disputés ?

Simon, qui lui servait une seconde part de pizza à l'huile de truffe, hésita un instant. Comme il le craignait, Blaise n'avait pas voulu y goûter, invoquant une nouvelle migraine. Il avait essayé de la lui apporter dans sa chambre, mais la porte était verrouillée et elle n'avait pas répondu à son SMS.

— Non, mentit-il. Aucun problème.

Il ignorait ce que Blaise avait l'intention d'expliquer à sa fille. Toutefois, Salima sentait bien que quelque chose de grave s'était passé. Elle espérait que cela ne durerait pas, car Simon n'était vraiment pas drôle. Sa mère non plus, au demeurant :

sous prétexte qu'elle avait du travail, elle restait cloîtrée dans sa chambre.

Ce soir-là, Simon reçut un appel d'Eric l'informant qu'il avait trouvé en urgence une éducatrice. Une femme qui avait travaillé pour eux plusieurs années auparavant, qui venait de divorcer, n'avait pas d'enfants et acceptait de le remplacer au pied levé, du moins temporairement. Elle était très enthousiaste à l'idée de venir à New York. Elle avait trois ans de moins que Simon, mais Eric pensait qu'elle s'acquitterait très bien de sa tâche. Le directeur de l'école appela ensuite Blaise pour tout lui expliquer personnellement.

— Quand peut-elle commencer ?

— Dès demain, si tu veux. Je pense qu'elle devrait passer une journée avec Simon pour qu'il lui passe toutes les consignes, mais elle connaît nos procédures sur le bout des doigts. C'est une fille intelligente, elle se mettra vite au courant.

— Très bien. Envoie-la demain, alors, dit Blaise d'une voix lasse. Et Simon rentrera juste après. Je suis sûre que tu as hâte de le récupérer.

Les élèves arrivaient à Caldwell le dimanche. Quelques-uns avaient changé d'école ou de parcours, à l'instar de Salima, mais la plupart revenaient. Eric regrettait que Salima les quitte après tant d'années, mais il comprenait. Et passer du temps chez sa mère lui faisait du bien.

— Je suis heureux que tout se soit bien passé avec Simon. J'étais sûr que cela fonctionnerait, une fois passé un petit temps d'adaptation. Rebecca fera aussi du très bon boulot, tu verras.

Ils parlèrent ensuite des arrangements financiers. Puisque Salima ne serait plus résidente à Caldwell,

Becky travaillerait directement pour Blaise. Eric n'avait cherché une éducatrice que pour lui rendre service après le départ de Simon. D'autant que Blaise lui avait expliqué qu'elle partait au Liban la semaine suivante, et au Maroc un mois plus tard. Becky arriverait donc à New York le lendemain en milieu de journée par l'autocar et prendrait ensuite un taxi depuis la gare routière.

Blaise raccrocha. Peu après, elle reçut un appel sur son portable de Simon, qui n'avait plus d'autre moyen de la joindre. Elle avait pleuré toute la soirée et ne voulait pas qu'il la voie dans un tel état. Elle ne s'était pas sentie aussi vulnérable depuis des années... Depuis Andrew. L'histoire se répétait. Du moins, telle était son impression, même si en réalité les choses n'étaient pas tout à fait aussi simples.

— Tu as eu Eric ? lui demanda-t-il.

— Oui.

— Je connais Becky, reprit-il. Elle est pro. Je pense que Salima et elle devraient s'entendre. Mais ne laisse pas Becky la traiter comme un bébé. Il ne faudrait pas que Salima régresse. Même si je crois qu'elle a gagné assez de confiance en elle pour ne pas se laisser faire.

— Tu aurais pu rester...

Au fond d'elle-même, Blaise espérait qu'il changerait d'avis et ne partirait pas.

— Je suis désolé, Blaise.

Il aurait voulu la serrer dans ses bras, dormir avec elle et lui faire l'amour une dernière fois. Mais il la respectait trop pour ça. Il savait à quel point il la faisait souffrir. Si seulement il n'avait pas eu à choisir... C'était un dilemme vieux comme le monde.

— Pas autant que moi, dit-elle avec des larmes dans la voix. Je suppose que c'est la vie. Tout ne fonctionne pas toujours comme on le souhaiterait. Mais ça vaut mieux pour toi et ta mère sera contente. Elle n'aura plus à s'inquiéter de mon âge.

— Je ne me suis jamais soucié ni de ton âge ni de ce qu'en pense ma mère.

C'était vrai, Blaise le savait.

— Quand pars-tu ? reprit-elle.

— Demain en fin de journée. Enfin, seulement si tu trouves que Becky fait l'affaire.

— Je n'ai pas le choix. Eric dit qu'il ne connaît personne d'autre.

— Elle s'en sortira très bien, répéta-t-il. Et je resterai en contact avec Salima. Toi aussi, tu peux m'appeler si tu veux...

Mais Simon n'avait guère d'espoir.

Après avoir raccroché, Blaise s'aperçut de l'étrangeté de ce coup de fil. Dire qu'ils étaient dans le même appartement et ne se parlaient même plus face à face. Des années-lumière les séparaient. Son grand lit lui sembla terriblement vide. Mieux valait que Simon retourne à Caldwell au plus vite : ces derniers instants la mettaient au supplice. Elle resta les yeux grands ouverts de longues heures durant, sa chambre baignée par le clair de lune.

À l'autre extrémité de l'appartement, dans sa petite chambre de bonne, Simon lui aussi pensait à elle. Il n'était pas encore parti qu'elle lui manquait déjà cruellement. Il s'endormit en pleurant.

Le lendemain matin, Blaise se retrouva nez à nez avec Simon dans la cuisine. Par habitude, il lui tendit sa tasse de café. Elle avait l'impression d'avoir cent ans et se dit qu'elle les paraissait sans doute. Cela lui était bien égal, désormais. De son côté,

Simon ne supportait pas de la voir si malheureuse, mais il n'osa pas lui dire combien il l'aimait et la trouvait belle.

À son tour, Salima entra dans la pièce, visiblement abattue. La veille, Blaise lui avait annoncé le départ de Simon et l'arrivée de Becky. Certes, elle était soulagée que sa mère lui permette de rester à la maison plutôt que de retourner à Caldwell. Mais elle aurait préféré que Simon ne disparaisse pas de sa vie quotidienne. Elle était allée le trouver dans sa chambre. Elle voulait savoir...

« Que se passe-t-il entre maman et toi ? avait-elle demandé de but en blanc.

— Disons que nous sommes en mode pause pour le moment...

— Tu veux dire que c'est terminé ? »

Salima était d'autant plus déçue qu'elle était mise devant le fait accompli. Elle songea à la voix de sa mère quand celle-ci l'avait informée du départ de Simon : elle était si triste... Et lorsqu'elle l'avait serrée contre elle, Salima avait senti ses joues mouillées de larmes.

« Je ne sais pas, c'est compliqué, avait répondu Simon. Il faut que je règle certaines choses, mais ta mère ne m'attendra sans doute pas jusque-là.

— Je crois qu'elle t'aime, avait dit doucement Salima.

— Moi aussi, je l'aime. Et j'ai adoré ces trois mois avec toi, Salima. Je t'enverrai des messages tous les jours.

— Tu viendras quand même me voir ?

— Si ta mère n'a rien contre... Toi aussi, tu vas nous manquer, à Caldwell. Sans toi, ce ne sera plus pareil. »

Même si Salima était ravie de rester à New York, elle s'inquiétait au sujet de sa nouvelle assistante.

« Et si Becky n'a pas tes qualités et que nous ne nous entendons pas ? Je m'amusais si bien avec toi !

— Moi aussi, je m'amusais bien. Au pire, ta mère pourra trouver quelqu'un d'autre, par l'intermédiaire d'une école new-yorkaise. Mais je suis sûr que Becky fera l'affaire. Donne-lui sa chance ! Souviens-toi : au début, tu n'étais pas enchantée de ma présence. »

Becky sonna à la porte en début d'après-midi. Simon alla lui ouvrir et la mena dans la cuisine, où se trouvaient déjà Blaise et Salima. La jeune éducatrice portait une seule petite valise et semblait impressionnée. Salima lui serra la main sans un sourire, et Blaise la dévisagea d'un air sinistre... Elles étaient trop déprimées pour lui réserver un accueil chaleureux. Lorsque Simon lui montra sa chambre, elle lui jeta un regard inquiet.

— Quelqu'un est mort, ou quoi ? Ou est-ce seulement parce que tu t'en vas ? Elles ont l'air si tristes.

— Moi aussi, je suis triste. C'est une famille attachante, tu verras. Laisse-leur un peu de temps. D'abord il y a eu le décès d'Abby, puis il leur a fallu prendre leurs marques quand Salima est venue s'installer chez sa mère. Il faut juste que tu trouves des activités à faire avec Salima, pour établir le contact avec elle.

— Je vais essayer, répondit timidement Becky.

Par sa personnalité, elle ressemblait davantage à Abby qu'à Simon.

— Ne la materne pas, prévint-il. Elle aime sortir, même si elle refuse toujours d'utiliser une canne ou d'avoir un chien. Tu peux d'ailleurs travailler sur ce point avec elle.

Becky acquiesça. Elle avait les cheveux blonds, qu'elle portait en une longue tresse dans le dos, et de grands yeux effarouchés.

— Et madame McCarthy, comment est-elle ? Elle fait un peu peur, non ?

— Elle est très sympa si tu travailles correctement. C'est tout ce qu'elle demande. Et elle voyage beaucoup, donc tu es doublement responsable quand elle est absente.

Simon lui expliqua ensuite où se trouvaient les différents ustensiles de cuisine. Il lui montra le piano, l'informa que Salima prenait des cours de chant, puis lui indiqua la suite de Blaise. La porte était fermée. Enfin, il l'accompagna jusqu'à la chambre de Salima. Becky ne semblait pas à son aise. C'était une fille simple, qui avait grandi dans une ferme du New Hampshire et qui s'était mise à travailler avec des enfants aveugles lorsque sa mère avait perdu la vue. La plupart des employés de Caldwell avaient un lien personnel avec la cécité.

Allongée sur son lit, Salima écoutait de la musique. Elle leva la tête en entendant le pas familier de Simon et celui, hésitant, de Becky. En voyant sa jeune protégée si morose, Simon en eut le cœur serré.

Ils retournèrent à la cuisine et Simon expliqua à Becky tout ce que Salima aimait faire. Il détailla le fonctionnement de sa pompe à insuline, évoqua son talent et son ambition d'entrer à Juilliard. Pendant un instant, Simon parla d'elle avec tant de fierté que Becky eut l'impression qu'il faisait partie de la famille.

À la fin de l'après-midi, Blaise appela Simon dans son bureau. Elle y avait passé toute la journée, son teint était pâle, ses traits tirés, et il n'avait guère meilleure mine en dépit de tous ses efforts pour éviter de penser au départ. À son invitation, il s'assit en soupirant.

— Que penses-tu de Becky ? lui demanda-t-elle sans détour.

— Elle est intelligente et compétente. Je sais qu'on peut lui faire confiance pour avoir travaillé avec elle, même s'il y a déjà un moment de cela. Elle est un peu intimidée et il lui faudra du temps pour se sentir à l'aise, mais une fois qu'elle sera rodée, je suis sûr qu'elle fera du bon boulot. Elle n'est pas aussi vive ni aussi piquante qu'Abby, mais elle est gentille et connaît son métier.

— Elle m'a l'air terrorisée.

— Tu as une personnalité plutôt imposante, remarqua Simon avec douceur.

— C'est ce que tu t'es dit en arrivant ici ?

— Au début, oui. En plus, je savais que tu aurais préféré une éducatrice, mais tu m'as laissé ma chance. J'avais tellement envie que ça fonctionne… Tu verras, Salima et Becky vont se détendre petit à petit. Et puis ta fille n'a plus autant besoin d'aide qu'avant.

— Grâce à toi, dit Blaise en lui adressant un long regard.

Simon acquiesça.

— Tu sais ce que je ressens, dit-il d'une voix étranglée.

— Oui, souffla-t-elle, les yeux pleins de larmes. C'est pareil pour moi…

Quand Blaise demanda à Salima son opinion sur Becky, la jeune fille haussa les épaules. Tout comme sa mère, elle n'avait aucun reproche particulier à lui faire, si ce n'est qu'elle n'était pas Abby ou Simon.

Becky, quant à elle, se sentait de trop. Quelque chose clochait, mais elle n'aurait pas su dire quoi.

Ils commandèrent une pizza pour le dîner. Simon s'en servit un morceau avant de partir, mais ne parvint même pas à le terminer. Il regarda successivement Blaise, qui restait assise sans toucher à rien, Salima, qui triturait sa nourriture dans son assiette, et enfin Becky qui, n'ayant rien avalé de la journée, mourait de faim mais se sentait gênée d'être la seule à manger avec appétit.

— Je ferais mieux de me mettre en route, dit-il.

Sa voiture de location l'attendait au pied de l'immeuble.

Il souhaita bonne chance à Becky et lui dit de l'appeler si elle avait la moindre question, puis il serra Salima contre lui de toutes ses forces. Elle fondit en larmes et il lui dit qu'elle pouvait lui envoyer des SMS à n'importe quelle heure du jour. Blaise l'avait précédé dans le vestibule et l'y attendait. En la voyant là, si pâle et si triste, il eut envie de tout annuler et de rester avec elle. Mais il n'ouvrit pas la bouche. Il savait que c'était impossible.

Il l'étreignit. Elle se laissa faire, s'imprégnant au maximum de cette sensation, du parfum familier de son after-shave et de la force de ses bras qui enserraient ses épaules.

— Prends soin de toi, Blaise. Et appelle si tu as besoin de moi.

Elle acquiesça et eut un sourire mélancolique.

— Prends le temps de réfléchir à ton avenir, Simon... Tu mérites une vie merveilleuse et une femme formidable.

Elle avait l'impression d'abandonner son enfant autant que l'homme qu'elle aimait.

— Je t'aime, bredouilla-t-il, les yeux embués.

— Moi aussi, je t'aime, répondit-elle d'une voix déchirante.

Au fond de son cœur, elle savait qu'il avait le droit de retrouver Megan. C'était son droit et c'était ce qu'il désirait. Elle n'essaya pas de le retenir ou de le dissuader. Et puis elle avait sa fierté. Il lui semblait mieux de couper toutes leurs attaches.

Il prit ses valises, ouvrit la porte et appela l'ascenseur. Il lui adressa un dernier signe de la main quand les portes se refermèrent. Blaise se sentait défaillir en rentrant dans l'appartement. Si elle l'avait pu, elle se serait mise à hurler. Son cœur saignait tant. Voilà qui lui apprendrait à ne plus jamais tomber amoureuse...

14

Le temps s'étira après le départ de Simon. Pour éviter de trop penser, Blaise remplit ses journées en travaillant sans relâche. Susie Quentin étant retournée à Miami, personne ne menaçait sérieusement son poste pour le moment. Blaise se concentrait sur les émissions spéciales à venir, peaufinait ses programmes du matin et préparait ses interviews à l'étranger. Elle repoussa son voyage au Liban. Elle préférait rester chez elle pendant quelques semaines pour s'assurer que Becky se débrouillait bien avec Salima. En effet, la jeune femme connaissait son métier, mais Salima la trouvait ennuyeuse à mourir. Aussi timide et craintive qu'une souris...

Sa première journée avait mal débuté. Tôt le matin, elle avait sorti les vêtements de Salima et mis le dentifrice sur sa brosse à dents... La jeune fille lui avait sèchement fait remarquer qu'elle avait presque vingt ans et qu'elle n'était plus une gamine.

Salima envoyait des SMS à Simon plusieurs fois par jour. Il ne manquait jamais d'y répondre. De peur de faire de la peine à sa mère, elle s'isolait toujours pour écouter ses messages et évitait de parler de lui. Pour sa part, Blaise n'avait aucune nouvelle de Simon et ne cherchait pas à entrer en contact.

— Je suis désolée pour Simon et toi, lui dit Salima un dimanche soir, alors que Blaise renonçait à préparer le dîner.

Elle avait mis un poulet au four et entrepris de confectionner un risotto selon une recette de Simon. Mais le poulet était carbonisé, tandis que le riz s'était transformé en un bloc de ciment.

— Ne t'inquiète pas, ma chérie, je tiens le coup, dit-elle pour s'en convaincre elle-même.

Elle n'avait pas le choix. Simon ne reviendrait pas et elle devait continuer à travailler et à s'occuper de Salima. Elle ne pouvait pas se permettre le luxe de s'effondrer à cause d'un homme. Elle avait retenu la leçon, après sa rupture avec Andrew.

D'ailleurs, comme si ce dernier était doté d'un radar, il l'avait appelée le lendemain même du départ de Simon. Blaise n'avait pas pris la communication. Elle n'avait aucune envie de lui parler. Et elle savait que c'était définitif. Elle était guérie. Malgré une fin douloureuse, son amour pour Simon l'avait libérée d'Andrew.

— Je crois que j'ai besoin de prendre des cours au Cordon-Bleu, dit Blaise en composant le numéro du livreur de sushis.

Une odeur abominable de poulet calciné régnait dans la pièce.

Becky proposait parfois de préparer un repas, mais sa cuisine était encore pire que celle de Blaise. La maison était si triste depuis le départ de Simon… Les rires s'étaient envolés, en même temps que les discussions animées autour de la table de la cuisine et les bons petits plats. Salima sortait beaucoup moins et Blaise passait ses soirées à travailler, sans personne avec qui bavarder la nuit venue ou à qui raconter sa journée. Personne qui s'inquiétait de savoir comment elle allait. La seule chose qui égayait un peu l'atmosphère étaient les vocalises de Salima, qui répétait toute la journée entre deux cours avec Lucianna.

Le jour de la Saint-Valentin arriva. Simon était parti depuis trois semaines, une éternité pour Blaise. Salima commençait à apprécier Becky, qui faisait tout son possible pour s'adapter à son nouvel environnement. Cet après-midi-là, elles avaient confectionné des cupcakes que Salima offrirait à sa mère pour lui remonter le moral. Même si elles ne parlaient jamais de Simon, la jeune fille sentait à quel point sa mère était triste. Chaque fois que Becky mentionnait son nom en passant, Blaise se taisait, changeait de sujet ou quittait la pièce. Lucianna aussi avait remarqué que Blaise n'était pas dans son état normal. Conviée à goûter dans la cuisine après la leçon, elle avait demandé à Salima si sa mère était souffrante.

Au bureau, Mark aussi se faisait du souci pour elle et insistait pour qu'elle consulte un médecin.

— Je n'ai pas besoin de voir quelqu'un, lâcha-t-elle. Je suis juste un peu déprimée. Ça n'a jamais tué personne.

— Ton teint est en train de virer au vert cadavérique. Il te faut des vacances, ou une consultation médicale, ou un nouveau mec.

— Je me contenterai de mon voyage au Maroc. Je suis persuadée que mon interview avec le roi Mohammed VI dans deux semaines me remontera le moral.

Ce serait son premier déplacement depuis le départ de Simon. Désormais, elle avait confiance en Becky, qui était très vigilante en ce qui concernait la pompe de Salima. Blaise allait rencontrer le roi et faire une émission spéciale sur son extraordinaire collection de voitures de luxe. Il possédait d'inestimables Aston

Martin, qu'il expédiait en Angleterre par avion pour les faire entretenir et réparer. Blaise interviewerait aussi sa charmante épouse.

Une semaine avant le départ, toutefois, elle fut clouée au lit par une grippe carabinée. Elle manqua deux jours de travail, ce qui ne lui ressemblait guère. Quand elle revint au bureau, Mark frappa du poing sur la table.

— Parlons franchement, Blaise. Tu peux bien raconter que tu te portes comme un charme... Je parie que tu n'as rien mangé depuis des jours. Tu as une tête de déterrée ! Si tu maigris encore, tu vas t'envoler au moindre souffle de vent. Je vois bien que tu souffres. Et tu penses sérieusement pouvoir supporter un aller-retour au Maroc ? Si tu meurs d'épuisement à Rabat, je vais me retrouver au chômage !

Blaise sourit faiblement. Depuis trois semaines, elle avait l'estomac à l'envers et était si épuisée qu'elle se couchait sans rien avaler.

— J'ai juste un petit coup de blues, ça arrive.

— Eh bien, fais-toi prescrire des antidépresseurs. Tu ne seras pas capable de mener une bonne interview dans un état pareil. Sans compter la fatigue du voyage...

Le programme prévoyait que le roi l'emmènerait dans le désert pour lui faire une démonstration de la vitesse de ses bolides. Elle avait la nausée rien qu'à imaginer la chaleur du Sahara.

Sans Simon, Blaise avait l'impression que sa vie avait perdu tout sens. Pourquoi souffrait-elle autant, après seulement trois mois de relation ? Elle n'arrivait même plus à tenir le coup devant Salima. À la maison, elle ne faisait que dormir... Encore un signe de dépression. Elle en avait tous les symptômes et n'avait pas besoin d'un médecin pour en trouver la cause. Elle répétait à Mark que cela finirait par passer, et elle essayait de s'en convaincre. Elle n'avait pas le choix : le cœur de Simon appartenait à une autre. Et puis elle était adulte, il faudrait bien qu'elle s'en remette. Elle avait besoin de temps. Pas d'antidépresseurs. Elle était déjà passée par là avec Andrew. Sauf que cette fois c'était pire, car elle perdait un homme honnête et bon, non un vulgaire menteur.

Son voyage au Maroc, cependant, l'inquiétait. Son état grippal s'éternisait. Peut-être qu'une cure de vitamines l'aiderait à reprendre le dessus. Un mardi après-midi, elle se traîna jusqu'au cabinet du médecin. C'était un plaisant quinquagénaire, qu'elle ne consultait que rarement, hormis pour les examens nécessaires au renouvellement de son assurance maladie. Il lui fit remarquer qu'il ne l'avait pas vue depuis un an, ce qui lui semblait bon signe.

— Comment allez-vous depuis la dernière fois ?

— Pas mal...

— Vous vouliez me parler de quelque chose en particulier ?

— Je suis surmenée, avoua-t-elle. J'ai eu la grippe il y a quelques jours et, comme je dois me rendre au Maroc ce week-end...

Le médecin confirma que la grippe était particulièrement virulente cet hiver-là. Aurait-elle attrapé un mauvais microbe lors d'un de ses voyages ? Blaise expliqua qu'elle s'était rendue plusieurs fois au Proche-Orient au cours des derniers mois, mais qu'elle avait toujours fait attention à ce qu'elle mangeait et ne buvait que de l'eau en bouteille. Néanmoins, elle avait l'estomac terriblement barbouillé depuis des semaines.

— Avez-vous perdu du poids ?

— Peut-être deux ou trois kilos...

En réalité, c'était plutôt quatre ou cinq. La raison en était simple : elle ne pouvait rien avaler.

Le médecin prit sa tension : elle était basse mais pas préoccupante.

— Vous n'avez pas besoin de traitement pour la faire remonter, la rassura-t-il. C'est probablement une conséquence de la grippe. En revanche, je vais vous faire une prise de sang pour voir si vous avez de l'anémie. Ce pourrait bien être la cause de votre épuisement. Y a-t-il autre chose que je devrais savoir ?

— Je ne vois rien de particulier.

Pas question pour elle de lui parler de son chagrin d'amour. Elle se sentait stupide de dépérir ainsi, à pleurer après Simon, alors que lui était sans doute heureux avec Megan. Elle devait se reprendre en main !

— Êtes-vous sexuellement active ?

Le médecin passait en revue une liste de questions standard.

— Plus maintenant.

— Depuis combien de temps ?

Crayon en main, il attendait de noter sa réponse.

— Un mois. Je viens de rompre avec quelqu'un.

— Pourriez-vous être enceinte ?

— À moins de faire appel à la médecine, à mon âge, c'est peu probable.

— Peu probable, mais possible.

— Nous avions des rapports protégés, précisa Blaise.

Certes, ils n'en avaient pas eu le temps la première fois, mais c'était leur seul écart. Ensuite, Simon avait insisté pour qu'ils prennent leurs précautions.

— Vous utilisiez des préservatifs ?

Blaise acquiesça.

— Vous n'êtes pas sous pilule ?

— Non, mais je suis presque certaine que le problème n'est pas de cet ordre-là.

— Sans doute que non. Cependant, il faut vérifier. Nous allons mesurer vos dosages hormonaux. Vos œstrogènes ont peut-être chuté. Ce pourrait être le début de la ménopause.

Voilà qui était encore plus déprimant !

— Vous savez, docteur, à mon avis, je suis juste surmenée.

— Peut-être... Quoi qu'il en soit, nous aurons les résultats des analyses dès demain. Passez-moi un coup de fil.

Blaise rentra chez elle et se mit au lit immédiatement. Salima vint la voir dans la soirée.

— Je te demande pardon, ma chérie... Je ne suis vraiment pas de bonne compagnie en ce moment. Je n'arrive pas à me débarrasser de cette grippe. Comment était le dîner ?

— Rien de fabuleux. J'essaie d'apprendre à Becky à faire un soufflé et des pâtes comme Simon, mais elle n'est pas très douée pour la cuisine.

Son éducateur avait transcrit toutes ses recettes en braille et lui avait offert un livre de cuisine imprimé de la même façon.

— Tu mets peut-être la barre un peu haut avec le soufflé, dit Blaise en souriant.

Elles bavardèrent quelques minutes, puis Salima laissa sa mère se reposer. Blaise se réveilla à quatre heures du matin comme d'habitude, toujours aussi épuisée. Elle s'inquiétait. Le médecin avait peut-être raison : elle avait peut-être attrapé un mauvais virus dans un avion ou dans un pays étranger. Elle se sentait dépérir, au point qu'elle commençait à soupçonner une leucémie ou un lupus érythémateux.

Quelques heures plus tard, la maquilleuse lui assura toutefois qu'elle était très jolie. Ces derniers temps, Blaise ne retrouvait un peu d'énergie et d'allant que sur le plateau de télévision. Ses émissions restaient excellentes. Elle se faisait l'impression d'être une vieille jument de trait qui ne se réveille plus que pour travailler.

Elle fut si occupée dans l'après-midi qu'elle oublia complètement le médecin. Il l'appela donc à dix-sept heures, après sa dernière consultation.

— Bien, dit-il, nous commençons à y voir plus clair. Vous êtes effectivement anémiée. Je vais vous prescrire des comprimés de fer. Votre état devrait commencer à s'améliorer d'ici une semaine.

— Merci, docteur, dit-elle avec soulagement.

La cause de ses symptômes était enfin clairement identifiée.

— Il y a néanmoins autre chose, poursuivit-il.

Le cœur de Blaise se mit à battre plus vite. Avait-il gardé le pire pour la fin ?

— C'est grave ?

— Tout dépend de vos sentiments à ce sujet : vous êtes enceinte.

— Enceinte ?

Elle fixait le mur de son bureau, le regard vide, essayant de comprendre ce que le généraliste venait de dire.

— Oui, votre taux de HCG est assez haut, ce qui est une bonne chose si vous voulez le garder. D'après la date des dernières règles que vous m'avez indiquée, il y a environ dix semaines, la conception a dû avoir lieu début janvier. Vous êtes enceinte de deux mois. Et si ce n'est pas ce que vous souhaitez, il faudra penser à y remédier dans le courant du mois qui vient, expliqua-t-il, pragmatique.

Sonnée par cette nouvelle, Blaise restait muette.

— Vous devriez prendre rendez-vous au plus vite avec votre gynécologue. Elle vous fera passer une échographie.

Tandis qu'il parlait, Blaise s'aperçut qu'elle n'avait pas eu ses règles fin janvier, juste au moment du départ de Simon. Jusque-là, elle attribuait ce dysfonctionnement à sa déprime et au fait qu'elle ne mangeait rien. Et elle ne les avait pas eues non plus la semaine précédente, mais elle n'y avait même pas prêté attention.

— Vous devriez déjà pouvoir entendre les battements cardiaques du fœtus quand vous irez chez la gynécologue.

Seigneur ! Blaise eut un haut-le-cœur. Pas étonnant qu'elle ait l'estomac sens dessus dessous. Prise de panique, elle remercia le médecin, raccrocha, ramassa son sac et son manteau et prit le chemin de la sortie. Mark leva les yeux de son bureau.

— Qu'a dit le médecin ?

— J'ai de l'anémie.

Il était hors de question qu'elle lui dise qu'elle était enceinte de deux mois. Elle n'aurait pas d'autre enfant à son âge, et encore moins maintenant que Simon l'avait quittée pour une autre. Et même dans de meilleures circonstances, elle ne voulait pas entendre parler de bébé.

— Bon, au moins tu es fixée. À propos, le médecin t'a faxé une ordonnance. Je m'en occuperai demain, si tu veux.

— Merci, dit-elle en sortant en trombe.

Elle voulait fuir, ne plus voir personne, mais où pouvait-elle aller ?

À son grand soulagement, l'appartement était vide à son retour. Elle avait oublié que Salima était au Carnegie Hall avec Lucianna et Becky. Salima tentait d'initier son éducatrice à la grande musique et à la culture en général. Becky commençait à beaucoup se plaire à New York, et Salima l'aimait bien. C'était une fille honnête et sympathique, qui ne demandait qu'à apprendre de nouvelles choses.

Blaise entra dans sa chambre et regarda Central Park par la fenêtre. Il y avait encore de la neige sur les pelouses. Elle essayait de ne pas y penser, mais elle ne put s'empêcher de faire le calcul : la date du terme théorique était le 1ᵉʳ octobre. Elle ne voulait pas que cet enfant ait une date de naissance. Elle n'en voulait pas du tout. Elle eut envie d'appeler Simon, mais c'était sans doute la dernière chose à faire. Elle était certaine qu'il s'était remis avec Megan. Son silence radio le confirmait. N'avait-elle pas clairement dit qu'elle le laissait partir, qu'elle refusait de s'accrocher à lui ? Et quand bien même elle donnerait naissance à ce bébé, elle ne voulait pas se servir de cet être innocent pour reconquérir son amour. Simon avait besoin d'être avec une femme de son âge. Toute cette histoire était un désastre. Il était hors de question qu'elle fasse un bébé toute seule à quarante-huit ans. Les choses avaient été assez difficiles avec Harry. À l'époque, elle voyageait au moins autant que lui, et c'était encore pire à l'heure actuelle. Il n'y avait vraiment pas de place dans sa vie pour un bébé. Que dirait Salima ? Et qu'en penserait la direction de News TV ?

Elle se jeta sur son lit. Son esprit était assailli par

un millier de pensées. Tout à coup, Blaise se dit qu'elle n'avait pas à avoir peur. Elle avorterait, voilà tout. Personne ne le saurait jamais. Et Simon, alors ? N'avait-il pas le droit de savoir ? En proie à un tourbillon d'émotions, épuisée et en larmes, elle finit par s'endormir.

15

Blaise garda farouchement son secret. La seule personne à qui elle aurait voulu le dire était Simon. Avant de partir, il lui avait répété qu'il l'aimait, mais ses sentiments pouvaient avoir changé entre-temps : il était jeune, indécis... Blaise devait donc prendre sa décision toute seule.

Au début, tout lui semblait évident : la vie qu'elle menait ne laissait aucune place à un bébé. Salima réclamait toute son attention et personne ne serait là pour l'épauler ou prendre soin d'un tout-petit s'il lui arrivait quoi que ce soit. Et puis elle était bien trop âgée... même si, semblait-il, Dieu n'était pas de cet avis ! À moins qu'il ne s'agisse d'un coup du destin ? D'un tour cruel que lui jouait la vie ? À quarante-sept ans, elle se retrouvait enceinte d'un enfant sans père... Que faire ? Elle ne savait même pas pourquoi elle se posait encore la question : la réponse tombait sous le sens. Et pourtant... Blaise imaginait la tristesse de Simon s'il apprenait un jour ce qu'elle s'apprêtait à commettre. Elle avait l'impression de le déposséder de son enfant. D'un autre côté, il l'avait quittée pour rejoindre Megan, ce qui le privait de tout droit de regard sur son corps, sa vie et leur bébé. Mais l'équation se réduisait-elle vraiment à ce paramètre ?

Elle partit pour le Maroc, l'esprit toujours assailli par ce dilemme. Elle était descendue à l'hôtel la Tour Hassan et dînait tous les soirs avec le roi Mohammed VI et son épouse, la princesse Lalla Salma, qui l'accueillirent avec faste. Ils formaient un couple charmant, leurs deux enfants étaient absolument adorables. La princesse, fan inconditionnelle de Blaise, lui fit visiter toute la ville de Rabat et la guida jusque dans les moindres recoins de leur somptueux palais sous l'œil de la caméra. Dans le désert, Blaise enregistra une séquence avec trente des fabuleuses voitures du roi. Le souverain l'emmena même faire un tour dans l'une de ses Aston Martin lancée à pleine vitesse, ce qui ne manquerait pas de captiver le public masculin. L'émission promettait d'être exceptionnelle. Tout aurait été parfait sans sa fatigue et ses nausées tenaces...

Sur le chemin du retour, elle se détendit quelques jours à l'hôtel de la Mamounia à Marrakech, puis fit étape à Paris et passa la nuit au Ritz. C'étaient ses premières vacances depuis Noël. Tout en traversant la place Vendôme en direction de la rue de la Paix, elle pensait à la décision qu'il lui faudrait prendre de retour à New York. Pour se rassurer, elle se répétait qu'elle avait encore un peu de temps devant elle... Si seulement elle avait pu en parler avec Simon !

À l'autre bout du monde, Simon apprenait par un message de Salima que sa mère passait le week-end à Paris, après avoir interviewé le couple royal au Maroc. Il ne fit aucun commentaire, mais la vie que menait

Blaise continuait de l'impressionner. Il mesurait sa chance d'avoir croisé le chemin d'une femme aussi exceptionnelle. Il aurait tant voulu rester auprès d'elle et de Salima... À présent, la jeune fille lui racontait qu'elle apprenait à cuisiner à Becky, d'après les recettes qu'il leur avait laissées : « Je cuisine mieux qu'elle, alors que je suis aveugle ! » Simon lui répondait d'être gentille avec la nouvelle venue. Il adorait échanger des SMS et des mails avec elle, parfois plusieurs par jour. Salima écoutait scrupuleusement ses conseils. Elle le vénérait un peu comme un héros.

La jeune fille répétait tous les jours avec Lucianna en vue de son audition à Juilliard prévue fin mars. Elles avaient visité l'école ensemble et Salima n'avait plus d'autre idée en tête. Elle espérait que la lettre de recommandation de son professeur pèserait dans son dossier. En lisant ces bonnes nouvelles, Simon regrettait d'autant plus sa vie à New York...

À Paris, Blaise sursauta en entendant son Black-Berry sonner. Bien que le numéro fût masqué, elle décida de répondre : c'était Andrew.

— Où es-tu, bébé ?

Il la croyait à New York. À Los Angeles c'était le matin. Pour Blaise, c'était la fin de la journée. La voix d'Andrew était toujours aussi sensuelle qu'à l'époque où il suffisait à Blaise de l'entendre pour sentir ses jambes flageoler. Mais le sortilège était rompu.

— Je me promène dans le faubourg Saint-Honoré pour faire un peu de shopping.

— Tu as une vie en or, dit-il, conscient qu'elle ne paraissait pas se réjouir particulièrement de l'entendre.

— Oui, on peut dire ça...

Grâce à son voyage au Maroc, elle se sentait déjà un peu mieux. Après trois jours de rêve en compagnie d'un roi et d'une princesse à Rabat, elle s'était prélassée sous le soleil de Marrakech. Dans le souk de la ville, qui regorgeait de trésors, elle avait acheté une montagne de babioles amusantes pour Salima, parmi lesquelles un gilet sans manches qu'elle allait adorer, car il était brodé de petits grelots. Et là, elle faisait ses emplettes à Paris avant de retourner dans sa chambre au Ritz ! Il n'y avait pas si longtemps de cela, alors qu'elle se rongeait les sangs à cause de Susie Quentin, Simon lui avait dit de garder confiance en elle. Elle n'était pas n'importe qui ! Susie était maintenant partie... Et Blaise était restée, immuable et fidèle à elle-même : une femme brillante, influente, avec une « vie en or ». Seul Simon lui manquait.

— Tu veux que je te rappelle plus tard ? proposa Andrew. Tu m'as l'air occupée.

En bruit de fond, il entendait le bruit de la circulation alors qu'elle traversait la rue en direction de la boutique Hermès.

— Je ne pense pas que ce soit une bonne idée.

— Tu es avec quelqu'un ?

Blaise savait qu'il n'était pas vraiment jaloux : c'était encore un de ces rôles qu'il jouait. Andrew était vraiment ridicule ; répugnant même.

— Non, je suis toute seule et très heureuse de l'être. Tu sais quoi, Andrew ? Cesse de m'appeler. Je n'ai rien à te dire et d'ailleurs toi non plus.

Un silence se fit au bout du fil. Puis :

— Enfin, Blaise, que t'arrive-t-il ? Que t'ai-je fait ?

À sa voix, on aurait pu le croire sincèrement blessé, mais il n'en était rien. Seul son ego était égratigné ; il n'avait pas de cœur.

— Disons que je n'ai plus aucun sentiment pour toi. Il était temps.

Il resta encore silencieux un moment, persuadé qu'elle finirait par dire quelque chose de gentil. Elle l'avait tant aimé... Mais non.

— Merci d'avoir appelé, Andrew. Ne prends pas cette peine la prochaine fois.

Sur ce, elle lui raccrocha au nez. Alors elle éclata de rire, toute seule au milieu de la rue du Faubourg-Saint-Honoré. D'un pas léger, elle entra chez Hermès et s'acheta un superbe sac Birkin en cuir jaune, trois carrés de soie et un flacon de parfum. C'est vrai, après tout, elle n'était pas n'importe qui !

Lorsque Blaise arriva chez elle à New York, Salima était en train de répéter avec Lucianna. Elle trouva Becky à la cuisine. Les traits tendus, la jeune femme essayait de préparer un soufflé. Pendant une fraction de seconde, Blaise éprouva une vague de tristesse en pensant à Simon. Mais la pauvre Becky avait l'air si stressée et perplexe que Blaise se mit à rire.

— Ne vous inquiétez pas, moi non plus je ne sais pas faire le soufflé ! Quoi de neuf ? Pas de problème avec Salima ?

— Elle est en pleine forme, répondit Becky en glissant son plat en céramique dans le four. Nous nous sommes bien amusées pendant votre absence ; nous avons vu une comédie musicale à Broadway : une première pour moi !

Un monde nouveau s'ouvrait pour Becky, et cette fois c'était Salima qui jouait les guides touristiques. Malgré ses dix ans de plus, Becky semblait avoir le même âge qu'elle. C'était une fille simple et gentille et Blaise avait appris à l'apprécier depuis ses timides débuts.

Blaise se changea et sortit de sa valise les cadeaux qu'elle avait rapportés à l'intention de Salima. Pour Becky, elle avait acheté à Paris un joli pull bleu pâle, assorti à ses yeux. Alors que Salima venait de terminer sa leçon, Becky sortit le soufflé du four, les sourcils froncés, et poussa un grognement de déception. Blaise sourit : la moitié du soufflé avait gonflé à la perfection, tandis que l'autre s'était effondrée. C'était déjà un progrès ! Salima, qui avait reçu des conseils très détaillés de la part de Simon, lui expliqua ce qui n'allait pas et Blaise déclara que ce serait délicieux malgré tout.

Après le dîner, les trois femmes restèrent à bavarder un bon moment autour de la table : pour la première fois depuis le départ de Simon, une atmosphère chaleureuse et détendue régnait dans la maison. Blaise raconta son voyage, puis elle offrit ses cadeaux. Becky se confondit en remerciements. Jamais encore on ne lui avait rapporté quelque chose de Paris ! Quant au gilet brodé de grelots, il plut autant à Salima que sa mère l'avait espéré... Pour la première fois, Blaise ne ressentit pas le besoin de s'allonger dès la fin du repas, exténuée.

Mark s'en aperçut le lendemain matin : lors de son passage à l'antenne, elle était plus fraîche et plus alerte que jamais.

— Tu as une mine superbe, lui dit son assistant alors qu'elle regagnait son bureau. Ces vitamines ont dû te faire du bien.

— Je pense plutôt que c'est mon séjour à Paris. Je

me suis vraiment détendue. J'ai pris du temps pour moi, j'ai fait du lèche-vitrines... Et j'ai envoyé Andrew sur les roses !

Un sourire satisfait éclaira son visage.

— Alléluia ! s'exclama Mark, tandis que Blaise se mettait en devoir de visionner le montage de ses rushes du Maroc.

Blaise passa un excellent week-end avec Salima et Becky. Dans ses moments de solitude, cependant, elle se retrouvait aux prises avec son dilemme. Il ne lui restait plus beaucoup de temps. Il fallait bien qu'elle avorte, mais elle traînait des pieds et n'avait pas encore appelé sa gynécologue pour fixer la date de l'intervention. Il lui arrivait parfois d'imaginer une vie à trois : elle, Salima et le bébé. Serait-elle capable de faire face, ou bien dépassée par la situation ? Elle avait toujours penché pour la seconde hypothèse quand elle imaginait plus jeune avoir un autre enfant, mais à présent qu'elle y réfléchissait, l'espace d'un éclair, elle se prenait à rêver que c'était possible... Sa rêverie ne durait pas : elle revenait aussitôt à la raison. Était-ce son attachement à Simon qui la rendait aussi sentimentale ?

Dans l'hypothèse où elle aurait gardé le bébé – ce n'était qu'une hypothèse –, elle l'en aurait informé après la naissance, puis serait convenue avec lui d'une sorte de droit de visite à l'amiable. Il était hors de question que cet enfant soit un fardeau pour lui. Dans ces circonstances, ses sentiments pour Simon n'avaient pas d'importance. Elle l'aimait encore, mais avec une sorte de bienveillance distante. La souffrance intolérable des premières semaines avait commencé à s'atténuer, s'était muée en une douleur chronique avec laquelle elle pouvait vivre : comme un vide qu'elle devait apprendre à combler.

Il ne lui restait plus qu'à prendre la bonne décision. Elle appela sa gynécologue le lundi, une semaine après avoir repris le travail. Pendant tout le week-end, l'idée la traversa qu'à son âge cette grossesse représentait peut-être un miracle qu'elle n'avait pas le droit de refuser...

— Que comptez-vous faire ? lui demanda la gynécologue le mardi après-midi.

Blaise venait de passer une nuit blanche à se poser la même question.

— Je n'en sais rien. Je suis tiraillée et je me sens un peu folle, ne serait-ce que d'imaginer que je pourrais le garder. Je n'ai jamais voulu d'autre enfant.

Elle ne précisa pas qu'elle n'avait pas désiré le premier non plus. Ses deux grossesses étaient accidentelles et elle ne cessait de se fustiger.

— Vous savez, ma fille est diabétique de type 1. À l'époque, tous les généticiens que nous avons consultés nous ont assuré que nous n'aurions sans doute pas d'autre enfant diabétique, mais je ne veux pas courir ce risque. Salima a aujourd'hui vingt ans, et elle est aveugle. Je suis déjà bien occupée, surtout avec une carrière comme la mienne. Et puis je ne suis plus en relation avec le père de ce bébé. Nous avons rompu il y a deux mois.

— Ah... Est-ce un homme de valeur ?

— Absolument. Lui voulait un enfant et je lui ai dit que je ne pourrais pas tomber enceinte à mon âge. J'en étais persuadée ! Et maintenant, il est en couple avec une autre femme... de sorte que, si je décidais de le garder, je devrais le prendre en charge toute seule.

— La semaine dernière, j'ai reçu en consultation

une femme de cinquante et un ans. Elle non plus ne pensait pas pouvoir tomber enceinte, mais il arrive que la nature nous surprenne. Dans tous les cas, vous devez choisir ce qui est le mieux pour vous. En particulier si vous vous retrouviez à assurer seule son éducation.

— Qu'a décidé votre autre patiente ?

— Elle garde le bébé. Mais elle est mariée et son mari saute de joie. Ils avaient même envisagé l'adoption : c'est pour eux une occasion inespérée. Et vous ? En avez-vous parlé au père ?

— Non, je n'en ai pas l'intention. Nous ne sommes plus en contact et je pense que c'est mieux ainsi. Bien sûr, je le lui dirai si je le garde. Mais je veux prendre la décision toute seule, car il ne sera pas là pour m'aider. Je ne sais même pas pourquoi j'en parle. Au début, j'étais certaine que je voulais avorter et c'est sans doute ce que je vais faire. Mais je n'arrête pas de me demander si ce n'est pas une espèce de don du ciel. À mon âge...

Le médecin sourit sans répondre. Elle ne voulait pas influencer sa patiente.

— Il vous reste environ deux semaines pour avorter, expliqua-t-elle. En revanche, si vous décidez de poursuivre la grossesse, je souhaiterais que vous passiez une choriocentèse la semaine prochaine. Au-delà de cette date, ce n'est pas recommandé ; une amniocentèse s'imposera alors. La choriocentèse reste préférable tant que c'est possible. Ce serait donc mieux que vous preniez votre décision avant la fin de la semaine en cours.

Blaise en était à deux mois et demi de grossesse. Le médecin réalisa une échographie dans la foulée et Blaise vit le cœur du fœtus battre vigoureusement. À sa sortie du cabinet, elle s'efforça de ne pas y penser.

263

Elle ne pouvait pas se permettre de s'attendrir sur le bébé, ni sur l'amour dont il était le fruit. Sa décision devait se faire en fonction de ce qu'elle était capable d'assumer. Avec Salima, elle endossait déjà de lourdes responsabilités.

De retour chez elle, elle s'allongea sur son lit. Mais, dès qu'elle fermait les yeux, elle se voyait en train de porter un nouveau-né dans ses bras... L'enfant de Simon. Même s'ils n'étaient restés ensemble que peu de temps, ils s'étaient aimés du fond du cœur. Et le bébé issu de cet amour était indéniablement une sorte de cadeau.

La semaine passa ainsi, dans l'incertitude la plus totale. Le dimanche matin, Blaise se retrouva assise devant sa tasse de café, le regard perdu dans le vague. Elle devait se décider d'ici le lendemain.

— Tu es bien silencieuse, maman ! lui dit Salima en entrant dans la cuisine.

— J'étais juste en train de réfléchir...

— À quoi donc ?

Depuis peu, sa mère semblait avoir repris courage. Elle était moins triste.

— Je ne sais pas... À mon travail... À l'émission que j'ai tournée au Maroc. Rien de spécial.

Salima était persuadée qu'elle pensait à Simon, mais elle n'osa pas lui poser la question. La jeune fille avait déjà reçu deux messages de lui ce matin-là. Au cours des deux derniers mois, il avait entretenu une correspondance très régulière avec elle. Mais il ne parlait jamais de Blaise, même si elle lui manquait et qu'il s'inquiétait pour elle. Il ne voulait pas se servir de Salima pour obtenir des informations ou transmettre des messages à sa mère. S'il avait eu quelque chose à lui dire, il l'aurait fait en personne.

Blaise passa le reste de la journée à travailler. Le soir, épuisée, elle se coucha et regarda la lune un long moment, toujours aussi indécise. Elle se remémorait l'époque où Simon avait partagé ce lit avec elle. Ils avaient été si heureux...

Au bout de plusieurs heures, elle finit par lâcher prise et, avant de sombrer dans le sommeil, elle espéra que tout serait plus clair le lendemain matin.

Sans raison apparente, elle se réveilla au milieu de la nuit. La lune brillait encore et il ne restait plus à Blaise que deux heures de repos avant que le réveil ne sonne. Tout à coup, une voix prononça ces mots dans sa tête : *C'est un don.* Les mots étaient si distincts qu'il lui sembla entendre la voix résonner dans la pièce. « C'est un don », répéta-t-elle avant de se rendormir.

Sa décision était prise.

16

Blaise se rendit à l'hôpital la semaine suivante pour subir la choriocentèse recommandée par sa gynécologue. C'était un examen invasif, comportant un risque de fausse couche, mais il l'informerait sur la santé génétique du bébé. Si elle le souhaitait, elle pourrait aussi connaître le sexe. Il lui faudrait cependant attendre trois ou quatre semaines pour obtenir le résultat de l'analyse, ce qui lui semblait terriblement long. Maintenant qu'elle était décidée à aller jusqu'au bout, elle croisait les doigts. Elle avait choisi d'annoncer la nouvelle à Salima quand son ventre commencerait à s'arrondir. Pour le moment, à trois mois de grossesse, elle était encore très mince et voulait garder le secret à News TV aussi longtemps que possible. Les dirigeants de la chaîne ne seraient pas ravis, mais elle prendrait un congé de maternité minimal, comme elle l'avait fait pour Salima. S'absenter trop longtemps présentait toujours quelques risques...

Une semaine plus tard, elle tournait un reportage en Afrique du Sud, après quoi elle se rendit à Londres, où elle était invitée à un mariage royal. Elle rentra à New York au bout de dix jours, avec une foule de choses à raconter à Becky et Salima. En apparence, rien n'avait changé...

— Vous menez une vie tellement classe, lâcha Becky avec un soupir d'admiration.

— Mais non ! lança Salima. Tu vois bien qu'elle accepte encore de nous fréquenter !

Pour le prouver, Blaise les emmena au bowling ce soir-là, où elles s'amusèrent comme des folles. Salima déclara que son handicap lui donnait droit à des points d'avance, à quoi Blaise répliqua qu'elle jouerait tout aussi mal si elle n'était pas aveugle.

— Peut-être, mais toi, tu ne sais pas cuisiner ! Becky non plus, d'ailleurs...

— Ah, si ! Tu oublies que j'ai enfin réussi mon soufflé la semaine dernière.

C'était devenu une véritable obsession pour la jeune femme : son épreuve du feu, son rite de passage.

— Ouais ! Avec Simon qui nous guidait pas à pas au téléphone... Ça ne compte pas, c'est comme peindre selon les numéros !

— Ça a marché en tout cas.

Blaise tenta d'oublier le bond qu'avait fait son cœur lorsque Salima avait mentionné le nom de Simon. Elle savait qu'il communiquait encore très souvent avec elle, et Salima était la seule personne, hormis Simon lui-même, à qui elle avait prévu de dire qu'il était le père. Dans la mesure du possible, elle s'efforcerait de protéger sa grossesse des assauts de la presse et de la cacher à News TV encore deux mois. Son médecin lui avait dit qu'elle pourrait voyager jusqu'en août. Et, dans la mesure où elle restait assise derrière son bureau pour présenter sa séquence matinale, les téléspectateurs ne l'apprendraient pas avant la naissance.

Pendant qu'elle était à Londres, Salima avait

passé son audition pour Juilliard, accompagnée par Lucianna. Elle espérait une réponse d'ici mai ou juin. Plus ardemment que jamais, la jeune fille désirait intégrer le prestigieux conservatoire situé dans le Lincoln Center, vaste complexe qui hébergeait aussi le Metropolitan Opera, la philharmonie et le ballet de New York. Cette école offrait des conditions d'apprentissage exceptionnelles, en petits effectifs, avec un ratio de trois élèves pour un professeur et des enseignants fabuleux. De plus, l'établissement mettait l'accent sur l'intégration des étudiants handicapés. En attendant les résultats, Salima répétait maintenant pour le récital qu'elle donnerait en mai, pendant le week-end de Memorial Day.

Blaise, quant à elle, se préparait en vue de la semaine dite « de ratissage » du mois de mai. Deux fois par an, la chaîne diffusait des programmes phare, dont elle attendait une audience exceptionnelle. Elle en profitait pour multiplier les pages de publicité et ainsi récolter un maximum d'argent de la part des annonceurs. Comme d'habitude lors de cet événement, News TV était en effervescence. Les producteurs avaient prévu de diffuser l'interview de Blaise avec le roi du Maroc, une grande réussite selon eux.

Vers la fin du mois d'avril, cette dernière était en train d'éplucher une pile de documentations pour ses nouveaux projets, quand Mark lui passa son médecin au téléphone.

— Blaise McCarthy, articula-t-elle sans lever le nez de ses dossiers.

— Bonjour, Blaise !

La voix de sa gynécologue la ramena à la réalité.

— Je viens de recevoir les résultats de votre choriocentèse. Tout est en ordre.

Blaise poussa un soupir de soulagement. Jusque-là, elle ne s'était pas vraiment rendu compte de son anxiété.

— C'est formidable, merci d'avoir appelé.

— Voulez-vous toujours connaître le sexe du bébé ?

— Oui, ça me plairait beaucoup.

Les larmes lui montèrent aux yeux : elle était en train de vivre un moment important. Son bébé était en bonne santé.

— C'est un garçon, annonça la femme, un sourire dans la voix.

Elle adorait délivrer ce genre de bonnes nouvelles... Un bébé en pleine santé, que pouvait-il y avoir de mieux au monde ?

Blaise n'avait aucune préférence concernant le sexe de l'enfant. Toutefois, le fait de savoir que c'était un garçon donna soudain une plus grande réalité à ce petit être : elle allait avoir un fils. Elle espérait qu'il ressemblerait à Simon... À cette pensée, elle sentit les larmes rouler le long de ses joues. Elle n'entendit pas Mark entrer dans la pièce.

— Ça va, Blaise ? Il y a un problème ?

— Non, tout va bien, merci, dit-elle en se tamponnant les yeux avec un mouchoir.

Il lui tendit des documents sur un politicien britannique impliqué dans un scandale international de blanchiment d'argent. Alors qu'il se dirigeait vers son propre bureau, il fit volte-face.

— Oh, j'allais oublier... C'est toi qui décroches tous les bons plans, dans cette rédaction ! Ils t'envoient au festival de Cannes pour une émission spéciale. Ce sera la troisième semaine de mai et ensuite tu files à Monaco pour le Grand Prix la semaine suivante. Si tu veux rester en France pour le week-end qui suit, je te prends une chambre à l'hôtel du Cap-Eden-Roc.

— Oh, mon Dieu... Non, je ne pourrai pas rester...
Le récital de Salima a lieu le vendredi soir, le dernier
jour du Grand Prix. Elle s'y prépare depuis six mois !
Je ne peux le manquer sous aucun prétexte.

Elle s'en voulait énormément d'avoir déjà raté sa
remise de diplôme à la fin du lycée. Elle était alors
en train d'interviewer le président de Corée du Sud.

— Mark, il faut que je sois de retour à New York
le vendredi après-midi.

— D'accord, je réserve ton vol. Peut-être que tu
seras obligée de partir la veille...

Mark savait ce que ce récital représentait pour
Salima. Blaise lui en parlait depuis des mois.

Elle écrivit aussitôt à Charlie pour le prévenir de ce
léger contretemps. Peu importait ce qu'en penserait
la direction. Cette fois-ci, elle ne trahirait pas Salima.

Après avoir appris que le bébé était un garçon et
qu'il était en bonne santé, Blaise se surprit à penser à
Simon de plus en plus souvent. Elle en vint presque
à regretter de connaître le sexe, car elle ne cessait de
se demander si son petit garçon lui ressemblerait et
quelle serait la réaction de Simon lorsqu'elle le lui
révélerait. Elle se refusait toujours à lui en parler avant
la naissance. Pas question de l'envahir. Pourtant, elle
pensait tant à lui...

Consécutivement à la semaine de ratissage, Blaise
battit ses propres records d'audience, au point que
Zack vint la féliciter personnellement dans son bureau
et que Charlie lui offrit une bouteille de champagne.
Le soir venu, elle l'ouvrit avec Becky et Salima. Elle
emplit une coupe pour chacune des filles, puis trin-
qua avec elles. Salima s'aperçut qu'elle ne s'était servi

qu'un fond de verre et lui en demanda la raison. Blaise était sidérée par la finesse de son ouïe.

— Il faut bien que quelqu'un reste sobre dans cette maison ! dit-elle en riant.

Ses bons résultats professionnels lui permettaient de relâcher un peu la pression. Du moins, pour le moment...

Deux semaines plus tard, elle s'envola pour le festival de Cannes et le Grand Prix de Monaco. Elle descendit respectivement à l'hôtel du Cap-Eden-Roc à Antibes et à l'Hermitage de Monte-Carlo, deux établissements d'exception. Le festival se révéla passionnant et elle adora la course de Formule 1. Dire que le circuit empruntait les rues de la principauté monégasque ! Elle fut conviée à des fêtes somptueuses sur des yachts ou dans des villas de rêve, et assista même à une soirée donnée au palais par le prince et la princesse de Monaco. Sa vie était vraiment aussi glamour qu'on le disait. En outre, Charlie s'était montré adorable en lui permettant de partir avant la fin de la course. Blaise se donna à fond toute la semaine, de manière à accumuler le plus de séquences filmées possible. L'équipe de tournage se débrouillerait sans elle pour couvrir la dernière journée.

Chaque jour, elle téléphonait à Salima pour lui rendre compte des vedettes et des têtes couronnées qu'elle avait croisées. Pendant ce temps, à New York, la jeune fille répétait avec zèle en vue de son récital. En collaboration avec Lucianna, elle avait sélectionné les partitions qui mettaient le mieux en valeur sa superbe voix.

— Tu seras là à temps, maman ? Tu me le promets ?

— Mais oui, bien sûr, ma chérie. Je pars vendredi

matin par le premier avion. Avec le décalage horaire, je serai là à midi, largement en avance pour le récital. Je pourrai même t'aider à t'habiller.

Elle lui avait acheté un mois plus tôt une longue robe de soie blanche, qui lui allait à merveille. La jeune fille avait invité Simon par SMS, mais il devait assister à la remise des diplômes à Caldwell le même week-end. Et il ne serait pas venu de toute façon : après quatre mois de silence entre eux, il aurait appréhendé de revoir Blaise. Il lui arrivait maintenant de demander de ses nouvelles à Salima, qui répondait que sa mère allait bien. Il espérait qu'elle disait vrai.

Le jour du récital approchant, Salima commença à paniquer pour de bon.

— Il faut que tu te calmes, tout va bien se passer, lui dit Blaise au téléphone.

— Non, je suis sûre que ce sera une catastrophe... Et tu as intérêt à ne pas rater ton avion. Tu me le promets, maman ? Ils ne vont pas prolonger ton séjour ? Ni t'envoyer ailleurs ?

Ce genre de choses s'était produit si souvent par le passé qu'elle redoutait le pire.

Le vendredi, Blaise se leva deux heures plus tôt que nécessaire pour partir à l'aéroport. Après avoir effectué les formalités de départ à la réception, elle monta dans la limousine qui l'attendait devant l'hôtel. Son vol Air France, direct entre Nice et New York, ne circulait que deux fois par jour. Arrivée au comptoir d'embarquement, elle tendit son billet et son passeport à une hôtesse. Tout allait bien, elle était arrivée avec une avance confortable. Jusque-là, sa journée se déroulait avec la précision d'une montre suisse.

— Je regrette, madame, lui dit l'employée. Votre vol

273

a été annulé. Nous avons eu un problème technique, l'avion est bloqué à JFK.

— Mais c'est impossible ! Je dois être à New York cet après-midi !

— Je comprends parfaitement, madame. Nous aurons un autre appareil d'ici trois heures. Vous décollerez à midi.

Blaise effectua un rapide calcul mental. Avec le décalage horaire, le passage de la douane et le trajet en voiture, elle arriverait à son appartement à quatorze ou quinze heures tout au plus. C'était l'heure à laquelle la coiffeuse viendrait préparer Salima. Plus tard que ce que Blaise avait promis, mais Tully devait les emmener à la salle de concert à dix-huit heures et le récital ne commençait pas avant dix-neuf heures.

— Très bien, dit Blaise avec un soupir résigné.

Même avec ce contretemps, elle serait là pour sa fille. Elle s'assit donc dans le salon VIP et attendit avec impatience le vol de midi.

À onze heures, elle alla s'assurer qu'il n'y avait pas de retard supplémentaire. L'hôtesse au sol regarda son écran, puis gratifia Blaise d'un sourire rassurant.

— Tout va bien, lui dit-elle.

— À quelle heure embarquons-nous ?

Blaise ne désirait qu'une seule chose : monter à bord de l'avion. De peur de l'inquiéter, elle n'avait pas encore annoncé son retard à Salima

— Onze heures cinquante, répondit la femme.

Son sourire étincelant et commercial ne trompa pas Blaise.

— Alors tout ne va pas bien ! Nous sommes censés décoller à midi. Si vous commencez à embarquer trois cents passagers à onze heures cinquante, nous décollerons une heure plus tard que prévu.

— Nous rattrapons toujours notre retard en vol, madame.

Ce genre de réponses devait endormir les passagers naïfs, mais Blaise voyageait trop souvent pour ignorer les phrases standard dont les compagnies aériennes usaient et abusaient pour mentir à leurs passagers. Or Blaise n'avait pas envie qu'on se paie sa tête ce jour-là.

— Est-ce que l'avion est ici, au moins ? demanda-t-elle d'un ton sec.

La jeune femme en uniforme se crispa. Les passagers tels que Blaise, qui exigeaient de vraies informations, leur donnaient du fil à retordre.

— Naturellement, lâcha-t-elle d'un air hautain.

À midi quinze, ils n'avaient toujours pas embarqué. Blaise s'affola.

— Écoutez, il faut que je sois à New York le plus vite possible. Quelque chose me dit que l'avion n'est pas encore arrivé à Nice... Si je prends un vol pour Paris, quelles sont les connexions pour New York ?

Ce détour la ralentirait peut-être moins qu'un vol direct cloué au sol ! Elle aurait fait n'importe quoi plutôt que de risquer d'arriver en retard pour le récital de Salima – ou pire encore : de le manquer complètement. Elle frissonna à cette idée.

L'hôtesse consulta son ordinateur et l'informa qu'il y avait un départ pour Paris dans les dix minutes. Les portes n'étaient pas encore fermées, mais elle ne pouvait pas le prendre car ses bagages étaient en partance pour le vol direct.

— Bon, tant pis pour ce vol. Mais sortez mes bagages de là et ensuite, dites-moi ce que vous pouvez me proposer d'autre.

— J'ai un vol pour Paris dans une heure...

— Parfait.

Blaise tentait de respirer profondément et de rester calme.

— … mais il est complet, à l'exception d'un siège de classe économique, au dernier rang de l'appareil, dit l'hôtesse avec un sourire malveillant.

— Je le prends, déclara Blaise sans l'ombre d'une hésitation.

La jeune femme pianota sur son clavier, puis elle secoua la tête… tandis que Blaise réprimait son envie de l'étrangler.

— Je suis désolée. Il y avait une erreur dans l'ordinateur. Ce siège est réservé pour un bébé. Le vol est complet.

— Bon, alors quand puis-je aller à Paris, et de là jusqu'à New York ?

— Il y a le vol de quinze heures. Vous pouvez prendre la correspondance à dix-sept heures quarante-cinq pour JFK Airport.

— À quelle heure arrive-t-il ? demanda Blaise, mâchoires serrées.

— Dix-neuf heures cinquante-cinq, heure locale.

Autrement dit, vingt heures. Elle ne serait pas en ville avant vingt-deux heures et raterait le récital.

— Ça n'ira pas, dit Blaise avec un soupir exaspéré. Par quelle autre ville puis-je transiter ? Londres, Zurich, Francfort ? Ce que vous voudrez ! Écoutez, il faut que je sois au centre de New York avant dix-huit heures. Ce qui veut dire que je ne peux pas atterrir après seize heures.

Entre-temps, il était treize heures à Nice et le vol direct ne décollait toujours pas. L'embarquement n'avait même pas commencé.

— Et il faut encore que je récupère mes bagages, ajouta-t-elle.

— Nous avons une grève partielle des bagagistes aujourd'hui.

Une grève par-dessus le marché ? Bienvenue en France !

— Formidable…, lâcha Blaise, sur le point de tuer quelqu'un.

Elle aurait volontiers abandonné ses valises sur place. Mais, pour des raisons de sécurité, ce n'était même pas possible !

Sur ce, les haut-parleurs annoncèrent que le vol initialement prévu à midi décollerait de Nice à quinze heures et que l'embarquement commencerait à quatorze heures dix. Il atterrirait donc à dix-sept heures. Blaise pourrait arriver en ville à dix-neuf heures, mais elle n'aurait pas le temps d'aider Salima à s'habiller, ni de l'accompagner jusqu'à la salle. S'il y avait encore le moindre retard, c'était fini : elle manquait le récital que Salima préparait depuis des mois.

— Il semblerait que le vol de quinze heures soit la meilleure option…

— Je l'ai toujours pensé, madame.

— Non : c'est ce que vous pensiez quand il était prévu à neuf heures, puis à midi ! Et si ce fichu avion n'arrive pas de Paris pour que nous puissions embarquer à quatorze heures dix précises, je vous promets de piquer une crise d'hystérie ici même ! Je dois absolument être à New York avant dix-neuf heures.

— Je vous assure que vous y serez, madame. Faites preuve d'un peu de patience.

— Écoutez, je m'appelle Blaise McCarthy, je suis journaliste pour une grande chaîne nationale américaine et j'ai un rendez-vous ce soir à New York pour interviewer le président des États-Unis.

— Très bien, nous allons vous pré-embarquer.

Comme si les passagers pré-embarqués décollaient avant les autres ! La seule différence, c'est que vous pouviez vous jeter la première sur le champagne. Mais alors qu'elle aurait volontiers apprécié une petite coupe pour calmer ses nerfs, Blaise n'avait même pas le droit de boire d'alcool... Voilà plusieurs années qu'elle n'avait pas vécu une journée aussi frustrante.

— Dois-je toujours annuler l'enregistrement de vos bagages, madame McCarthy ?

— Bien sûr que non ! Vous venez de conclure avec moi que cet avion était désormais la meilleure option. Pourquoi voudriez-vous enlever mes bagages alors que vous refusiez de le faire quand je vous le demandais ? Il me semblait que vous aviez une grève, en plus...

— En effet.

— Alors ne touchez pas à mes bagages.

À ce stade des opérations, Blaise envoya un message à Salima pour la prévenir que le vol avait du retard, mais qu'elle la retrouverait à la salle de concert. Il était sept heures du matin à New York, et Blaise était persuadée que Salima dormait encore. Au lieu de cela, sa fille répondit quelques secondes plus tard : « Je t'en supplie, maman, arrive à l'heure ! J'ai besoin de toi. » Ces mots déchirèrent le cœur de Blaise. « Je te le promets », écrivit-elle, espérant pouvoir tenir parole.

À bout de nerfs, Blaise attendit l'annonce de son vol, dont l'embarquement commença un quart d'heure après le dernier horaire annoncé... Elle se dirigea vers la porte, épuisée avant d'être partie, trouva sa place et refusa magazines, journaux, pyjama, produits de toilette, jus d'orange et champagne... On se serait cru dans un bazar ! Elle se contenta d'une petite bouteille d'eau et s'enfonça dans son siège, priant pour qu'ils ferment les portes au plus vite. Elle envoya un dernier

SMS à Salima et dut éteindre son téléphone avant de recevoir sa réponse. À quinze heures quinze, l'avion s'éloigna de la porte d'embarquement avec une lenteur d'escargot. À cette heure-ci, elle aurait déjà dû être à New York. Là, elle n'était plus sûre de rien...

Ils décollèrent enfin. Blaise regarda sa montre pendant les deux premières heures du vol, puis finit par lâcher prise : elle était impuissante de toute façon, mais elle devrait mettre les bouchées doubles une fois arrivée à JFK. Elle demanda au chef de cabine de s'assurer qu'elle bénéficierait d'un accompagnement VIP afin de passer les contrôles au plus vite. Pour plus de sûreté, elle réitéra son mensonge : elle devait interviewer le président des États-Unis. Qu'il la crût ou non, le steward lui promit de s'en occuper. Puis Blaise s'endormit devant un film et se réveilla lorsqu'on servit le plateau-repas, auquel elle toucha à peine. Elle accorda à contrecœur des autographes à trois hôtesses et, jusqu'à l'atterrissage ou presque, consulta régulièrement l'heure d'arrivée estimée sur son écran individuel.

— Je croyais que vous deviez rattraper une partie du retard en vol ? demanda-t-elle à un membre de l'équipage.

— Nous avons un fort vent de face aujourd'hui.

Blaise avait l'impression de devoir affronter seule Air France, les vents de face et tout l'univers... Depuis le début, son voyage se résumait à une suite de contradictions, de retards et de mensonges, qui étaient hélas devenus monnaie courante dans toutes les compagnies aériennes de la planète.

Elle tira la couverture sur elle et caressa le léger galbe de son ventre. D'ici quelques jours, elle atteindrait cinq mois de grossesse. Elle ne portait plus que des hauts et des chemisiers amples, mais, à moins d'y regarder de très près, c'était encore insoupçonnable. Enceinte de Salima, elle avait réussi à garder le secret jusqu'à la fin du sixième mois. Elle n'avait à l'époque que vingt-sept ans et les téléspectateurs s'étaient attendris sur son bonheur. Elle doutait qu'ils réagissent de la même façon aujourd'hui, alors qu'elle en avait quarante-sept, et pas de mari à l'horizon... Quant à Zack, son patron, il n'y verrait rien de réjouissant. S'il était mal luné, il pouvait même se remettre en quête d'une nouvelle Susie Quentin, ou pire : une nouvelle Blaise McCarthy. Quoi qu'il en soit, elle serait bien obligée de s'arrêter quelques semaines après l'accouchement. Elle lissa son chemisier sur son ventre et se cala dans son siège, accompagnant l'avion de ses prières. Le trafic ou les intempéries risquaient encore de les forcer à tourner en rond au-dessus de l'aéroport...

Un léger en-cas fut servi, composé de foie gras, de saumon fumé, de fromage et de champagne. Blaise ne toucha pas au saumon et remplaça le champagne par une tasse de thé. Elle se dirigea ensuite vers les toilettes pour se refaire une beauté et se rendit compte en chemin qu'elle n'aurait pas le temps de rentrer chez elle pour se changer. Elle serait obligée de porter son pantalon en lin bleu marine, son chemisier blanc et ses sandales au concert ! Elle se recoiffa, se brossa les dents et se maquilla. Même dans cette tenue, plus adaptée aux plages de la côte d'Azur qu'à un concert au Lincoln Center, elle était impeccable. De toute façon, du moment qu'elle assistait au récital, son apparence serait bien égale à Salima.

Par chance, l'avion amorça sa descente sans encombre. À 17 h 01, ils se posèrent enfin. Comme promis, une escorte VIP composée d'un bagagiste et d'un steward attendait Blaise. Ils la firent descendre de l'avion la première, l'amenèrent au pas de course jusqu'au guichet de l'immigration, attendirent ses bagages avec elle et la conduisirent à la douane, où elle dit n'avoir rien à déclarer. À 17 h 29, elle traversait le hall des arrivées en courant et se précipitait au-dehors. Le véhicule avec chauffeur que lui avait réservé Mark était là. Tully, lui, conduisait Salima au Lincoln Center. À peine assise dans la voiture, elle sortit son portable pour envoyer un SMS à Salima... et s'aperçut qu'elle était en panne de batterie. Elle essaya de l'appeler depuis le téléphone de la voiture, mais tomba directement sur le répondeur.

Après avoir habilement navigué dans la circulation en pleine heure de pointe, le chauffeur déposa Blaise devant le Lincoln Center quinze minutes avant le début du concert. Salima se produisait dans l'auditorium de l'école Juilliard, le Alice Tully Hall. Blaise sauta de voiture, descendit les quelques marches, traversa le parvis en courant, passa les portes vitrées et tendit son ticket à l'ouvreuse. Une chance qu'elle ait pensé à le mettre dans son sac à main à Nice ! Lucianna lui avait réservé une place au premier rang, avec Becky et Mark. À bout de souffle, elle se laissa tomber entre eux deux. Mark, soulagé, l'accueillit avec un immense sourire. Blaise leva les yeux vers la scène, où trônait un superbe piano à queue. Salima passait la première, avant deux autres chanteuses. Il s'en était fallu de peu, mais elle était arrivée à temps pour sa fille chérie... Elle s'aperçut alors que c'était la première fois. Elle n'avait jamais dépensé autant d'énergie pour un rendez-vous avec Salima. Quelque chose avait changé : tout à coup, il lui avait paru naturel de lui donner la priorité sur son travail, de remuer ciel et terre pour elle.

Les derniers retardataires finirent de s'installer, les lumières s'éteignirent. Blaise retenait son souffle. Quelques instants plus tard, Salima apparut au bras de Lucianna, qui la conduisit juste au bord de la scène avant de s'asseoir au piano. Salima semblait pâle et inquiète. Blaise comprit tout à coup qu'elle ne pouvait avoir conscience de sa présence dans la salle. À la surprise générale, elle se leva, fit deux pas en direction de la scène et dit, juste assez fort pour Salima : « Je suis là, ma chérie ! » Aussitôt, le visage de la jeune fille s'illumina. Elle l'avait entendue. Dans un silence religieux, elle entonna le premier morceau. Elle chanta comme un ange, puis salua le public sous un tonnerre d'applaudissements avant que Lucianna, gonflée de fierté, ne la raccompagne en coulisse. Blaise les y avait précédées. Elle n'avait pas cessé de pleurer, c'était la plus belle soirée de toute sa vie ! Transportée par un sentiment de victoire, Salima rayonnait.

— Tu es venue, maman ! Tu es là ! Je ne pensais pas que tu arriverais à temps ! dit-elle en se jetant dans ses bras.

— J'ai presque été obligée de détourner un avion et j'ai failli agresser une hôtesse dans le salon VIP de l'aéroport de Nice, mais j'ai réussi ! Deux minutes avant ton entrée en scène, je m'asseyais dans le fauteuil !

— Tu sais, maman, heureusement que tu m'as dit que tu étais là. Je n'ai chanté que pour toi !

Blaise se remit à pleurer, pendant que Salima retournait saluer le public.

Elle emmena ensuite Salima, Becky et Mark dîner au Harry Cipriani (la réplique du célèbre Harry's Bar de Venise), où Lucianna les rejoignit un peu plus tard. Juste avant d'entrer dans le restaurant, Salima envoya un SMS à Simon. Il lui répondit qu'il était très fier d'elle et lui réclama un enregistrement du concert. Elle le lui promit, puis alla s'asseoir avec les autres, déclarant qu'elle avait une faim de loup : l'estomac noué par le trac, elle n'avait rien avalé de la journée. Blaise avait hâte de visionner le DVD. Salima n'avait jamais aussi bien chanté. Et dans sa robe blanche, on eût dit un ange. Remarquant que Becky s'était elle aussi acheté une tenue de soirée dans l'un des plus beaux magasins de la ville, Blaise éclata de rire : elle ne ressemblait, quant à elle, à rien, avec ses sandales dorées et son pantalon en lin chiffonné par huit heures de vol.

— Tu aurais pu venir toute nue, maman, ça m'est bien égal ! Je suis si heureuse que tu sois là...

— Moi aussi, ma chérie.

Blaise prit la main de Salima et se pencha pour déposer un baiser sur son front. Elle avait deux bonnes raisons d'être fière : de Salima, pour son talent, sa persévérance et sa prestation exceptionnelle ; mais aussi d'elle-même, qui avait fait tout son possible pour être présente dans un moment important pour sa fille. Et alors qu'elle lui souriait avec tendresse et admiration, elle sentit le bébé bouger pour la première fois au creux de son ventre.

17

Salima plana sur un petit nuage pendant tout le week-end. Blaise lui fit livrer deux douzaines de roses, ainsi qu'à Lucianna : rouges pour la cantatrice, roses pour la jeune fille. Le samedi, toutes deux se promenèrent dans le parc, puis dînèrent dans un nouveau restaurant de West Village dont Salima avait entendu parler, et qui grouillait de jeunes et d'étudiants. L'ambiance était à la fête. Blaise dut attendre le dimanche pour défaire ses bagages à son aise, alors que Becky et Salima étaient sorties écouter un concert en plein air. Pieds nus, ses cheveux fraîchement lavés, en jean et grand tee-shirt blanc, elle était en train de mettre un peu d'ordre dans le chaos de sa chambre quand la sonnette retentit. Le gardien n'avait annoncé personne.

— Alors les filles, on a oublié ses clés ? dit-elle en ouvrant la porte, un grand sourire aux lèvres.

Elle se retrouva nez à nez avec Simon, en pantalon kaki et chemise blanche, un blazer sur le bras. Elle pâlit comme si elle venait de voir un fantôme.

— Que fais-tu là ? Je pensais que c'était Becky et Salima. Et pourquoi le portier n'a-t-il pas appelé ?

Sa voix exprimait plus la surprise que la colère. Blaise était si stupéfaite qu'elle ne proposait pas à Simon d'entrer. Alors qu'ils se regardaient ainsi, elle sentit les sentiments qu'elle éprouvait pour lui resurgir. Et en dépit de ses efforts pour dissimuler son émotion, Simon la perçut au fond de ses yeux.

— Le portier doit s'imaginer que j'habite encore ici, ou alors il m'a à la bonne, je ne sais pas. Tu es occupée ? Je peux entrer un instant… ?

— Pardon, bien sûr… Je suis occupée, mais tu peux entrer. Je suis rentrée de France vendredi soir et je rangeais mes affaires.

— J'ai entendu que Salima avait fait carton plein au Alice Tully Hall, dit-il en la suivant au salon.

Ils ne s'étaient pratiquement jamais assis ensemble dans cette pièce, que Simon trouvait trop formelle. Il préférait nettement l'intimité de la cuisine, du bureau ou de la chambre de Blaise… Mais il n'était plus chez lui.

Blaise s'efforça de ne pas se laisser envahir par le passé. Elle se demandait ce qu'il faisait là. En tout cas, il était culotté de passer sans avoir appelé d'abord ; cela ne cadrait pas avec ses bonnes manières habituelles.

— Oui, Salima était fabuleuse, répondit Blaise. Je suppose que tu voulais la voir ? Elle vient de sortir avec Becky. Elles ne vont pas revenir avant un moment.

Elle le traitait comme un invité ou un vieil ami, non comme l'homme qu'elle avait aimé… qu'elle aimait encore.

— C'est toi que je viens voir, dit-il d'une voix calme. Et je m'excuse de ne pas avoir appelé. J'avais peur que tu refuses de me laisser monter.

Blaise songea que ses craintes étaient fondées, mais se contenta de hocher la tête.

— Depuis quand es-tu à New York ?

— Hier soir. C'était le dernier jour et la remise des diplômes. Caldwell, c'est fini pour moi. Là, je cherche un appartement à New York. Je te demande pardon de ne pas avoir donné signe de vie. Je sais que j'aurais au moins pu t'envoyer un mail. Mais il fallait que je tire certaines choses au clair, et ça m'a pris du temps. Je n'avais pas envie de te voir avant d'avoir fait le ménage dans ma vie. De fond en comble, ajouta-t-il, les yeux plongés dans les siens.

— Tu n'as pas besoin de t'excuser, dit-elle en détournant le regard. J'ai compris que c'était fini entre nous quand tu es parti. J'ai été naïve de croire que ça aurait pu fonctionner ! Je le sais maintenant, même s'il m'a fallu du temps pour l'accepter. J'espère que, de ton côté, les choses ont évolué comme tu l'espérais.

Bien qu'elle se montrât fair-play, elle n'avait aucune envie d'entendre les détails de sa réconciliation avec Megan ou de leur recherche d'appartement.

— Les choses ont tourné comme il était écrit qu'elles tourneraient. J'ai vraiment remis en cause mon choix de carrière et j'en ai beaucoup parlé avec Eric. Sur sa recommandation et ses encouragements, j'ai obtenu un poste à l'Institute for Special Education, dans le Bronx. Il était temps pour moi de passer à la vitesse supérieure. Mais je ne voulais pas choisir mon travail en fonction de toi, je voulais d'abord vérifier que m'occuper des aveugles était bien ma vocation.

— Et qu'aurais-tu fait à la place ? lui demanda-t-elle, surprise.

Elle était d'accord avec Eric : Simon avait un don pour ce métier. Salima en était la preuve vivante. N'était-ce pas grâce à lui qu'elle avait commencé ses études de chant ?

— Je pensais ouvrir un restaurant, ou au moins travailler comme cuisinier si je n'arrivais pas à collecter les fonds nécessaires pour un pas-de-porte. Mais pas n'importe où : dans un établissement du niveau de La Grenouille. Je n'ai jamais mis en pratique ma qualification... si ce n'est pour mes proches et mes amis, dit-il en souriant. J'ai toujours rêvé de devenir un grand chef. C'est un projet que je mets entre parenthèses pour le moment, mais l'éducation spécialisée est un vrai choix, pas un sacrifice. J'ai hâte de prendre mon nouveau poste. Caldwell était devenu trop petit pour moi.

— C'est aussi mon impression, répondit Blaise.

Elle était stupéfaite par ce que Simon venait de lui dire. Jamais elle n'aurait imaginé qu'il envisageait la cuisine comme un métier. Même si, dans ce domaine-là aussi, on ne pouvait nier son talent.

— Et puis je m'intéresse à la viticulture. J'aurais adoré partir en France travailler dans le Bordelais chez mon oncle qui possède des vignobles. Mais finalement, j'ai écarté cette option. Il faut dire que mon oncle était moins enthousiaste que moi. J'ai travaillé chez lui pendant deux étés dans mon adolescence, et il a encore le souvenir cuisant d'une fois où j'ai manqué faire flamber le château avec des feux d'artifice.

Blaise sourit.

— Tu pourras toujours revenir à l'une de ces carrières plus tard, de toute façon. Moi, je crois que tu as trouvé ta voie pour le moment. En tout cas, je te le souhaite.

Le voir assis en face d'elle dans son salon, plus beau et plus séduisant que jamais, et parler avec lui sur le ton de la conversation confinait à la torture. Elle avait été si sotte d'imaginer qu'il pourrait souhaiter faire sa vie avec elle... Il savait à peine ce qu'il ferait quand il serait grand ! Ce dont il avait besoin, c'était d'une femme de son âge, prête à le suivre dans ses différentes expérimentations.

— Oui, et je peux toujours travailler comme sous-chef les week-ends, poursuivit-il. Quant aux vignobles de mon oncle, ils ne vont pas s'envoler du jour au lendemain. Ma mère pense que je détesterais vivre à Bordeaux. Dans sa jeunesse, elle ne rêvait que de s'enfuir.

Blaise savait qu'il était bilingue, ce qui représentait un avantage certain pour lui.

— Tu sais que moi, je reviens tout juste de France. Mais je te l'ai déjà dit, je crois. J'ai assisté au festival de Cannes et au Grand Prix de Monaco. J'adore la côte d'Azur. Mais c'était la folie à cette période de l'année.

Blaise s'efforçait d'adopter un ton léger.

— Que faites-vous cet été ? lui demanda-t-il avec un regard appuyé.

On aurait dit qu'il était sur le point de dire autre chose, mais qu'il n'osait pas.

— La plage, comme tous les ans. Nous essayons de nous décider entre Cape Cod, Martha's Vineyard et les Hamptons.

Simon opina. Ces destinations paraissaient à la fois fort plaisantes et adaptées à leurs besoins.

— Vous emmenez Becky ? Elle a fini par prendre ses marques, si j'ai bien compris...

— Oui. Elle est gentille. Mais je crois que Salima

a plus appris de choses à Becky que l'inverse. L'important, cependant, c'est qu'elles s'entendent bien, et je lui fais une entière confiance quand je m'absente.

Elle se retint de dire que Becky ne pourrait jamais le remplacer. Plus rien ne serait comme avant et il était inutile de se lamenter sur le passé. Elle devait se tourner vers l'avenir : il était pour elle chargé de promesses...

— Blaise..., reprit-il, je voulais vraiment m'excuser de la façon dont je suis...

— C'est de l'histoire ancienne, l'interrompit-elle. N'en parlons plus.

— Plus le temps filait, plus je me disais que tu me raccrocherais au nez si j'essayais de t'appeler. Et je ne voulais pas t'envoyer de mail, mais te parler en personne. J'étais coincé à Caldwell, je suis venu dès la fin de mon contrat.

Il avait passé la matinée à errer au hasard des rues, cherchant à formuler ce qu'il voulait lui dire.

— Ça n'a pas d'importance..., protesta-t-elle doucement.

— C'est important pour moi. Très important, même. Tu as le droit de savoir dans quel état d'esprit je suis parti et ce qui s'est passé à mon arrivée là-bas...

— Tu as l'air heureux, constata-t-elle, dans un effort désespéré pour occulter ses sentiments. Moi aussi, je vais bien. Tu nous as beaucoup apporté, à Salima et à moi. Tu lui as offert son indépendance et je n'oublierai jamais ce que nous avons vécu ensemble. Mais certaines histoires ne sont pas vouées à durer. Alors restons-en là. Tu as Megan, ton nouveau travail... et quant à moi je suis très satisfaite de la vie que je mène.

Elle essayait de s'en convaincre, mais Simon n'était pas dupe : il la sentait profondément blessée.

— Blaise, il faut que tu m'écoutes ! J'ai rompu avec Megan trois jours après mon arrivée à Caldwell. Et j'ai compris tout ce que j'avais besoin de savoir. Je ne pouvais pas rester avec une femme aussi peu fiable, quand bien même elle avait quitté son mari pour me rejoindre. Au final, je pense qu'elle n'a pas pris cette décision pour moi. Elle l'a fait pour elle – et elle a eu parfaitement raison. Mais cela ne m'obligeait en rien à passer le restant de mes jours avec elle. Je n'aurais pas pu, nous avons été trop malheureux ensemble. Je l'ai compris dès le premier soir. Jusqu'au moment de la revoir, je n'en avais pas conscience, mais là, c'était devenu clair comme de l'eau de roche : je n'étais plus amoureux d'elle. J'étais amoureux de toi et je le suis encore. Je ne peux pas t'en vouloir si tu me rejettes, après ces quatre mois de silence. Mais je n'avais pas encore la réponse à toutes mes questions. Car, vois-tu... il fallait que je te revienne avec un métier qui me passionne. J'avais besoin de t'apporter autre chose qu'un soufflé au fromage et des *linguine* aux truffes. Et puis il me restait un troisième point à vérifier, et non des moindres. Je voulais être sûr de ne pas nourrir de regrets si je décidais de ne pas avoir d'enfants. Et, oui, Blaise, je sais maintenant que je peux me passer d'être père. Ce que je veux, ce que je voudrais plutôt, c'est construire ma vie avec toi. Je t'aime, Blaise.

Elle voyait dans ses yeux combien il avait souffert : sa douleur reflétait la sienne.

— Je ne m'attends pas à ce que tu me reprennes, poursuivit-il. Je voulais seulement que tu saches tout ça. J'ai gardé le silence parce que j'avais besoin de réfléchir. Aujourd'hui, j'ai grandi, j'ai mûri... peut-être un peu trop tard pour toi. Mais tant mieux si tu es heureuse.

Comme c'était étrange... Tous deux avaient évolué, mais leurs parcours les avaient menés à des endroits bien différents ! Un sourire désenchanté étira ses lèvres.

— Pourquoi as-tu renoncé à avoir des enfants ?

— Parce que ton amour me suffirait, je préfère rester avec toi. Je comprends tes raisons de ne pas en avoir et je les respecte.

C'était là tout ce que Blaise aurait tant aimé entendre il y a quelques mois ! Hélas, il arrivait un peu tard...

— La vie nous joue parfois de drôles de tours, lâcha-t-elle. Moi aussi, j'ai beaucoup réfléchi. Au mois de mars, je me suis retrouvée dans un de ces moments clés, où il faut faire des choix décisifs pour le restant de ses jours. Et j'en suis arrivée à une conclusion diamétralement opposée à la tienne. À ce propos, je regrette que tu ne m'aies pas dit ce qui s'est passé avec Megan. Tout aurait été plus simple. De mon côté, j'ai pris ma décision en partant du principe que vous vous étiez remis ensemble. J'aurais apprécié d'apprendre que c'était fini au bout de trois jours.

Cela lui aurait épargné tant de souffrance ! Mais Simon ne l'avait pas rappelée. Probablement n'était-il pas encore prêt pour elle à ce moment-là... Ce qui, dans un sens, valait peut-être mieux, songea-t-elle. Elle avait ainsi pu prendre sa décision seule, en fonction de sa conviction intime.

— Je te demande humblement pardon, Blaise. Veux-tu me dire quelle est cette décision que tu as prise en mars ?

Il frissonna en se demandant si elle avait rencontré quelqu'un d'autre, quelqu'un de plus mûr et qu'elle aimait davantage... Il la trouvait plus belle que jamais. Peut-être en était-ce la raison ?

— Est-ce que tu as commencé une nouvelle relation ? Quelque chose de sérieux ?

Elle opina du chef et Simon ferma les yeux, le cœur serré.

— Ce que j'ai pu être stupide..., murmura-t-il.

— Moi aussi, dans un sens. J'attendais de toi que tu saches instantanément ce que tu voulais. Je comprends maintenant qu'on a parfois besoin de temps. Quant à cette nouvelle relation, elle n'est pas de l'ordre de ce que tu imagines... quoique très sérieuse et vouée à tenir dans la durée. L'existence entière, en fait. Moi aussi, j'ai changé d'avis au sujet des bébés : j'ai décidé d'avoir un autre enfant.

Simon resta bouche bée.

— Depuis quand ? finit-il par articuler.

Blaise marqua une pause interminable, pendant laquelle il entendit son cœur tambouriner dans sa poitrine.

— J'ai pris cette décision en découvrant que j'étais enceinte de toi. Un petit garçon.

Il eut l'impression de recevoir un boulet de canon dans la poitrine.

— Blaise ! Pourquoi ne m'en as-tu pas parlé ? Quand cela a-t-il bien pu se produire ?

— En janvier, à ce qu'il semblerait. Je m'en suis aperçue fin février. Mais je te croyais avec Megan, et je n'avais pas l'intention de t'en parler avant la naissance. Je jure que je ne te l'aurais pas caché indéfiniment. Mais en attendant, je ne voulais pas m'imposer pendant ma grossesse.

Il s'approcha d'elle, au bord des larmes, horrifié de n'avoir rien su et de l'avoir laissée toute seule alors qu'elle était enceinte.

— Salima est au courant ?

— Pas encore. Mais je vais le lui dire bientôt, sans doute avant la fin du mois. Elle sait combien je tiens à toi, elle comprendra. Pour l'instant, tu es le seul à savoir. Pour moi, c'est un don du ciel, et je l'ai accepté. Voilà la décision que j'ai prise au mois de mars.

— Comment as-tu pu me cacher ça... et traverser ces épreuves toute seule ?

L'accusation se mêlait à la culpabilité dans la voix de Simon.

— Je te croyais avec une autre et tu n'as rien fait pour me détromper ! Mais je t'assure que tu pourras le voir autant que tu voudras. C'est ton fils autant que le mien.

Osant poser la main avec une infinie douceur sur le tee-shirt de Blaise, Simon sentit le bébé bouger. Il leva vers elle des yeux pleins de larmes.

— Blaise, je ne te mérite pas, mais je t'aime tant... Quand l'accouchement est-il prévu ?

— Fin septembre, début octobre. Je t'appellerai à la première contraction.

— Alors pour toi... c'est fini entre nous ? dit Simon, effondré.

— Dans un sens, ça ne fait que commencer. Nous allons avoir beaucoup à partager autour de ce petit garçon pendant les années à venir. Ne serait-ce que pour lui, nous avons tout intérêt à rester amis.

— Ça ne me suffit pas, Blaise ! Je veux recommencer comme avant. Oublie que j'ai été stupide, que je le suis encore et que je ne te mériterai jamais !

Elle secoua la tête et sourit faiblement.

— C'est peut-être moi qui ne te mérite pas... Je suis trop âgée, trop installée, trop sûre de moi. Je sais ce que je veux et qui je suis – c'est toi-même qui me l'as dit : « N'oublie jamais qui tu es. » Pendant un moment, avec Andrew, et même avec toi, je me suis perdue de vue. J'ai eu envie de voir avec les yeux des autres, de croire à tout prix à notre relation par exemple. De nier notre différence d'âge et d'évolution dans nos parcours. Mais tu es parti pour rejoindre Megan. Tu pensais qu'il te fallait quelqu'un de ton âge, et tu avais raison. Tu n'as pas besoin d'une femme comme moi.

— Au diable Megan ! Je l'aimais comme tu as aimé Andrew. C'était une relation toxique, elle s'est moquée de moi. Elle n'a ni cœur ni intégrité. Alors que toi, tu es ce dont j'ai toujours rêvé chez une femme. Je me fiche de ton âge. Tu es assez jeune pour porter mon enfant, alors arrête tes salades !

Sur ce, il la prit dans ses bras et l'embrassa avec fougue. Blaise eut le vertige. Parviendrait-elle à oublier tout ce qui les séparait ?

— Ta mère te tuerait ! dit-elle en reprenant ses esprits.

Simon éclata de rire.

— Je me soucie de son opinion comme d'une guigne ! Après s'être réclamée de la bohème toute sa vie, elle est devenue tout ce qu'il y a de plus bourgeois. Toi et moi, nous nous aimons, un point c'est tout. Il n'est pas question de temps ou d'âge. Ça fonctionnait très bien quand nous étions ensemble. Et maintenant nous allons avoir un bébé... Laisse-nous une chance, Blaise, je t'en supplie ! Ce ne sera pas parfait. La perfection n'est pas de ce monde. Faisons-le pour toi, pour moi, pour l'enfant... et pour Salima aussi. J'étais venu te voir pour te dire que je t'aime, dans l'espoir un peu fou, insensé, utopique, que tu m'aimes encore et que tu sois assez timbrée pour me reprendre.

— Bien sûr que je t'aime... Je n'ai pas cessé de t'aimer et je pense à toi plus que jamais depuis que je me sais enceinte.

— Alors... où est le problème ?

— Que se passera-t-il si une petite jeunette passe par là, dans deux, dix, vingt ans... et que tu tombes amoureux d'elle ?

— Tu es la seule femme que je puisse désirer. Maintenant et dans vingt ans. Cinquante, même ! Je ne suis pas revenu pour ce bébé dont je ne connaissais pas l'existence. Je ne suis revenu que pour toi.

Alors qu'il l'embrassait à nouveau, toute la souffrance de Blaise fondit comme neige au soleil. Simon la prit par la main, l'aida à se lever et la serra contre son cœur.

— Je t'aime. Je t'aimerai toujours.

C'étaient là les mots qu'elle avait espéré entendre toute sa vie. Simon était le seul à les avoir prononcés avec tant de vérité. Il ne l'avait pas choisie pour la célébrité et les paillettes du succès, mais pour elle-même.

— Nous sommes fous de nous lancer dans pareille aventure... Te rends-tu compte que, quand j'aurai cinquante ans, tu en auras trente-cinq ? Et quand j'en aurai soixante, tu seras un fringant quadragénaire !

— Je me suis peut-être montré stupide au cours des quatre derniers mois, mais je sais encore compter ! Je me fiche de l'avis des autres. Seul m'importe le tien, et celui de Salima. Tu es unique. Je ne veux pas te perdre.

— Moi non plus, dit-elle enfin, levant les yeux vers lui.

Ils partageaient un amour authentique, sincère, profond. Blaise le savait aussi bien que Simon.

Forts de cette certitude, ils s'élançaient d'un pas ferme et assuré vers leur avenir commun. Le monde pouvait bien s'écrouler autour d'eux. Il n'y avait plus ni questions ni doutes.

18

Au mois de juillet, Blaise et Salima accompagnèrent Simon chez son oncle à Bordeaux. Et après un merveilleux séjour au milieu des vignes, ils s'arrêtèrent à Paris sur le chemin du retour. Salima adora la ville, où elle se rendait pour la première fois. Ils parcoururent des kilomètres à pied et visitèrent tous les grands monuments : le tour Eiffel, Notre-Dame, le Sacré-Cœur, le Louvre... Ils se promenèrent dans le jardin des Tuileries et le bois de Boulogne, déjeunèrent dans des bistrots pittoresques et firent du shopping dans les grands magasins. Au Ritz, où ils étaient descendus, Salima avait sa chambre pour elle toute seule : ils voulaient passer des vacances en famille, pendant que Becky était chez elle dans le New Hampshire.

En juin, Salima avait accueilli avec joie la nouvelle de la grossesse de sa mère et s'était aussitôt déclarée volontaire pour lui prêter main-forte. En outre, Simon revenait vivre avec elles, et rien n'aurait pu lui faire plus plaisir ! Enfin, cerise sur le gâteau, elle avait reçu sa lettre d'admission à Juilliard. Tout comme Simon, elle avait hâte de commencer une année scolaire pleine de nouveaux défis. Et le bébé arriverait juste après...

La direction de News TV s'était montrée extrêmement accommodante et avait insisté pour octroyer à Blaise un plein mois de congé, mais celle-ci se contenterait de trois semaines. Elle avait engagé une nurse à domicile, qui dormirait dans la chambre contiguë à celle de Becky, et qui avait également proposé d'assister Salima. Or cette dernière n'avait presque plus besoin d'aide et passerait la plupart de son temps à l'école. Dans l'avion du retour, Simon et elle trouvèrent encore le moyen de se disputer à propos de l'utilité ou non d'un chien guide. Ils n'avaient rien à envier aux talents d'oratrice de Blaise ! Après le voyage, Simon promit de leur enseigner le français et d'apprendre à Salima à cuisiner comme un chef. Chacun apportait au sein de leur nouvelle famille son talent et sa personnalité.

En dépit d'une vague de chaleur qui incommoda Blaise alors qu'elle avançait dans sa grossesse, le mois d'août fila comme un songe. Elle continuait à enregistrer interview sur interwiew : Zack lui-même fut impressionné par son énergie et sa détermination. Pas une seconde, elle ne ralentit son rythme de travail. Un matin, elle prit tout le monde par surprise en annonçant à l'antenne qu'elle attendait un heureux événement. À la suite de sa déclaration, la rédaction fut submergée de cadeaux pour le bébé, plus touchants les uns que les autres.

Les week-ends, Simon, Blaise et Salima les passaient dans les Hamptons, où ils avaient loué une maison. Pour profiter au maximum de l'été et du bord de mer, Salima y resta deux semaines pleines en compagnie de Becky. Les samedis et dimanches, cette dernière préférait revenir à New York pour voir son nouveau petit ami, rencontré au mois de juillet.

C'était un artiste désargenté, que Salima trouvait très sympathique.

Fin août, Simon fit sa rentrée des classes le premier. Il trépignait d'impatience. Le New York Institute for Special Education accueillait des élèves de trois à vingt et un ans. Simon s'occupait des plus âgés : ainsi qu'il l'avait prouvé avec Salima, c'était là son point fort. Le projet pédagogique de l'établissement l'enthousiasmait : il était beaucoup plus poussé que celui qu'il avait eu l'occasion de mettre en pratique à Caldwell. Entre son nouveau poste, sa nouvelle vie avec Blaise et le bébé à venir, son bonheur était complet.

Une semaine après, Salima entra à Juilliard, où elle s'était ménagé un emploi du temps bien rempli : sa conseillère pédagogique avait dû lui expliquer qu'elle ne pouvait pas suivre l'intégralité des options proposées. Chaque matin, Becky l'accompagnait à l'arrêt de bus. Et une fois à l'école, Salima se déplaçait à l'aide de sa canne blanche. Elle ne craignait plus d'être stigmatisée ; seule comptait sa passion pour la musique. Elle avait en outre rejoint la chorale gospel d'une église de Harlem, ce qui lui permettrait de gagner des crédits d'enseignement supplémentaires. Entre ses cours et ses activités extrascolaires, Simon et Blaise ne la voyaient plus de la journée, mais elle avait chaque soir des milliers de choses à leur raconter.

Le 1er octobre, jour du terme de sa grossesse, Blaise était à son poste à News TV. Elle se sentait énorme : le bébé était de belle taille, on aurait dit qu'elle allait éclater comme un ballon d'une minute à l'autre.

Simon, légèrement inquiet, la regardait à l'antenne avant de partir pour son travail. Alors que Blaise exposait les détails d'un récent scandale au Sénat, il vit une expression étrange passer sur son visage. Elle parvint à rester concentrée jusqu'au bout de sa séquence, mais Simon l'appela dès qu'elle eut quitté l'écran. Quelque chose clochait. Blaise répondit aussitôt.

— Est-ce que tout va bien, ma chérie ?

— Je... je crois que oui. Mais j'ai perdu les eaux sur le plateau. J'allais appeler le médecin, je suis bien contente de t'entendre...

Simon décela une pointe de peur dans sa voix. Il fut étonné. Cela lui ressemblait si peu.

— J'arrive tout de suite ! Ne t'inquiète pas, mon amour.

Il avait déjà prévenu l'école que le bébé pouvait naître d'un jour à l'autre et le directeur s'était montré compréhensif.

— Je ne suis pas sûre que ce soit une bonne idée, dit Blaise d'une voix entrecoupée. J'ai des contractions toutes les quatre minutes...

Simon s'efforça de ne pas paniquer.

— Ça va aller, ma chérie. Tully va t'emmener à l'hôpital. Dis à Mark d'appeler le médecin immédiatement.

— D'accord, dit-elle faiblement.

Alors qu'elle était saisie par une nouvelle contraction, Mark entra dans la pièce et fut terrifié par l'expression de son visage. Elle ne put que lui tendre son BlackBerry pour lui passer Simon.

— Appellez la gynéco et emmenez-la tout de suite à l'hôpital. Elle est en train d'accoucher, lui ordonna-t-il avec un calme apparent.

Tous les employés qui la virent passer, soutenue de part et d'autre par Mark et Charlie, poussèrent des cris d'encouragement. Blaise trouva la force de leur adresser un signe de la main.

— Bon Dieu, Blaise, tu avais l'intention d'accoucher à ton bureau entre deux réunions ? plaisanta Charlie alors qu'ils traversaient le hall.

Blaise souffrait trop pour répondre. Tout arrivait si vite... Simon, en route pour l'hôpital, appela Becky et lui demanda d'aller chercher Salima. Après une courte hésitation, Blaise avait accepté que sa fille aînée assiste à l'accouchement.

Simon resta en contact téléphonique avec Mark, qui le tenait informé minute par minute. Tully conduisait aussi vite que possible au milieu de la circulation matinale, priant pour ne pas avoir à mettre au monde le bébé lui-même...

Ils arrivèrent en vingt minutes à la maternité, où Simon les attendait, faisant les cent pas devant l'entrée. Mark sauta de voiture, paniqué :

— Vite, un médecin ! Elle va accoucher d'une minute à l'autre.

Blaise ne pouvait plus ni parler ni marcher. Simon s'assit à côté d'elle sur la banquette pour l'aider à descendre de voiture. Entre-temps, Mark avait trouvé une infirmière munie d'un fauteuil roulant. Celle-ci prit aussitôt la mesure de la situation et poussa Blaise à toute vitesse jusqu'aux ascenseurs. Simon courait à côté, tandis que la main de Blaise serrait la sienne comme un étau.

— Je t'aime, dit-elle entre deux contractions.

— Moi aussi, ma chérie.

Il aurait voulu la rassurer, mais tout allait si vite qu'il ne savait pas quoi dire.

À l'étage de la maternité, les portes de l'ascenseur s'ouvrirent sur la gynécologue de Blaise, qui l'emmena directement en salle de travail. Simon et l'infirmière déshabillèrent la parturiente en moins d'une minute. Pas de temps pour la péridurale ou des explications...

Simon lui répéta qu'il l'aimait. Blaise gémit de douleur quand ils la hissèrent sur la table d'accouchement. La gynécologue l'examina et parut satisfaite.

— Je crois que nous sommes prêts pour une cérémonie de bienvenue ! annonça-t-elle en souriant.

Sur ce, elle dit à Blaise de pousser. Sous les yeux effarés de Simon, Blaise émit un hurlement épouvantable, et la tête de leur fils émergea entre ses cuisses. À la contraction suivante, le bébé était né, comme stupéfait de se retrouver là. Alors que Simon et Blaise riaient et pleuraient en même temps, le médecin le posa sur le ventre de sa mère avant de couper le cordon. Le petit garçon, vif et en pleine santé, cherchait déjà à regarder autour de lui. Il avait les traits de Simon et les cheveux roux de Blaise. Et dire qu'elle était à l'antenne moins d'une heure auparavant... Qui aurait pu s'attendre à un accouchement aussi rapide pour un bébé de près de quatre kilos ? Salima arriva dix minutes plus tard. Une infirmière la conduisit jusqu'à sa mère et elle se mit à pleurer en effleurant la joue de son petit frère.

— Je suis venue aussi vite que j'ai pu..., souffla-t-elle.

— Pour un peu, ta maman accouchait sur le plateau pendant que la régie lançait la pub ! dit Simon, émerveillé par le miracle auquel il venait d'assister.

On conduisit Blaise dans une chambre et tous trois passèrent la journée ensemble, à tenir le bébé dans leurs bras à tour de rôle.

Becky vint chercher Salima dans la soirée, mais Simon put passer la nuit auprès de Blaise et ils rentrèrent à la maison le lendemain. Ils formaient maintenant une famille, au sein de laquelle ils venaient d'accueillir Edmond Charles Ward, d'après le prénom de l'oncle de Simon.

La naissance avait été annoncée le jour même au journal de dix-huit heures, de sorte que l'appartement débordait de fleurs à leur retour, et les cadeaux affluaient. News TV fit livrer un berceau ancien, rempli de petits vêtements et d'animaux en peluche. De la part de Harry, ils reçurent une énorme grappe de ballons et un gigantesque bouquet. Ils ne pouvaient presque plus circuler d'une pièce à l'autre ! Teresa, la femme de ménage, et Natalie, la nurse, se cantonnaient dans la cuisine avec Becky, pendant que Salima et Simon tenaient compagnie à Blaise dans la chambre à coucher avec le bébé. Avant la fin de la journée, Simon se rendit à l'évidence :

— Je crois que nous allons devoir déménager, remarqua-t-il, tout surpris.

— Oui, je l'avais envisagé, dit Blaise, qui rayonnait de sérénité en allaitant son fils.

Allongé près d'eux, Simon ne se lassait pas de ce spectacle. Il n'avait jamais rien vu d'aussi beau.

La mère de Simon leur fit une visite le lendemain. Son père, trop pris par ses différents projets, avait promis de rencontrer son petit-fils dès que possible. Lorsque Isabelle franchit le pas de la porte, elle déclara qu'ils vivaient comme des gitans ! Ils feraient mieux de déménager !

— Nous venons de nous en apercevoir, maman...

Subjuguée par le bébé, Isabelle adressa à son fils un regard empli de fierté. Elle avait passé les quatre dernières semaines à tricoter bonnets et chaussons de laine bleue. Et cet après-midi-là, elle leur lut un poème sans queue ni tête, qu'elle venait de composer en l'honneur du petit Edmond.

Puis elle le tint un long moment endormi dans ses bras avant de le rendre à sa mère.

— J'espère que tu as l'intention de l'épouser, à présent ! dit-elle à Simon comme si Blaise n'était pas dans la pièce.

— Je croyais qu'elle était trop vieille pour moi ? ironisa Simon.

— Tu es père de famille, mon grand. Vous ne pouvez pas continuer à vivre comme des artistes ou des poètes. Elle exerce un métier respectable, et toi aussi !

— Maman, ne fais pas ta bourgeoise... Tu es plus bohème que ça, au fond de toi, dit-il en riant.

Il s'assit sur le lit près de Blaise. Il l'aimait tant ! Pourquoi devraient-ils se marier ? S'ils le décidaient un jour, ils le feraient au moment opportun, pour des raisons qui n'appartiendraient qu'à eux.

— Quel dommage qu'il soit roux ! lâcha Isabelle en regardant le bébé. Espérons que ses cheveux fonceront.

Blaise rit de ce commentaire, si typique de sa belle-mère.

— Nous pourrons toujours les lui teindre, suggéra-t-elle avec malice.

— Oh, non, ma chère, je ne pense pas que ce soit une bonne idée...

Tandis que Teresa, la nurse et Becky essayaient de s'organiser, Salima tentait de prendre son petit frère des bras d'Isabelle, qui ne voulait pas le partager. On pouvait prédire que cet enfant ne manquerait jamais de câlins. Edmond était choyé par ses deux parents et sa grande sœur, mais aussi par sa grand-mère... qui l'aimait tendrement malgré la couleur de ses cheveux.

— Enfin, il n'est quand même pas *aussi* roux que vous, dit-elle avant de repartir le lendemain, gratifiant Blaise d'un coup d'œil affectueux.

Et, au cas où ils l'auraient oublié, elle leur répéta, tout en serrant le nouveau-né contre sa poitrine, qu'ils devaient se marier.

— *L'amour n'a pas d'âge...*, dit-elle en français. Vous rendez-vous compte, ma chère, que quand Simon aura cinquante-cinq ans, vous en aurez soixante-dix ?

— Merci, maman, nous savons tous compter ! lâcha Simon en raccompagnant sa mère à la porte.

Quand il revint dans la chambre, il trouva Salima une fois de plus penchée sur le bébé, lui caressant la joue, son visage tout proche du sien. Elle rayonnait.

Blaise en profita pour regarder Simon, les yeux rieurs :

— Et quand tu auras quatre-vingt-cinq ans, j'en aurai exactement cent...

— Vraiment ? Eh bien, c'est parfait ! répondit-il.

Simon et Blaise s'étaient trouvés. Bien que leur âme sœur ne revêtît pas l'enveloppe charnelle à laquelle ils s'attendaient, ils avaient eu le discernement de se reconnaître, le courage de se choisir et de s'accepter l'un l'autre comme un don. Peu importaient les chiffres. Seul l'amour comptait.

Simon donnait à Blaise tout ce qu'elle pouvait désirer et Blaise était exactement la femme que Simon cherchait, sans même le savoir avant de la rencontrer. Grâce à l'autre, chacun était en mesure de vivre pleinement. Leur humanité et leurs petits défauts conféraient à leur relation son caractère unique. Tout n'était pas parfait, et ils n'en demandaient pas tant. Mais ce qu'ils avaient approchait la perfection de très, très près : c'était la plus belle vie qu'ils puissent rêver.

Vous avez aimé ce livre ?
Vous souhaitez en savoir plus sur Danielle STEEL ?
Devenez, gratuitement et sans engagement, membre du
CLUB DES AMIS DE DANIELLE STEEL
et recevez une photo en couleur dédicacée.

Pour cela il suffit de vous inscrire sur le site
www.danielle-steel.fr
ou de nous renvoyer ce bon accompagné d'une enveloppe
timbrée à vos nom et adresse au
Club des Amis de Danielle Steel
– 12, avenue d'Italie – 75627 PARIS CEDEX 13

Monsieur – Madame – Mademoiselle

NOM :
PRÉNOM :
ADRESSE :

CODE POSTAL :
VILLE :
Pays :

E-mail :
Téléphone :
Date de naissance :
Profession :

La liste de tous les romans de Danielle Steel publiés
aux Presses de la Cité se trouve au début de cet ouvrage.
Si un ou plusieurs titres vous manquent, commandez-les
à votre libraire. Au cas où celui-ci ne pourrait obtenir le
ou les livres que vous désirez, si vous résidez en France
métropolitaine, écrivez-nous pour le ou les acquérir par
l'intermédiaire du Club.

Composition et mise en pages
Nord Compo à Villeneuve-d'Ascq

MARQUIS

Québec, Canada

Dépôt légal : janvier 2016